LE

LIVRE DES DROIZ

ET

DES COMMANDEMENS

D'OFFICE DE JUSTICE

I

PARIS — IMPRIMERIE GENERALE DE CH. LAHURE
Rue de Fleurus, 9

LE

LIVRE DES DROIZ

ET

DES COMMANDEMENS

D'OFFICE DE JUSTICE

PUBLIÉ D'APRÈS LE MANUSCRIT INÉDIT DE LA BIBLIOTHÈQUE
DE L'ARSENAL

PAR

C. J. BEAUTEMPS-BEAUPRÉ

Docteur en Droit
Procureur impérial à Chartres
Membre de la Société des Antiquaires de Normandie
et de la Société de l'Histoire de France

TOME PREMIER

PARIS

A. DURAND, ÉDITEUR

RUE DES GRÈS, Nº 7

—

1865

PREFACE.

Le manuscrit que je publie appartient à la bibliothèque de l'Arsenal où il est catalogué sous le n° 96 de la jurisprudence française. C'est un manuscrit sur parchemin écrit en 1424, et qui se compose de 95 feuillets, précédés d'une table écrite sur 14 feuillets non numérotés. Il provient de la bibliothèque de d'Aguesseau. Il est d'une excellente exécution.

Sur la dernière feuille de garde nous trouvons la mention suivante :

Iste liber est Guillermi Choleti secretarii domini ducis Aurelianensis et fuit rescriptus per dictum Guillermum Choleti anno Domini M°CCCC°XXIIII° in villa Balgenciaca, qui est suivie de la signature de Cholet — La mention est de la même main que la signature. Les mots *et fuit rescriptus per dictum Guillermum Choleti* ont été effacés.

En tête de la table se trouve le titre suivant d'une écriture du dix-septième siècle : *Livre des droictz et commandementz d'office de justice, par Guillaume Cholet, secrétaire de monseigneur le duc d'Orléans, l'an* 1424. En tête de l'ouvrage, et à la fin, de la même écriture : *Par Guillaume Cholet*, 1424. — A la fin, après cette mention, nous trouvons la suivante qui paraît du dix-huitième siècle : « A appartenu à Guillaume Cholet qui n'en est pas dit l'auteur : v. la page suivante. »

Le manuscrit ne renferme aucune autre indication qui puisse mettre sur la trace de l'auteur de ce livre ou de ses propriétaires.

La reliure est en parchemin et paraît être du dix-septième siècle.

Ce texte devait d'abord faire partie d'une collection des coutumes d'Anjou et du Maine antérieures à 1509, dont je compte commencer prochainement la publication ; en effet, il y est quelquefois question des coutumes d'Anjou, et un assez grand nombre de ses paragraphes sont empruntés à de plus anciennes coutumes d'Anjou, ou sont reproduits en tout ou en partie dans l'ouvrage de Claude Liger qui écrivait quelques années plus tard.

Mais un examen plus attentif m'a démontré que l'auteur de cette compilation avait eu en vue bien plutôt les coutumes de Poitou que celles d'Anjou. Il suffirait pour cela de voir les articles *Poitiers* et *Poitou* à la table alphabétique des matières pour s'assurer du nombre considérable de paragraphes relatifs aux coutumes de ce pays : et si l'on se reporte aux paragraphes auxquels ces deux articles renvoient, on sera convaincu que notre compilateur en a parlé non pas d'une manière transitoire, mais a au contraire donné un certain développement à ce qu'il présentait comme étant la coutume au pays de Poitou. C'est ce qui m'a déterminé à faire de ce livre l'objet d'une publication séparée.

Il ne faudrait pourtant pas voir dans ce livre une véritable coutume de Poitou dans le sens que l'on attache ordinairement à ce mot. Il suffit de le parcourir pour voir que sur les 1036 paragraphes qui le composent, c'est à peine si dans les 400 premiers on trouve quelques essais de classification : le surplus est jeté pêle-mêle comme au hasard, aussi ne faut-il pas s'étonner si l'on y trouve des décisions plus ou moins contradictoires entre elles. C'est une compilation et rien de plus, compilation faite probablement au jour le jour par un praticien qui voulait réunir le plus grand nombre de décisions possible, et qui aura conservé cette forme à cause de l'abondance même des décisions qui y sont conservées ; car j'ai peine à croire que ce livre soit parvenu jusqu'à nous sous sa forme définitive.

Ce livre me paraît être resté à peu près inconnu. De Laurière est le seul auteur qui, à ma connaissance, en fasse mention ; il le cite quatre fois dans ses notes sur les établissements de saint Louis[1] sous le nom de : *la pratique de Cholet*. Il me paraît même certain qu'il a eu entre les mains le manuscrit même qui appartient

1. Etabl. Liv. i, chap. 25, note *c*. 26, notes *b* et *g*. 31, note *a*.

aujourd'hui à la bibliothèque de l'Arsenal, car il dit
que M. le Chancelier a l'original de cet ouvrage ; comment pourrait-il s'exprimer ainsi s'il n'avait pas eu en
main le manuscrit à la fin duquel se trouve l'annota-
tion citée plus haut. Mais il y a plus ; dans la note *a*
du chapitre xxxi, De Laurière cite un paragraphe de la
pratique de Cholet comme se trouvant au fº 57, vº. Or
ce paragraphe qui est le § 714 de notre édition se
trouve en effet au fº 57, vº, avec des différences insigni-
fiantes dans le texte. Je crois que si l'on rapproche de
cela la circonstance que la marque F. 54 qui se trouve
en tête du manuscrit et au dos est de la même main
que des marques semblables qui se trouvent sur d'autres manuscrits provenant certainement de la bibliothèque du chancelier d'Aguesseau, il n'en faudra pas
davantage pour être convaincu que c'est de ce manuscrit même que parle De Laurière dans ses notes.

Maintenant, faut-il l'attribuer à ce Cholet, secrétaire
du duc d'Orléans? En admettant que la mention *et
fuit rescriptus per...* ne soit pas effacée, il me semble
que toute la conséquence à en tirer serait que ce manuscrit a été copié par Cholet, et non qu'il en serait
l'auteur. Mais comme elle a été effacée, la seule conséquence qu'on en puisse tirer, c'est que ce manuscrit
a été transcrit pour le compte dudit Cholet.

Ce manuscrit a été copié en 1424, comme l'indique cette note qui se trouve à la fin. Il nous donne
donc l'état de la jurisprudence au commencement du

quinzième siècle, dans une des provinces importantes de la France et même dans quelques pays voisins. Cependant je crois que la jurisprudence qu'il nous a conservée est plus ancienne, et qu'on peut la faire remonter à la seconde moitié du quatorzième siècle.

La coutume de Poitou a en effet été rédigée en 1417, et il en existe à la Bibliothèque impériale un manuscrit catalogué aujourd'hui sous le n° 12 042 du fonds français. Cette coutume modifie la législation antérieure sur plusieurs points d'une grande importance. Je n'en citerai que trois : Au § 2 de notre compilation, il est dit que, d'après l'usage du Poitou, il faut six défauts pour obtenir gain de cause contre un défendeur qui ne comparaît pas; la coutume de 1417 (f° 14, r°) dit qu'il faut quatre défauts pour avoir gain de cause. Notre manuscrit (564, 615, 618, 712, 852) constate de la manière la plus positive que l'acheteur d'un immeuble doit se faire investir de la propriété par le seigneur, et que, tant que cette investiture n'a pas eu lieu, c'est toujours le vendeur qui est réputé propriétaire à l'égard des tiers; le § 852 dit même formellement que c'est la coutume du Poitou. La coutume de 1417, dont la rédaction semble faire supposer que ce droit était spécial aux juridictions de Saint-Maixent, Lesignen (Lusignan) et Melle, déclare que cette obligation pour l'acquéreur de se faire *investiturer* par le seigneur a été abolie pour tous les inconvénients, abus et exactions que l'on y a trouvés (f° 50, v°).

Notre manuscrit (400, 420, 450, 466, 723) donne
d'assez grands détails sur les bails des mineurs et les
droits et obligations de celui à qui il était confié, et
le § 420 en parle comme étant d'un usage incontes-
table en Poitou : la coutume de 1417 en prononce
l'abrogation formelle et déclare qu'à l'avenir il n'y
aura plus que des tutelles et des curatelles (f° 73, r°).

Ces textes mettent donc déjà notre compilation à
une date antérieure à 1417. Mais je crois qu'on peut
encore la reculer de quelques années. D'après le
§ 824 le sergent qui fait un applégement ou contrapplégement ne peut en donner copie à la partie dé-
fenderesse, au moins la question était controversée. Le
manuscrit où se trouve la coutume de 1417 contient
une ordonnance des grands jours de Poitou, du 31 oc-
tobre 1405, dont l'article 2 impose au sergent l'obligation de donner copie en exécution de cas de nou-
velleté ou de complainte, qui sont précisément des
cas où l'on procédait par voie d'applégement et de
contrapplégement.

Notre compilation doit donc être reportée à une
époque antérieure à 1405. D'un autre côté, nous
trouvons au § 244 la mention d'une décision rendue
par l'assise de Poitiers *du temps que l'on levait les imposicions pour la guerre de Gascoigne;* que notre compilateur ait voulu parler de la campagne de 1356,
terminée par le désastre de Poitiers, ou de la guerre
de Gascogne de 1370, il n'est pas moins vrai qu'en
faisant allusion à un événement de la seconde moitié

du quatorzième siècle, il nous donne la date de son livre, dans lequel nous devons, comme je l'ai déjà dit, voir un recueil de la jurisprudence des cours du Poitou dans la seconde moitié du quatorzième siècle.

Les décisions que nous a conservées notre compilateur sont relatives à toutes les branches du droit : nombreuses sur quelques points, elles manquent presque totalement sur d'autres, et surtout il y a absence complète d'ordre et de méthode. C'est pour obvier à cet inconvénient que j'ai réuni dans une introduction faite sous forme systématique l'exposé des règles de droit que l'on y trouve. Il ne faudrait pas y chercher un exposé du droit commun de la France au quinzième siècle; c'est seulement le résumé aussi complet et aussi fidèle que possible de toutes les décisions que nous a conservées ce singulier livre.

LE

LIVRE DES DROIZ

ET DES COMMANDEMENS

D'OFFICE DE JUSTICE.

DROIT PUBLIC.

Il ne faut pas s'attendre dans une compilation
faite par un praticien de la fin du quatorzième
siècle, et qui a eu surtout pour but de réunir
les règles en usage dans les cours de justice de
son pays, à trouver un exposé complet des principes de droit public qui régissaient la France à
cette époque. Les règles du droit féodal appartiennent bien en partie au droit public ; mais
comme le système féodal n'est lui-même que la
confusion la plus complète de la propriété et de

la souveraineté, je place l'exposé des décisions recueillies par notre compilateur sur cette matière après celles relatives à l'état des personnes. Je me bornerai ici à réunir les règles relatives à la royauté, à l'Église et aux conditions qui rendent la coutume loi obligatoire pour tous.

CHAPITRE I.

DU POUVOIR ROYAL.

La royauté ne se montre pas encore avec toute l'apparence du pouvoir absolu comme nous la voyons à partir du seizième siècle. Cependant 967 nous trouvons déjà ce principe que tout commandement de Roi, de Reine ou de prince qui vaut jugement, doit être exécuté sans délai, s'il n'est révoqué par un autre commandement, et qu'on ne peut plaider là-dessus. Il est difficile de ne pas voir dans cette règle le germe de cette autre règle du droit moderne, vraie dans son principe, mais dont on a tiré tant de conséquences abusives, que les tribunaux ne peuvent connaître des actes de l'autorité administrative.

Le gentilhomme qui brise la saisine le Roi se rend coupable d'un méfait et perd ses meubles quand il la savait; mais en jurant qu'il ne la connaissait pas, il s'affranchit de toute peine : c'est une application de cette règle.

Les commandements du Roi ne peuvent faire 374

tort à personne; ils ne peuvent être contre le droit et doivent être conformes à la coutume du
384 pays. Le prince peut cependant de sa volonté, contre droit et coutume, donner un privilége; car ce ne serait pas un privilége s'il donnait ce que
227 donnent droit et coutume. Celui qui use mal du privilége qui lui est donné peut s'exposer à le perdre : la décrétale à laquelle renvoie ce paragraphe spécifie le cas où le privilégié porte atteinte aux priviléges d'autrui, mais on peut considérer cette décision comme une règle générale.

Nous aurons occasion de voir plus tard quels sont les priviléges des officiers du Roi et de sa justice, qu'il nous suffise de dire ici que les hom-
379 mes du Roi ne sont pas tenus de répondre aux semonces des barons et des vavasseurs, à moins qu'ils ne soient couchants et levants au corps de leurs châteaux, ou qu'ils ne tiennent d'eux ; et
971 que le baron n'a pas la cour des fautes faites par son homme en la cour le Roi, mais il a l'exécution de ce qu'il a reconnu devant cette cour, et sans doute aussi des jugements qui y sont rendus contre lui, à peine de les voir exécuter par les gens du Roi s'il y met de la négligence. C'est une application de ce principe qui aida plus tard à ruiner si complétement la féodalité que le pouvoir de juger passait au Roi en cas de négligence du seigneur, et comme le Roi, en sa qualité de souverain seigneur, était seul juge du point de

savoir s'il y avait négligence, on en comprend les
conséquences.

La féauté du bâtard fils d'homme et femme 377
francs appartient au Roi.

Le Roi doit tenir en sa main les choses liti- 370
gieuses entre lui et toute autre personne.

Les règles posées pour le mandat du droit ci- 1006
vil, ou admises en cas de délégation d'un juge
ecclésiastique, s'appliquent aux mandements de
princes, barons ou autres justiciers; quand ils
mandent ou commettent quelque chose, ou font
une grâce à quelque personne que ce soit, la
mort du mandant arrivée avant que le mandement soit exécuté l'annulle.

On ne peut faire bourse commune pour grever 383
ou plaider autrui, ni contre sa justice ou contre
le souverain. Celui qui enfreint cette défense
doit être forcé à l'observer et à payer l'amende.

CHAPITRE II.

§ 1. — *De l'Église, de son administration et des clercs.*

177   Notre compilateur reproduit le principe du droit canonique, que les laïques ne peuvent statuer sur les affaires de l'Église ou les choses des clercs, et que nul n'en peut vendre le fief à un 772 étranger sans le consentement du seigneur. Cependant le Roi peut connaître de la dîme quand elle est inféodée en fief ou arrière-fief de lui ; le baron en peut également connaître quand elle est enclavée dans ses fiefs ou arrière-fiefs.

737   Le religieux qui a charge d'âmes peut, d'après le droit commun, prendre la dîme en la paroisse, quoiqu'en plusieurs lieux il ne la prenne point.

715   La dîme n'est pas due sur les prés, parce que les foins servent à nourrir les bœufs qui labourent les terres dont la dîme est plus profitable à l'Église. De même des osiers, car elle a le profit des vendanges. La dîme n'est pas due d'un domaine qui cesse d'être cultivé, non plus que d'un

domaine qui change de culture et est soumis à une nouvelle culture non assujettie à la dîme ; car chacun peut cultiver son domaine comme il veut.

. Quand une donation est faite à l'Église sous 221 condition, cette donation ne peut être révoquée que s'il y est dit expressément qu'elle le sera si la condition n'est pas accomplie.

Le prélat peut mettre en sa main les bénéfices 861 de son évêché, jusqu'à ce que celui qui les tient justifie de son titre.

Le serf ne peut être reçu dans les ordres que 367 s'il a été affranchi : s'il a été reçu frauduleusement, il doit être déposé.

Cimetière ou église sont souillés quand le sang 866 y est volontairement répandu par coups et blessures ; ou quand un homme marié ou non y a des relations charnelles avec une femme. On doit cesser d'y célébrer les offices sans attendre aucuns ordres à cet égard, et on ne peut plus y chanter de nouveau jusqu'à ce qu'ils soient réconciliés par l'évêque ou son vicaire.

Nul ne doit communiquer avec un excommunié, excepté ceux qui lui sont soumis, c'est-à-dire, sa femme, ses enfants, ses serviteurs. 170

Aucune confrérie ne peut être faite sans la 761 permission du prélat en ce qui le concerne.

Nul ne peut être enterré dans l'église paroissiale, s'il n'est fondateur ou recteur de ladite église. 691

§ 2. — *Des juges d'église.*

La juridiction ordinaire est celle du prélat,
c'est-à-dire de l'évêque; c'est devant lui que doivent être portées toutes les affaires de la compétence du juge d'Église. Il n'y a d'exception que
quand on y est soustrait par lettre du pape; et
cette exemption résulte aussi d'une manière générale de ce que l'on est soi et ses biens sous la
protection du pape : en ce cas on est hors de la
juridiction et du pouvoir de l'évêque.

89   En cause de mariage, aumône, douaire, on
peut plaider en cour laye ou en cour d'Église.

575   On peut avoir terme de conseil en cour mixte
comme en la cour des hospitaliers : gens d'Église
peuvent l'avoir de toute demande pourvu qu'il
n'y ait pas an et jour que la demande soit née,
et y comparaître par procureur comme en cour
d'Église.

771   La cour d'Église ne peut connaître d'action
812 réelle, même en ce qui concerne les choses mou-
vant d'elle : mais elle a la connaissance du droit
de tenue. Ces deux décisions sont en contradiction presque complète, car le droit de tenue
comprend la plupart des fiefs donnés à l'Église.
Il ne faut pourtant pas s'étonner de cette contradiction dans un recueil compilé à une époque où

la juridiction des cours ecclésiastiques commençait à être attaquée.

Quand juge d'Église trait en cause aucun sur 816
action réelle, on doit confronter la chose objet
de la demande, et cette confrontation vaut monstrée.

Le juge ou commissaire d'Église qui entend 767
des témoins doit les absoudre avant de leur faire
prêter serment, afin que s'ils sont excommuniés
on ne puisse dire contre leur témoignage.

En cour d'Église le créancier ou ses héritiers 621
ne peuvent agir par action hypothécaire contre
le détenteur des choses obligées, tant que le débiteur principal vit et est solvable. Il en est autrement en cour laye.

Lettres obtenues du pape contre une personne 182
sont sans valeur si elles ne font mention de son 270
271
ordre et de sa dignité. Quand deux choses sont 273
mandées sous distinction dont l'une est fausse et 274
292
l'autre vraie, il suffit que l'une soit prouvée : décidé ainsi par le pape pour les bénéfices. Quand
choses sont établies solennellement, il est inutile
de les faire savoir à tous par mandement spécial.
Les lettres spéciales dérogent aux lettres générales en ce qui y est spécialement contenu, encore
qu'elles ne fassent pas mention des premières.
Mais si plusieurs lettres ont été obtenues en une
même cause, elles sont sans valeur si les unes ne
font mention des autres.

Quand dans des lettres la vérité a été cachée, ou qu'on y a ajouté un mensonge, celui à qui elles sont adressées n'est pas tenu d'y obéir ni de faire ce qu'elles disent; car si celui qui les octroya avait connu la vérité, il ne les aurait sans doute pas octroyées.

Ces principes sur les lettres du pape et sur leur effet sont extraits des décrétales. Ce recueil contient un long titre sur les pouvoirs du juge délégué par le pape, *De officio et potestate judicis delegati* (lib. I, tit. 29); notre compilateur y a puisé les règles que nous allons exposer.

272
276
294
303
La commission du juge peut être donnée par le pape ou l'empereur ; mais s'il meurt avant que la citation soit donnée, ou qu'autre chose ait été faite en vertu de cette commission, elle sera comme non avenue. Il en est de même si la connaissance de la chose est commise nominativement à un religieux, abbé ou prieur; s'il meurt, son successeur ne pourra continuer d'en connaître. Celui à qui une cause est ainsi commise par le souverain reçoit en même temps pouvoir pour tout ce qui se rattache à la cause.

Quand une cause a été envoyée à deux ou trois juges, la sentence est nulle si elle est rendue par un seul d'entre eux; à moins qu'il ne soit dit dans les lettres du pape que si l'un des trois juges ne peut connaître de la cause, ceux qui resteront continueront d'en connaître : ce qui

sera fait par un seul sera valable. Dans ce cas,
si l'un des trois juges commis délègue ses pouvoirs à l'autre et meurt, et que le troisième soit
récusé comme suspect, celui des trois qui restera
pourra terminer la cause s'il a commencé à user
de ses pouvoirs du vivant de son collègue qui les
lui a délégués : autrement, il ne peut juger seul.
Cette impossibilité, *impotance* comme l'appelle
notre compilateur, de connaître de l'affaire peut
être de fait et de droit : de fait, quand l'un d'eux
est malade, ou empêché par telle cause qu'il ne
puisse remplir sa fonction : de droit, quand il se
trouve en sa personne un empêchement légal qui
ne lui permette pas d'être juge. Celui qui est
empêché doit le mander aux autres pour qu'ils
puissent accomplir leur mission. Celui qui s'abs-
tient uniquement par sa volonté ne peut être excusé, à moins qu'il ne soit dit dans les lettres de
commission qu'il sera procédé en l'absence de
ceux qui ne pourront ou ne voudront y être.

S'il y a des doutes sur la commission de la
cause, la connaissance de ces doutes appartient à
celui qui a commis, et non au juge commis.

La semonce donnée en vertu de la commission pour comparaître devant les juges ne vaut
rien si l'un des juges n'en a pas connaissance, à
moins qu'il n'envoye lettres ou message disant
qu'il ne peut venir, et que l'autre juge fasse
comme s'il était présent.

Le juge ne peut rendre jugement que dans sa juridiction, à peine de nullité de ce qui sera fait.

La partie peut se refuser à obéir à la commission :

« Si le siége à qui la cause est commise est doubtable à cellui à qui la commission est donnée; » ce qui, je crois, veut dire : Si l'un des juges commis en même temps qu'un évêque a quelques raisons de craindre cet évêque.

Si le juge commis est de sa terre ou de son pays;

S'il est son seigneur;

Si elle n'ose aller dans le pays où serait le juge par crainte de mort ou par peur de son adversaire;

Si le juge est compagnon ou frère de la partie adverse;

S'il a procès semblable à celui que l'on fait devant lui;

Si l'avocat de la partie adverse est clerc du juge ;

Enfin, en cas d'appel d'un juge, d'un article ou d'une autre cause, l'appelant peut refuser ce juge comme suspect en ses autres causes.

Nous retrouverons un grand nombre de ces principes quand nous parlerons des justices laïques.

283   Toutes les fois qu'un juge promet qu'il rap-

portera aucune chose à son juge supérieur, il doit faire connaître aux parties ce sur quoi il demande conseil.

On ne peut appeler d'une sentence que dans 275 les dix jours qui suivent celui où elle a été rendue; pendant ce temps, l'exécution en est suspendue jusqu'à ce que l'appel soit jugé.

L'archevêque ne peut connaître des causes 302 que par voie d'appel, ou si pouvoir ne lui est donné par son souverain.

Lorsque dans les lettres du pape l'appel est 284 interdit, cette clause ne s'applique qu'à ce qui la précède, à moins que les diverses causes déléguées dans lesdites lettres ne soient connexes entre elles.

Quand le pape commet une personne pour 279 exécuter une sentence qu'il a rendue, l'exécuteur commis ne peut connaître de toutes les difficultés de cette exécution : mais il doit rapporter au siége apostolique toutes les questions qui seront soulevées.

'La commission n'a quelquefois pas besoin 286 d'être expresse : les conservateurs octroyés par le pape peuvent défendre des appels et des violences appertes ceux à qui ils sont octroyés : ils ne peuvent étendre leur pouvoir aux choses qui requièrent enquête judiciaire.

Le juge d'Église ne peut tenir ses plaids ni 573

donner sentence les jours fériés et chômables, à
peine de nullité de ce qui a été fait ainsi.

§ 3. — *Des clercs et de leurs privileges.*

44
157
230
301
701
821
826

Le clerc non marié peut suivant la coutume
élire le juge qu'il lui plaira, séculier ou d'Église.
Il ne peut donner à justice séculière juridiction
sur soi, quelque convention qu'il fasse. Ces deux
décisions, qui paraissent contradictoires, peuvent,
ce me semble, se concilier en admettant que la
première s'applique au cas où le clerc est demandeur, et la seconde à celui où il est défendeur. Mais cela ne s'applique qu'aux actions personnelles et au cas d'afféage; en matière réelle,
il doit répondre devant le juge séculier. Quand
il est appelé devant la justice séculière pour répondre sur cas d'afféage ou sur action personnelle, il peut ne pas répondre, et décliner de juge
et de juridiction : mais il ne peut décliner que
jusqu'à contestation; après la contestation, le
juge d'Église seul peut de son office demander la
connaissance de l'affaire. Celui qui a traduit un
clerc devant le juge séculier perd-il par cela même
sa cause? La question paraît avoir été résolue af-
firmativement, mais cette solution semble avoir
été abandonnée; car, à quoi bon permettre à la
partie de décliner de juridiction, ou au juge d'É-

glise de revendiquer la cause, si la perte du procès est la conséquence nécessaire d'une action mal intentée?

Quant au clerc marié, il doit répondre d'action personnelle devant le juge séculier; il ne peut réclamer son privilége qu'en cas de crime ou de délit, par exemple d'action d'injures. 647 700 821

Le clerc marié peut être plège en cour laye. 926

Le clerc pris pour méfait par la justice laye peut, s'il n'a ni tonsure ni habit de clerc, être jugé par elle tant qu'il ne réclame pas son privilége, ou tant que son juge ne le réclame pas. S'il est trouvé en habit de clerc et portant la tonsure, la justice laye le doit rendre à son juge. Le clerc d'une cour séculière qui commet un délit comme clerc de cette cour, tel qu'un faux dans un procès ou autre acte de ladite cour, est son justiciable encore qu'il soit clerc, car il n'a commis le délit qu'en sa qualité. La cour d'Église en connaîtrait s'il l'avait commis comme notaire d'un juge de cour d'Église. Dans le premier cas, la cour séculière doit le bailler à punir au juge d'Église chargé du fait, c'est-à-dire, le déclare coupable, et le juge ecclésiastique prononce la peine. 254 702 834

La justice laye ne peut prendre les meubles des clercs que quand ils sont en lieu du temporel sur la saisine. 244

836   Le clerc qui a dépucelé une femme et l'épouse
ensuite n'est pas pour cela réputé bigame.

205   Nul clerc ne doit faire usure de quelque manière que ce soit.

363   Si un clerc offre bataille ou l'accepte, vain-
queur ou vaincu, il doit être déposé; mais il
faut que le méfait soit grave. Il peut échapper
cependant à la sentence de déposition si son
évêque l'en dispense, pourvu que de la bataille
il ne soit résulté ni homicide, ni perte de
membre.

§ 4. — *Des couvents, églises, et de leur*
administration.

83   Lorsque les intérêts de l'abbé ne sont pas séparés de ceux du couvent, celui qui a obtenu
lettres contre l'abbé peut en vertu d'icelles plaider contre le couvent.

193   Nul religieux ne peut plévir ou emprunter
sans le consentement de la plus grande partie
du couvent, ou du chapitre, et sans la permission de l'abbé. Le couvent n'est tenu que des
engagements qu'il a pris pour la commune pourvéance, à moins qu'il n'apparaisse que ce qu'il
a fait a été fait au profit de la maison.

802   En règle générale, le couvent est représenté
846
973 par l'abbé ou prieur conventuel qui n'a pas be-

soin de grâce pour comparaître comme procureur de son couvent devant la justice séculière.
Ils peuvent sans autorisation demander en justice les fruits des biens meubles du prieuré, car
ils leur appartiennent. Mais quand il s'agit de
demandes réelles, à raison du fonds même du
prieuré, ils doivent avoir un pouvoir spécial du
prélat et du couvent ; car, de ce qu'ils ont le gouvernement d'un prieuré ou bénéfice, il ne s'en-
suit pas qu'ils aient l'exercice des actions réelles
qui le concernent ; ne pouvant l'aliéner, ils ne
peuvent le déduire en jugement. Ce qui serait
jugé dans ce cas avec eux serait sans valeur.

Le délit de l'administrateur d'une église, pré- 172
lat ou autre, ne peut préjudicier à l'église ; mais 195
les engagements qu'il prend pour les affaires de
l'église engagent son successeur qui est alors
tenu de payer ses dettes, comme le fils est tenu
de payer celles de son père.

Cependant la déclaration faite par le chape- 809
lain, prieur d'un prieuré, gouverneur d'un bénéfice, dans l'acte de reconnaissance de la dette,
que la somme a été par lui reçue et employée
au profit de l'église, ne profite pas au créancier
qui ne pourra réclamer la dette à son successeur audit bénéfice, qu'en prouvant que ladite
somme a été réellement employée au profit de
l'église : c'est un privilége admis en leur faveur.

L'administrateur d'une église qui a été mal 43

gouvernée peut demander l'annulation des actes
de mauvais gouvernement qui l'ont précédé : ils
ne lui peuvent porter aucun préjudice.

213   L'abbé et les religieux d'un couvent peuvent
porter témoignage dans la cause du couvent ou
de l'église quand les autres témoins manqueront ;
c'est du moins le sens des décrétales auxquelles
renvoie ce paragraphe qui n'est pas très-clair.

846   Le curé ou recteur d'une église peut demander
975 en cour laye les choses et biens meubles et immeubles de son église sans mandement spécial
ou procuration de son prélat, parce que, comme
ayant la cure des âmes de ses paroissiens, il est
·   seigneur de l'église et personne privée, et ne dépend en rien de son prélat en ce cas.

CHAPITRE III.

DE LA COUTUME.

La coutume du pays est la loi quand on ne 184
suit pas le droit écrit; mais la coutume bonne et 186
raisonnable et confirmée par la prescription de 374
trente ans remplace le droit commun et le droit
naturel. On doit abroger tout établissement et 189
coutume qui ne peuvent être gardés sans péché
mortel. Nul ne peut établir chose sur autrui 176
qu'il ne voudrait voir établie sur soi. Aucune 174
constitution n'oblige que quand elle est connue; 179
elle ne peut statuer que sur les choses à venir,
et ne peut s'appliquer aux choses passées que
quand elles sont continuées.

La preuve de la coutume se fait en justice de 58
la même manière que toutes les autres preuves. 289
Quand une coutume est alléguée avant jugement 880
par une des parties et n'est pas défendue, c'est- 891
à-dire, contredite par l'autre, elle est réputée
par cela même reconnue par les deux parties.
Quand elle est niée par l'adversaire, c'est à celui

qui l'a alléguée à la prouver ; quelques-uns pen-
sent qu'il doit faire cette preuve même en l'absence de dénégation de l'adversaire. D'autres
disent aussi que c'est au juge à faire l'enquête,
surtout quand c'est un avocat qui a allégué la
coutume. Dans le cas où l'on ne trouve point
659 quelle est la coutume, on doit juger selon le droit,
c'est-à-dire, suivant le droit romain. Mais notre
compilateur paraît n'y renvoyer qu'à regret ; car
en l'opposant au droit commun ou coutumier il
le considère comme beaucoup plus rigoureux et
comme ne voulant que rigueur et justice, là où
le droit commun veut l'équité.

DROIT CIVIL.

Sous le nom de *droit civil* on réunit l'ensemble des règles qui régissent la famille et la propriété ; mais ce ne sont pas seulement des règles spéciales dérivant de tel ou tel état social tel que le peuvent faire les précédents historiques d'un peuple, ou les décisions plus ou moins arbitraires du législateur. L'ensemble de ces règles dérive de principes d'un ordre plus élevé, et, est soumis à l'application de règles générales qui ont pour but la garantie des droits de chacun. C'est pour cela que les règles générales du droit civil sont souvent désignées dans notre langage moderne sous le nom de *droit commun*.

L'exposé de ces règles me paraît pouvoir être divisé en cinq parties. Dans la première, les règles générales ; dans la seconde, le droit de la famille ; dans la troisième, le droit de la propriété ; dans une quatrième, après avoir vu comment le patrimoine de chacun est constitué, nous verrons comment il se transmet d'une personne à une autre par les successions ; et enfin dans une cinquième, nous verrons comment s'associent deux patrimoines dans les communautés, soit entre époux, soit entre autres personnes.

PREMIÈRE PARTIE.

DES CONTRATS ET DES OBLIGATIONS
EN GÉNÉRAL.

———

S'il est vrai de dire que le droit français, ancien et moderne, n'est qu'une modification du droit romain, la plus puissante conception juridique qui ait jamais existé, cela est encore plus vrai quand il s'agit de la matière des conventions qui a presque entièrement échappé à l'influence féodale, et n'a que fort peu reçu l'empreinte d'un état social qui a cependant laissé dans notre droit des traces profondes de son caractère si original. Nos anciennes coutumes si riches en développements toutes les fois qu'il s'agit de la féodalité et de ses principes, sont au contraire presque muettes quand il s'agit d'exposer les principes relatifs aux divers contrats; elles se contentent de retracer les principales dérogations, renvoyant pour le surplus à ce droit qui forme la base du droit commun

toutes les fois qu'on n'y trouve pas de déroga-
tion expresse ou tacite. Mais à côté des coutumes
se trouvent les auteurs qui ont voulu faire un
exposé systématique du droit ou qui, comme
notre compilateur, ont réuni une certaine quantité de notes et de décisions judiciaires. Leurs
recueils sur ce point sont précieux à étudier, car
en paraissant, et en croyant eux-mêmes repro-
duire les décisions du droit, ils les ont données
telles que les interprétait la pratique de leur
temps, et c'est souvent là que nous devons rechercher l'explication de certaines différences
entre nos codes actuels ou le dernier état de la
jurisprudence, et les lois romaines. Notre compilateur contient un grand nombre de décisions
relatives soit aux contrats et obligations en général, soit à un certain nombre de contrats.

934   Les obligations se divisent en obligations expresses et obligations tacites. Cette division
s'applique aux obligations principales aussi bien
qu'aux obligations accessoires. Ce sont les deux
seules divisions des obligations que nous trouvions mentionnées dans notre compilateur.

131   Nous retrouvons un singulier souvenir de la
division romaine en contrats et en pactes nuds
(*pactum nudum*). Les contrats ou convenants
(conventions), sont divisés en *convenants nuds*
et en *convenants vestus;* ces derniers seuls

peuvent engendrer une action; les autres ne peuvent donner naissance qu'à une exception. Pour que le convenant soit vestu, il faut qu'il y ait·obligation ou tradition du prix de la chose. Cette distinction, on le sait, n'a jamais eu de valeur juridique dans notre droit.

Les conventions doivent être interprétées de manière à exécuter autant que possible l'intention des parties contractantes, et les expressions dont elles se sont servies doivent être entendues suivant la nature des conventions qu'elles ont voulu faire. Aussi une renonciation en termes généraux n'est-elle pas valable : il faut spécifier ce à quoi on renonce. 204 841 987

Quand une chose est livrée, cette livraison entraîne celle de tout ce qui en est la conséquence. 209

La convention faite sur chose immorale, impossible, qui tournerait au dommage des âmes, ou défendue par la loi, n'engendre aucune obligation, et le serment fait pour valider de semblables engagements est nul et ne lie pas. Je pense qu'il faut en dire autant de la longue série des renonciations dont la formule se trouve au § 989; quelque étendue qu'elle puisse être, cette renonciation n'engage celui qui la fait que dans une limite assez restreinte. Cependant la jurisprudence postérieure a reconnu la validité d'un 187 848 989 assez grand nombre des renonciations contenues dans cette formule.

La crainte ou la peur, la fraude, l'erreur et la lésion, peuvent faire annuler les contrats : le serment qu'on a fait de les exécuter n'est pas valable, et celui qui réclame contre eux n'est pas parjure. La crainte qui peut faire annuler une obligation, ne doit pas être une crainte vaine, ce doit être une crainte de nature à agir sur un homme raisonnable; par exemple de perdre vie ou membre, ou d'un trouble grave à sa sécurité, de perdre sa réputation, d'être noté d'infamie ou de souffrir abaissement de son état, etc.... Pour une femme, la crainte de l'adultère ou de vilenie de son corps.

La fraude est une cause d'annulation quand elle a induit l'individu trompé à faire le contrat. Cette action dure deux ans; mais dans les deux cas de crainte et de fraude, il n'y a pas lieu à annuler le contrat si le préjudice est minime.

L'absent qui éprouve un préjudice des actes passés en son absence, peut aussi se faire restituer; mais on doit regarder si son absence a été volontaire, nécessaire, ou faite *Reipublicæ causa*.

On peut revenir contre l'engagement que l'on a contracté par erreur, comme aussi on peut être reçu à réparer l'erreur tolérable; c'est-à-dire celle dans laquelle il n'y a pas de faute à reprocher à

celui qui l'a commise par lui-même ou par autrui.
Mais l'erreur grossière, celle qui porte sur une 841
chose notoire comme une assise, ne peut être une
cause d'annulation.

Dans tous ces cas, la nullité peut être couverte 186
par les actes postérieurs; aussi est-ce aux nullités absolues et de plein droit, dont nous parlerons en parlant des jugements, qu'il faut appliquer la règle générale contenue au § 186, que ce
qui est nul au commencement ne peut être validé
par les actes postérieurs.

Les conventions ne peuvent nuire à d'autres 208
qu'à ceux entre qui elles sont intervenues; mais 703
celles contractées par le père engagent ses héritiers qui ne peuvent revenir contre son fait. Cependant, quand il s'agit de l'exécution des obli- 620
gations, il n'en est pas toujours de même : le 640
créancier peut faire exécuter sur le débiteur; 994
mais si cette exécution doit avoir lieu, soit à la
requête des héritiers du créancier, soit sur ceux
du débiteur, on ne peut plus la faire et on doit
demander la créance par voie d'action, à moins
que les parties n'aient stipulé pour elles et
pour leurs héritiers ou ayants cause, et ne
se soient engagées, elles, leurs héritiers et
ayants cause. C'est un vestige de cette ancienne
jurisprudence qui se trouve dans l'article 1122
du Code civil.

166 Notre compilateur a inséré, sans modification, la règle qui interdit de faire des aliénations à titre gratuit au préjudice du patron, et qui, lorsque l'aliénation a lieu à titre onéreux, ne permet d'aliéner que le tiers. Ce n'est qu'une application de la règle plus générale qui annule les actes faits en fraude des créanciers. Mais il faut qu'il y ait fraude; il ne suffit pas qu'il y ait

625 préjudice : ainsi, quand une chose obligée à plusieurs créanciers est acquise au seigneur pour faute de devoirs et de cens non payés, les créanciers qui perdent ainsi leur gage ne peuvent s'opposer à cette acquisition par le seigneur auquel, d'ailleurs, la chose est obligée de préférence à eux-mêmes.

622 Le créancier de deux débiteurs solidaires ou conjoints, qui reçoit de l'un d'eux un payement partiel, n'est pas pour cela forclos de demander à l'autre le payement du surplus : ce qu'il a reçu de l'un est à la décharge de l'autre.

190 Quand plusieurs individus sont condamnés conjointement par une même sentence, l'appel formé par l'un d'eux et le gain de cause qu'il peut obtenir sur ledit appel profitent aux autres; mais il faut pour cela qu'il y ait entre eux identité de droits et d'intérêts.

1011 Celui qui forme une demande pour une chose indivise ou conjointe, doit la former contre

tous les défendeurs, encore que la chose soit in-
divisible comme le serait la possession d'une
chose telle qu'une rente. Dans ce cas, si l'un des
défendeurs seulement se défend, le procès sera
suspendu jusqu'à ce que tous soient de nouveau
sommés de défendre au procès. Tel me paraît
être le sens du § 1011 qui n'est pas clair.

Les causes d'extinction des obligations mentionnées par notre compilateur sont le dissentiment mutuel, le payement, l'excommunication,
la confusion, la novation et la perte de la chose
due.

Les obligations s'éteignent par le dissentiment 132
mutuel : mais il faut que les choses soient entières; car cela pourrait porter préjudice à autrui. S'il s'agit d'une vente, et qu'il ait été payé
quelque chose sur le prix, cet à-compte pourra
être rendu à la partie : une fois ce prix rendu,
les choses seront entières et on pourra faire de
nouvelles conventions

Payement.

Le débiteur de plusieurs dettes, qui paye en 645
partie son créancier, doit déclarer, lors du
payement, quelle dette il entend acquitter : s'il
ne dit rien, le payement doit être imputé sur la
dette qui le grevait le plus.

920   La possession de la lettre de l'obligation par le débiteur n'est pas une preuve complète de sa libération ; il doit prouver en outre qu'il en est possesseur du consentement du créancier, sans qu'il y ait lieu de rechercher s'il est ou non de sa famille.

777   Par *payement*, on doit entendre l'exécution de l'obligation : ainsi, celui qui doit du vin à une autre personne est libéré par la remise qu'il en fait au charretier ; mais aussi longtemps qu'il est à sa garde, il est à ses risques, et c'est lui qui en est responsable.

Excommunication.

170   L'excommunication du créancier dispense le débiteur de lui payer ce qu'il lui doit, tant qu'il est dans les liens de l'excommunication. Il n'est point parjure en ne lui payant pas ce qu'il a promis, même sous serment ; l'obéissance qu'il doit à Dieu (ou plutôt à l'Église) l'en préserve. Mais s'il est assez honnête pour vouloir se libérer de sa dette au jour convenu, il doit en consigner le montant entre les mains de la justice qui le rendra au créancier lorsqu'il aura été absous.

Confusion.

748   Le mariage du créancier avec la fille de son débiteur n'est pas une cause de confusion de

la créance qu'il pouvait avoir contre lui, et il pourra, à moins de circonstances particulières, se faire payer préférablement à ceux dont les créances seraient postérieures à la sienne. Ceux-ci, après qu'il se sera fait payer, pourront agir contre la femme comme héritière de leur débiteur.

Novation.

Il y a novation quand deux parties contractent une nouvelle obligation dans le but de la substituer à une ancienne qui se trouve éteinte. La novation peut résulter de la substitution d'une obligation naturelle à celle résultant d'un titre exécutoire tel qu'un jugement : le créancier ne peut plus alors requérir l'exécution du jugé, il ne peut que demander sa créance. Il est probable que dans le § 679 l'*obligation naturelle* est celle qui n'est pas exécutoire sur les biens du débiteur.

149
552
679
681
952

L'acceptation d'un plége ou caution par le créancier éteint la dette de son débiteur, à moins que le plége et le débiteur ne se constituent débiteurs solidaires et pour le tout.

La novation résulte encore de ce que les parties ont soumis leur différend à des arbitres. Dans ce cas, si les arbitres ne les mettent pas d'accord, le créancier ne peut plus requérir l'exécution de son titre; il ne peut que demander des dommages et intérêts.

Perte de la chose due.

478   Celui qui a vendu du blé en herbe et s'est engagé à le livrer à une certaine époque, à la mi-
août, par exemple, n'est pas dispensé de livrer le
blé qu'il a vendu si la perte de sa récolte a eu
lieu par un accident qui arrive souvent ; il devait le prévoir et se précautionner pour exécuter
son contrat. Si c'est au contraire un accident
tout à fait imprévu, sa libération ne sera pas entière ; mais il devra payer comme il pourra le
faire cette année.

Cette décision me paraît spéciale aux ventes
qu'une personne fait d'objets provenant de sa
récolte.

Des obligations qui se forment sans convention.

Toute obligation naît d'un fait volontaire provenant de l'accord de deux parties sur un point :
c'est le contrat ; elle peut naître aussi du fait
unique de l'une des parties. Si ce fait est un fait
licite, c'est un quasi-contrat ; si c'est un fait illi-
cite volontaire, c'est un délit ; si c'est un fait illi-
cite involontaire, c'est un quasi-délit. Notre compilateur réunit un certain nombre de décisions
qui admettent implicitement cette division ;
celles que je reproduis ici sont relatives à la ré-

pétition de l'indu, à la gestion d'affaires, au quasi-contrat résultant de l'indivision, aux impenses faites sur la propriété d'autrui, et enfin aux dommages que l'on peut causer à autrui.

Répétition de l'indu.

Celui qui a payé ce qu'il ne devait pas est 196 tenu de prouver qu'il a payé à tort. Quand le payement est prouvé, l'adversaire doit prouver que c'est bien à droit qu'il a été payé.

Gestion d'affaires.

Quand, en l'absence d'une personne, quel- 136 qu'un gère ses affaires d'une matière profitable, il peut demander au maître de la chose le remboursement de ses avances et le prix de son travail : celui-ci a le droit de demander le profit de sa chose et peut faire réparer le dommage qui a été causé par la mauvaise administration.

S'il a géré les affaires d'autrui sur le commandement d'un tiers, il aura une double action : celle que nous venons de voir contre le seigneur de la chose, et l'action de mandat contre celui qui le lui a commandé. S'il a mal géré, le seigneur de la chose et celui qui lui a donné commandement auront action contre lui pour lui faire réparer sa mauvaise administration.

Mais si le géreur d'affaires est un prochain du lignage, il n'y aura pas entre eux d'action *negotiorum gestorum* à cause de la parenté; car c'est une obligation naturelle qui n'engendre point d'obligation; mais cela pourrait bien donner lieu à une compensation.

638 Celui qui, dans le cours d'une instance, invite le demandeur à se départir de son action, ne peut faire ensuite demande en son propre nom ou intenter action d'injures, si, malgré cela, le demandeur continue la procédure; mais le défendeur pourra bien profiter de cette circonstance et former contre ce tiers, sur la demande duquel la poursuite a été abandonnée, une demande de dommages et intérêts.

Indivision.

114 Si des réparations sont devenues indispensa · bles à un moulin indivis entre plusieurs propriétaires, celui qui croit qu'elles sont nécessaires doit le déclarer à l'autre en justice; et si le défendeur ne peut ou ne veut les faire, l'autre pourra faire les réparations à ses frais, et prendre toute la part des revenus du défendeur jusqu'à ce qu'il soit indemnisé de ses dépenses. S'il faisait faire les réparations sans requérir l'autre parsonnier, il en serait pour ses frais.

639 Quand une maison possédée par indivis

entre plusieurs propriétaires menace ruine, l'un
d'eux, même sans requérir l'autre, pourra la
faire réparer, et l'autre sera tenu de lui rembourser sa part, car c'est dépense faite pour le profit
commun. Il doit payer sa part des réparations
dans les quatre mois du jour où il a été requis
de payer, sans quoi sa part est acquise de plein
droit à celui qui a fait la réparation, sans qu'il
soit besoin de l'appeler en justice pour faire déclarer la chose commise à celui qui a fait la dépense; mais ce serait plus sûr d'appeler l'autre
en jugement. Cependant l'opinion qui veut que
le défendeur soit mis en demeure avant de faire
les réparations paraît préférable.

Impenses faites sur la chose d'autrui.

Les constructions ou plantations faites sur le
fonds d'autrui appartiennent au propriétaire du
fonds qui ne devra aucune indemnité à celui qui
les aura faites, s'il savait ou pouvait savoir que
le fonds fût à autrui. S'il possédait de bonne foi,
il devrait être remboursé de ses dépenses; mais
il faudrait encore distinguer si l'édifice était ou
non nécessaire.

Le propriétaire peut, de son autorité et sans
autorisation de justice, détruire l'édifice construit sur son terrain; c'est au constructeur, s'il
croit son droit établi, à le mettre en cause de-

90
689
704
762

vant la justice. Si c'est une chapelle qui a été
construite à tort dans un lieu saint, par suite du
respect dû au lieu saint, la destruction ne peut
avoir lieu que si elle a été ordonnée par sentence
du juge d'église.

Quant aux plantations, celui qui les a faites
peut les enlever tant qu'elles n'ont pas pris ra-
cine; autrement, elles sont acquises au fonds.

Dommages causés à la chose d'autrui.

203
228
On doit réparer le dommage qui arrive par sa
faute, folie ou négligence soit par ses bestiaux,
soit en allumant des feux qui, involontairement,
brûlent les moissons ou les bois d'autrui, et celui
causé en donnant aide à ceux qui l'ont fait. L'i-
gnorance n'est pas une cause d'excuse quand on
devait savoir à de certains indices que tort ou
dommage devait naître de notre fait.

Quand le dommage a été causé par des animaux,
on peut s'affranchir de la réparation du dommage en les abandonnant à celui qui l'a souffert,
à moins qu'il n'ait été causé par *bêtes félonnesses
et accoutumées à mal faire* qu'on n'a pas gardées comme on devait le faire.

871
On peut aussi s'affranchir de toute responsabilité en désavouant l'animal; mais, si après l'avoir
désavoué, on le reprenait, on serait tenu du
dommage.

L'auteur du dommage doit une amende de 977
xv s. i. d. pour le dommage causé par ses animaux à une terre tenue gentilment. Cette amende
n'est due qu'à la justice pour terres tenues en
roture, et l'on ne doit au propriétaire que la
réparation du dommage causé.

L'indemnité sera plus ou moins considérable,
suivant que la chose rapporte ou ne rapporte pas
de fruits.

La demande doit être faite au propriétaire des
animaux qui ont causé le dommage. Il ne faut
point la faire à celui qu'il a chargé de les garder,
car il faudrait, outre le fait du dommage, prouver
en outre que le propriétaire l'avait chargé de les
garder.

Le propriétaire d'une partie des biens endom- 609
magés peut faire sa demande en réparation du
dommage sans attendre que les autres propriétaires fassent demande pour leur part.

On doit, dans la demande, énoncer en quoi 103
consiste le dommage, sous peine de ne pas être
écouté.

La preuve du dommage doit se faire par té- 713
moins; mais comme elle est difficile à faire, on 716
décide que, quand il est de somme minime, c'est-
à-dire de v s. et au-dessous, le demandeur, s'il
est de bonne renommée, en sera cru par son serment. Quand le défendeur confesse le dommage,
l'estimation en aura lieu à l'arbitrage du juge.

Mais si le dommage avait été causé par violence, la victime de cette violence, si c'est un homme de bonne renommée, serait crue sur son serment de la valeur du dommage quel qu'en fût le montant.

SECONDE PARTIE.

DES PERSONNES.

—

CHAPITRE I.

DES SERFS.

Les pays dont notre compilateur a recueilli la jurisprudence admettaient le servage; mais je serais disposé à croire, à raison de la manière presque transitoire dont il en parle, que le ser- 358
vage devait être extrêmement limité. Le fils 367
376
d'homme serf et de femme franche suit la condi- 378
tion de sa mère. Si quelqu'un réclame comme 961
son serf celui qui s'avoue au Roi, il doit payer ses exploits, et probablement un te' ıveu affranchit du servage. La possession de la liberté pendant vingt ans permet de se défendre contre le seigneur qui vient revendiquer le serf; celui-ci peut ainsi acquérir la franchise par prescription. La

présomption est en faveur de la liberté, et la possession doit être adjugée au serf mineur qui se
prétend franc, jusqu'à ce qu'il soit en âge de se
défendre.

Les serfs ou hommes de corps sont la propriété
du seigneur comme ses autres biens ; aussi sont-
ils compris dans l'asseurement qui lui a été
donné, sans même qu'il soit besoin de s'en ex-
pliquer.

CHAPITRE II.

DES PRIVILÉGES DES NOBLES.

Gentilhomme n'est justiciable que de la grande 410
assise tenue par le sénéchal ou le bailli.

Le gentilhomme qui épouse une roturière 470
anoblit sa femme, et ses enfants peuvent être che-
valiers, comme ceux qui sont nés de père et mère
nobles. Le fils de femme noble qui a épousé un
vilain ne peut pas être chevalier. Le roi ou baron en la chastellenie duquel il se trouve peut le
prendre et lui faire trancher ses éperons sur un
fumier, et prendre ses meubles.

Quand on demande chose de son héritage à 449
un gentilhomme qui n'est pas chevalier, il a délai
d'an et jour pour se faire recevoir chevalier s'il
déclare qu'il ne veut répondre jusqu'à ce qu'il le
soit.

Le gentilhomme ou chevalier qui appelle un 352
vilain de cas criminel où il y a péril de corps,
doit combattre à pied. Il combattra à cheval si
c'est le vilain qui l'appelle en cas pareil.

389 Chevalier peut être procureur en la cause de son seigneur, encore qu'on lui oppose que ce n'est pas office de chevalier.

422 Quand gentilhomme marie son fils ou quand le fils est chevalier, il lui doit donner le tiers de sa terre, sauf ce qui lui fut donné en mariage. Mais si la mère avait été héritière de terre, le fils aurait toute la terre de sa mère.

455 Quelque étendus que puissent être les droits des seigneurs sur leurs hommes, ils ne peuvent aller jusqu'à les priver de leur propriété; ils peuvent bien, s'ils sont gentilshommes, leur prendre de leurs terres tenant d'eux pour y faire leur herbergement, étang ou moulin, mais ils doivent leur en donner d'autres en échange.

441 Le gentilhomme ne doit vente ni péage pour ce qu'il vend ou achète, à moins qu'il n'achète pour revendre. Il ne doit rien non plus pour les bêtes qu'il a achetées pour les revendre, s'il les a

456 gardées an et jour. S'il a maison ou chastel taillable en quelque manière que ce soit, il n'en devra aucune taille tant qu'il les tiendra en sa main; mais s'il les louait à un coutumier, il ne pourrait le garantir de la taille.

416 Gentilfemme perd son héritage quand elle a enfant avant de se marier, ou quand elle se fait dépuceler.

CHAPITRE III.

DU MARIAGE.

Notre coutumier reproduit quelques-uns des principes du droit canonique en matière de mariage.

Celui qui a compaignie avec une pucelle doit 226 la doter ou l'épouser ; si les parents ne la lui veulent pas donner en mariage, il doit lui donner la dot qu'on donnait autrefois aux vierges.

Le mariage peut être contracté par procureur. 574

Il peut se contracter par paroles de présent ou 156 paroles de futur ; mais il n'est parfait que quand 910 il a été béni par l'Église, ou quand il a été con- 928 sommé. Lorsqu'entre personnes ayant l'âge compétent, douze ans pour les hommes et quatorze ans pour les femmes, il a été contracté par paroles de futur, l'homme peut se départir de sa promesse et prendre une autre femme par paroles de présent ou entrer en religion. Mais si le mariage a eu lieu par paroles de présent, l'homme ne peut s'en départir sans le consentement de la femme.

Si la fille n'avait pas l'âge voulu, elle ne pourrait pas faire annuler le mariage s'il avait été con-
sommé; s'il ne l'a pas été, il est en son pouvoir,
quand elle sera venue en âge, de demander l'ac-
complissement ou la nullité de ce mariage; mais
il semble qu'il faut distinguer s'il a eu lieu par
paroles de futur ou par paroles de présent. Dans
le premier cas, la fille peut se départir de sa seule
volonté; dans le second, il faut qu'elle fasse décider par le juge, qui est ici le juge d'Église, que
son mariage est nul. Dans tous les deux, l'homme
ne pourra se marier avec une autre femme que
moyennant une dispense du pape.

121
910

La promesse de mariage peut être corroborée
par la stipulation d'une peine, ou par des arrhes
que les parties ou leurs parents se donnent les
uns aux autres. S'il y a empêchement raisonnable
à la célébration du mariage, ou si toutes les parties sont d'accord pour ne pas le célébrer, les arrhes retournent à chaque partie, et la peine stipulée n'est pas due; elle ne le sera pas non plus
si la fille mariée par paroles de présent ou de
futur n'avait pas l'âge voulu, et vient demander
que son mariage soit déclaré nul; car cette obligation, alors même qu'elle serait prise par les parents ou les amis, n'est pas plus valable que celle
de la fille elle-même. Mais quand c'est par la
seule volonté des parties que le mariage n'a pas
lieu, la peine sera due par celui qui aura refusé

le mariage, ou les arrhes qu'il a données 'seront perdues pour lui.

Le mariage ne peut être contracté entre per- 751
sonnes qui ont tenu ensemble un enfant sur les 837
980
fonts baptismaux , ou entre eux et l'enfant. Il ne peut l'être non plus entre personnes du même lignage, mais notre texte ne dit pas jusqu'à quel degré ; ni avec des personnes du lignage de celui que l'on a fiancé par paroles de présent ou de futur ; dans tous ces cas il doit être annulé, et les enfants qui sont nés d'une pareille union sont bâtards.

L'adultère n'est pas une cause de nullité de 773
mariage; il n'y a lieu qu'à la séparation entre les époux. Le mari qui a lui-même commis adultère ne peut demander pour cette cause la séparation contre sa femme. La femme convaincue d'adultère perd son douaire.

La femme fiancée à un homme condamné pour 509
larcin ou pour autre crime ne peut le refuser ensuite en disant qu'il est noté d'infamie, parce qu'elle a dû regarder auparavant quel était cet homme; mais elle pourrait le refuser s'il commettait le crime après les fiançailles.

Le mariage a pour effet de légitimer les en- 222
fants nés avant ce mariage des personnes qui se marient, encore qu'il y ait eu dans l'intervalle un autre mariage contracté par le père ou la mère desdits enfants. Mais on ne peut légitimer

l'enfant conçu quand l'un de ses auteurs était
marié à une autre personne.

224   Les parents, qui ne peuvent être témoins les
uns contre les autres dans les causes criminelles,
peuvent cependant être témoins aux mariages
des personnes de leur famille; car c'est chose favorable, et d'ailleurs leur présence a pour effet
d'en rehausser la solennité.

CHAPITRE IV.

DES BASTARDS ET DES ENFANTS NÉS EX DAMNATO COITU.

Les biens du bâtard qui meurt sans enfants **92**
légitimes ne font pas retour à son lignage; mais,
à sa mort, ils appartiendront aux seigneurs dans
les fiefs desquels ils se trouveront.

En Poitou et en Anjou, où ils sont héritiers
des biens de leur mère, suivant quelques distinc-
tions, ce qui leur arrive ainsi des biens de leur
mère leur est propre, et à leur mort fera retour
au lignage du côté de la mère. En règle générale,
le lignage n'a pas droit de retrait sur ce que peut
vendre le bâtard, et réciproquement.

Le bâtard ou enfant naturel est celui qui est **770**
né de personnes libres, qui ne sont engagées ni **771**
792
dans les ordres, ni dans les liens du mariage.

L'enfant né de parents dont l'un n'est pas
libre est dit campiz, ou champiz, ou né *ex damnato coïtu*. Il est d'une condition pire que celle
du bâtard : son père ne lui peut faire aucune
donation, quelle qu'elle soit, à peine de nullité.

S'il se marie, son père ne peut non plus faire aucune donation à sa femme ou à ses enfants ; car elle serait présumée faite à son profit en fraude de cette prohibition, puisqu'il en aurait l'usufruit. La haine portée contre ceux dans cette position était telle que, suivant un grand nombre de personnes, ils ne pouvaient profiter d'aucune donation faite au préjudice d'héritiers légitimes, quels qu'ils fussent, et que, par conséquent, les donations faites à leurs femmes ou à leurs enfants étaient valables du moment de la donation quant à la propriété ; mais la jouissance ne pouvait leur appartenir aussi longtemps que vivait le père. Cette décision paraît cependant devoir se restreindre aux donations faites par le père de celui des deux époux qui est légitime.

Si le père, de son vivant ou dans son testament, reconnaît que son fils, ou la femme ou l'enfant de son fils a des meubles dans son hôtel, cette confession, qui faite en faveur d'une tout autre personne serait parfaitement valable, n'engendre aucun droit et ne ferait aucune preuve en faveur du fils ; car elle serait présumée faite au préjudice des héritiers légitimes ; celui en faveur de qui elle a été faite devrait prouver son droit comme si elle n'existait pas.

Si l'enfant naturel ou celui né *ex damnato coïtu*, ou sa femme étant en la compagnie du père, fait l'acquisition d'aucune chose, les acquêts ainsi faits seront aux héritiers du père, à moins qu'il ne puisse prouver qu'il a fait cette acquisition du sien propre. Il est présumé, jusqu'à preuve contraire, l'avoir faite des biens du père. Dans tous les cas, la chose lui demeurera s'il veut rendre aux héritiers la somme que l'acquêt aura coûté.

CHAPITRE V.

DE LA PUISSANCE PATERNELLE ET DE L'ÉMANCIPATION.

142
556   Ce qui est donné à l'enfant en puissance de son père, qu'il soit majeur ou mineur, lui appartient pour la propriété; le père en a l'usufruit.

756   S'il fait un trafic avec les biens de son père, celui-ci pourra, aussi bien que son fils, réclamer en son propre nom les créances provenant de ce négoce.

805   Celui qui est au pouvoir de son père ne peut faire de contrat valable pendant la vie du père; mais ce contrat pourra être exécuté sur les biens

806
848 du fils après la mort du père. Aucun contrat, quittance, démission de biens, ne peut intervenir entre le père et ses enfants; le père absorbant la personne de ses enfants en vertu de la puissance paternelle, toute obligation est entre eux réellement impossible.

668   Tant que le fils de famille reste au pouvoir de son père, il ne peut se faire plége pour autrui de manière à obliger les biens du père; il ne peut

obliger que ceux qui lui viennent de sa mère. Il 306
ne peut non plus emprunter, à moins que ce ne
soit dans un cas où le père est tenu de lui donner
du sien, par exemple pour sa nourriture ou son
éducation : l'emprunt qu'il a contracté est nul
d'après les dispositions du S. C. Macédonien ;
mais si le prêteur ignorait et avait juste cause
d'ignorer que son emprunteur fût au pouvoir
d'autrui, il pourrait réclamer son payement.

Le fils de famille ne peut instituer d'héritier 532
avec ou sans le consentement de son père ; mais
il peut faire des legs avec son consentement et
avec l'autorisation de justice.

Il ne peut ester en justice sans le consentement 594
de son père, au moins en demandant : ce con- 684
sentement paraît être inutile en défendant ; et il 608
l'est certainement quand il est appelé en justice 629
pour répondre de ses délits. Quand il fait ajourner quelqu'un, le défendeur n'est pas tenu de
lui répondre jusqu'à ce qu'il soit autorisé.

La personnalité du fils de famille est tellement
absorbée dans celle du père que, quand une
injure est dite au fils, le père a action en son propre nom pour en obtenir la réparation, et que le
fils ne peut agir sans être autorisé par son père.

Quand le fils est émancipé, il acquiert pour 556
son propre compte et peut faire toutes sortes de 668
contrats avec son père. L'émancipation peut avoir 806
lieu sur la demande du fils, même en son absence ;

574 mais il faut qu'il constitue un procureur spécial pour la recevoir. Notre compilateur ne dit pas par qui l'émancipation doit être prononcée.

643
1035 L'émancipation peut aussi avoir lieu tacitement par la demeure pendant an et jour hors de l'hôtel du père. La fille n'est pas émancipée par son mariage ; si elle reste dans l'hôtel de son père, elle reste sous sa puissance et ne pourra rien acquérir : aussi elle ne fera pas chef de compagnie dans la communauté qui existe ainsi ; c'est son mari qui fera chef de compagnie. Mais si elle demeure avec son mari an et jour hors de l'hôtel de son père, elle sera hors du pouvoir de celui-ci, et en celui de son mari. Tant qu'elle reste au pouvoir de son père, elle ne peut faire aucune donation à son mari : elle peut au contraire lui en faire quand elle est émancipée.

CHAPITRE VI.

DES MINEURS, BAILS, TUTEURS ET CURATEURS.

Les décisions de notre manuscrit sont assez confuses sur l'âge auquel finit la minorité. Il le fixe tantôt à vingt et un ans, tantôt à quatorze, sans distinguer nettement entre les nobles et les roturiers ; mais il me semble résulter de la comparaison de plusieurs paragraphes qu'il admet cette distinction, et qu'en Poitou il fixe la majorité des nobles à vingt et un ans pour les mâles et à quatorze ans pour les filles ; il suffit probablement que les vingt et un ans des mâles soient commencés ; les quatorze ans des filles doivent être accomplis. Quant aux roturiers, la majorité est fixée à quatorze ans pour les mâles et à douze ans pour les filles.

43
62
169
420
450
833
851
886
925
990

En Anjou il en est de même.

En Angoumois et en Saintonge, la majorité est fixée indistinctement pour les nobles et les roturiers à quatorze ans pour les mâles, à douze ans pour les filles.

450
872　La preuve de l'âge de l'enfant se fait par la déposition des personnes qui sont le plus à même de le connaître, et notamment des parrains et marraines qui le tinrent sur les fonts s'ils vivent encore, sinon par le tuteur. Le juge pourra aussi faire venir l'enfant devant lui pour voir son âge.

790
990　Si le mineur a son principal herbergement en une coutume et ses terres en une autre, l'âge de sa majorité est fixé par la coutume du lieu où il a son principal herbergement, et c'est la justice de ce lieu qui lui nommera son tuteur quand il y aura lieu.

768
830
922
940　Nul ne peut s'immiscer dans l'administration des biens d'un mineur s'il n'est administrateur, bail, tuteur ou curateur, à peine d'être regardé comme coupable de larcin et d'être noté d'infamie. Ceux qui l'auront fait devront rendre au pupille ou à son tuteur ce que ceux-ci affirmeront par serment avoir été pris, et devront en outre les intérêts.

718　Le bail s'applique, suivant notre auteur, aux fiefs du mineur noble. Quand il est roturier, son père ou sa mère survivant s'appelle administrateur.

420
723　En Poitou, le père peut donner à qui il veut le bail de ses enfants mineurs : la mère ne l'a que tant qu'elle reste veuve ; si elle se remarie, elle le perd, à moins que ce soit son mari qui le lui ait donné. Elle doit tenir les choses en bon état, sans

en abuser, à peine de perdre le bail qui viendrait alors à celui à qui la terre doit faire retour. Elle peut vendre les bois et les étangs qui étaient ordinairement vendus du temps du père ; mais les bois doivent être âgés au moins de dix ans.

Quand les père et mère sont morts, le bail 466 appartient à celui à qui la terre doit faire retour ; la garde de l'enfant appartiendra à un parent de chaque lignage, paternel et maternel, qui devra entretenir l'enfant suivant le revenu des terres.

Les meubles doivent servir à acquitter les 400 dettes qui sont toutes à la charge personnelle de celui qui a le bail, et qui doit le rendre quitte. S'il en existe, une fois les dettes payées, l'enfant ne peut les réclamer qu'autant que l'existence en a été constatée en prenant le bail. Si cependant le bail prend fin par la mort de celui qui l'a pris, il ne sera tenu des dettes que jusqu'à concurrence des fruits qu'il aura levés. Il en est de même de la mère.

Celui qui a le bail ne peut intenter d'action 450 au nom du mineur ni défendre à une action intentée contre lui que relativement aux choses que le père avait en sa saisine au moment de sa mort, ou pour lesquelles il y avait procès commencé, ou qui sont échues depuis sa mort.

Le bail finit quand le mineur a vingt et un ans. C'est l'âge auquel il peut combattre et être reçu en la foi du seigneur. Si celui qui avait le

bail a rendu la terre aux enfants avant qu'ils
soient en âge et que le seigneur les ait reçus en
sa foi, ils ne seront cependant pas tenus de
répondre de leurs héritages. Ils ne pourront pas
recevoir l'hommage de leurs hommes tant qu'eux-
mêmes n'auront pas été reçus en la foi des seigneurs.

617
851
896   A défaut de tuteur donné par le père, la tu-
916   telle des enfants mineurs appartient à la mère
921   non remariée. La mère n'est pas obligée d'accepter la tutelle de ses enfants; mais, qu'elle soit
ou non tutrice, elle doit les garder et nourrir
jusqu'à ce qu'ils aient trois ans accomplis.

Les mineurs (de même que les femmes veuves) sont sous la sauvegarde de justice, qui doit
les garder en possession de ce que leurs père et
mère possédaient au temps de leur mort.

A défaut de père et mère, la tutelle doit être
déférée par la justice, d'abord au plus prochain
du lignage du côté du père ; s'il n'y en a pas, du
côté de la mère ; en cas de concurrence, la justice décide lequel doit être préféré. C'est le tuteur
légitime, *tutor legitimus*. A défaut de lignage,
la justice peut donner la tutelle à un étranger
qu'on appelle tuteur datif.

807   Pour pouvoir conférer cette tutelle, la justice
doit convoquer les parents et amis du mineur.
S'ils ne viennent au premier ajournement, on
doit les faire ajourner o intimacion ; s'ils ne vien-

nent pas sur ce nouvel ajournement, la justice le
nommera sans eux.

Nul ne peut refuser la tutelle qui lui est dé- 896
férée par justice, s'il n'est malade de maladie
incurable, ou s'il n'a cinq enfants dans la province.

Nul ne peut être tuteur s'il n'a vingt-cinq ans 876
accomplis.

Le prêtre, diacre, sous-diacre, religieux, ou 916
moine ne peut être tuteur que de ceux de son
lignage, et s'il n'a été nommé par justice comme
préférable à tous autres.

Le mari ne peut être tuteur de sa femme mi- 791
neure; on craint qu'il n'administre mal ses
biens.

Le créancier ou le débiteur du mineur ne peu- 140
vent être ses tuteurs, à moins qu'ils n'ayent été
donnés par son père; s'ils sont nommés par justice, ils doivent de suite se faire décharger de
leurs fonctions, à peine d'être plus rigoureusement responsables de leur gestion envers le pupille à la fin de la tutelle.

Le tuteur est donné au pupille absent ou pré- 617
sent; mais il doit être présent à sa nomination et 790
jurer qu'il gardera bien et loyalement la per- 921
sonne et les biens du mineur. Ce serment est 922
exigé de tous tuteurs. 923
                                                939

Le tuteur donné par la justice doit donner 1008
plége pour mieux garantir sa bonne administra-

tion. On pourrait en dire autant des autres tuteurs, curateurs ou bails, ajoute le texte; mais
cette obligation ne paraît pas avoir jamais été
aussi étendue.

830
896
921
922
923
924
939
940

Le tuteur nommé par justice ne peut entrer en
fonctions avant d'avoir fait inventaire. Cet inventaire doit être commencé dans les trente jours
de la collation de la tutelle, et achevé dans les trente
jours qui suivent son commencement. Il doit être
fait solennellement par un notaire en présence
de justice, qui doit y assister et en avoir une copie. Si le tuteur ne le fait pas faire, la justice doit
y procéder d'office.

Il est difficile de bien comprendre si la mère
tutrice ou le tuteur nommé par le testament du
père sont tenus de faire inventaire. Suivant la
coutume de Poitou rédigée en 1417, ils sont
tenus de faire inventaire, à moins que le père ne
les en dispense par son testament. Les décisions
de notre compilateur sont confuses. Suivant les
unes, ils ne sont pas tenus de faire inventaire;
suivant d'autres, elle est tenue de le faire. Dans
tous les cas, le plus sûr est qu'elle le fasse. Mais
on décide sans hésitation que quand le mari a
donné à sa femme une partie de ses biens, et lui
en a donné l'usufruit, elle ne pourra prendre les
biens du pupille sans faire inventaire; car on
pourrait craindre que, sous le prétexte de la donation, elle ne vînt usurper les biens du mineur.

Il paraît même qu'on avait mis en doute si, dans ce cas, elle pouvait être tutrice de son enfant, par application de la défense faite au débiteur ou au créancier du mineur d'être son tuteur. On décidait qu'il n'y avait pas d'empêchement, l'enfant restant toujours propriétaire ; mais elle devait donner caution de bien user des biens en conservant la propriété.

Le tuteur ne peut s'excuser du défaut d'in- 940 ventaire pour maladie ou autre cause; car il doit le faire connaître à la justice qui a tout pouvoir pour faire faire ledit inventaire. La mère ne peut pas non plus s'en excuser sous prétexte d'ignorance; elle devait connaître l'obligation qui lui est imposée.

La mère du pupille qui se remarie doit se faire 830 décharger de la tutelle par justice, rendre compte de son administration et requérir la nomination d'un autre tuteur. Si elle a pris quelque chose des biens du pupille, son deuxième mari est obligé avec elle à le restituer.

Outre le tuteur qui est donné généralement à 718 la personne et aux biens du pupille, celui-ci peut 899 900 avoir un curateur qui lui sera donné par justice pour une cause déterminée. Il doit faire le même serment que le tuteur, et justifier par lettres de sa qualité. Quand il est donné pour représenter 1005 le mineur dans un procès, la condamnation contre le mineur doit être prononcée en la personne de son curateur; mais autrement celui-ci ne peut obliger les biens du pupille, qu'au contraire le tuteur peut obliger.

867
899
    Le tuteur ne peut excéder les actes d'administration sans être autorisé par la justice. Cette autorisation notamment est nécessaire quand il s'agit de transiger au nom du mineur, et elle ne peut être accordée que si la transaction lui est profitable.

146
    Le débiteur du mineur est valablement libéré quand il paye à son tuteur.

723
872
879
890
    Le tuteur a l'exercice des actions du mineur et peut seul former une demande en justice en son nom, que le mineur ait plus ou moins de sept ans; il devra justifier de sa qualité lorsqu'il en sera requis, et il devra faire cette justification,
790 qu'il soit nommé par justice ou non. Il ne peut constituer procureur pour former la demande ; il ne le peut qu'après la litiscontestation.

49
781
788
790
809
899
952
    Mais dans quelles limites les actes du tuteur obligent-ils le pupille? Il semble suivant notre compilateur que les actes du tuteur n'obligent le mineur qu'autant qu'ils lui sont avantageux, qu'ils ne l'obligent pas s'ils lui portent préjudice, et qu'alors le mineur venu en âge pourra se faire restituer. Sans doute on doit décider ainsi quand il s'agit d'un acte excédant les actes d'administration courante : ainsi quand le tuteur reconnaît

avoir reçu quelque chose au nom du pupille, il
doit prouver que ce qu'il a reçu a tourné au profit du pupille. Il faut également excepter de cette
action en rescision les cas où le tuteur n'a agi
qu'avec l'autorisation de justice. Il y en a une
décision expresse pour le cas de partage; il résulte positivement du texte du § 790 que quand le
partage a eu lieu par autorité de justice, le pupille
ne peut le faire annuler pour cause de déception, et que si le tuteur y a figuré sans s'y faire
autoriser par justice et par les parents du mineur,
il ne sera valable qu'autant qu'il sera avantageux
audit mineur. Le partage en effet contient au
fond une aliénation pour laquelle il faut être autorisé.

L'autorisation en ce cas doit être donnée par
chacune des justices où sont situés les biens des
mineurs. Si elle est donnée par une justice souveraine du Roi, elle vaut pour tout ce qui est
situé dans cette justice souveraine.

La demande en restitution ne peut être formée
que par le mineur venu en âge : elle ne peut
l'être par son tuteur qui reviendrait ainsi contre
ses propres actes.

Quant aux actes faits par le mineur sans l'in- 141
tervention de son tuteur ou l'autorisation de $\begin{smallmatrix}146\\148\end{smallmatrix}$
justice, il pourra les faire annuler en cas de lé-
sion. S'il avait acheté des choses indispensables,
ou reçu des biens provenant de son lignage qui

ont péri depuis par accident qui eût pu arriver à un homme raisonnable, il ne pourra pas se faire restituer. S'il a aliéné ses immeubles, il pourra les demander soit à son acquéreur, soit à celui à qui celui-ci les aurait vendus.

147
768
804
Celui qui a pris la tutelle ou la curatelle d'un mineur ne peut l'abandonner sans juste cause et sans l'autorité de justice. Si après avoir pris les biens du pupille il ne voulait plus les administrer, il devrait donner provision au mineur en attendant que le procès à ce sujet fût jugé; à moins qu'il ne rendît immédiatement son compte et ne prouvât ainsi qu'il avait administré pour le mieux les intérêts du pupille.

896
925
Quand le mineur est venu en âge, le tuteur est tenu de lui rendre compte devant justice de l'administration des biens. Ce compte doit être rendu à l'enfant seul.

62
Le délai pendant lequel le mineur venu en âge peut demander la restitution est fixé à 1 an et 1 jour.

43
684
833
Quand le mineur est arrivé à 14 ans et qu'il n'est pas en puissance de son père, il peut ester en jugement en demandant ou en défendant; mais s'il a moins de 25 ans il pourra encore être restitué en cas de déception. Cette disposition que notre compilateur paraît emprunter à la ju-

risprudence des cours d'Église a été généralisée
dans notre ancienne jurisprudence.

Ce ne sont pas seulement les mineurs que l'on 779
doit pourvoir de tuteurs et de curateurs, on doit
aussi en donner à ceux qui sont hors d'état d'administrer leurs biens et qui les gâtent et dissi-
pent. Cette dation de tuteur est faite par justice,
après information, sur la demande de leurs parents, et notamment de ceux qui doivent leur
succéder. On doit préférer les plus prochains du
lignage qui administreront ainsi la personne et
les biens de l'interdit.

TROISIÈME PARTIE.

DE LA PROPRIÉTÉ.

————

La propriété, dans notre ancien droit français, ne se présente pas sous cet aspect simple qu'elle avait dans le droit romain, et qu'elle a repris depuis l'abolition du régime féodal en 1789. Si la propriété ancienne s'était conservée sous le nom d'*aleu* dans un grand nombre de coutumes, elle avait subi elle-même l'empreinte féodale dans les relations qui pouvaient exister entre le propriétaire alodial et ceux auxquels il avait concédé des démembrements ou des portions de sa propriété.

Quant à la seigneurie féodale, elle repose sur la confusion la plus complète de la propriété et de la souveraineté. Chaque seigneur pouvait se dire dans sa seigneurie : Je puis exercer tous les droits de la souveraineté, parce que je suis propriétaire ; sauf, bien entendu, les restrictions résultant du contrat féodal à l'égard de son

suzerain ou de ses vassaux. C'est pour cela que
je place l'exposé des règles sur la féodalité, les
justices et les censives, dans la partie qui traite
de la propriété; et cette classification me paraît
d'autant plus fondée, qu'à l'époque où notre
compilateur a écrit, les fiefs étaient depuis longtemps dans le commerce et pouvaient être l'objet
de tous les contrats entre toutes personnes.

CHAPITRE I.

DES FIEFS.

Aucun paragraphe de notre texte ne parle du franc aleu. La seule disposition générale que nous y trouvions pour les tenures féodales est celle 473 relative aux baronnies. Nul ne tient en baronnie s'il n'a une portion d'une terre précédemment tenue en baronnie, à lui échue par partage ou autrement, ou s'il n'a le don du Roi. Celui qui tient d'un autre seigneur que du Roi ne peut être considéré comme tenant en baronnie, encore que l'appel de sa cour soit jugé sans moyen en la cour du Roi.

Quand celui de qui un fief est tenu le tient 465 lui-même d'un autre seigneur, ce dernier a son arrière-fief dessus.

§ 1. — *Des obligations du vassal.*

Hommage, aveu.

Quand le fief change de main, le nouveau 386 vassal doit faire hommage à son seigneur dans 390

477
960 les quarante jours; sinon, le seigneur peut faire les fruits siens, jusqu'à ce qu'il y ait homme.

L'homme n'est pas tenu à aller faire hommage hors de la chastellenie ou juridiction où est le fief; il doit, dans les quarante jours, venir trouver le chastelain ou celui qui garde la terre pour le seigneur, et lui faire le serment de fidélité. Le gouverneur le recevra au serment et le mettra en souffrance du seigneur jusqu'à son arrivée, et lui enjoindra de venir renouveler son hommage aussitôt qu'il saura que le seigneur sera au pays. S'il ne revient, le gouverneur pourra mettre le fief en la main du seigneur.

L'hommage est également dû au changement de seigneur. Sitôt que ce changement vient à la connaissance de l'homme de fief, il doit, après la prise de possession par le seigneur en personne ou par autre agissant en son nom, venir au sénéchal ou chastelain, et lui faire son offre en cas que le seigneur ne soit pas en sa terre.

Si l'hommage n'est pas fait spontanément par le vassal, le seigneur, ou en cas d'absence son gouverneur, peut assigner ses hommes pour qu'ils aient à le faire.

Celui qui veut entrer en la foi doit dire pour quel fief et par quelle cause il lui est échu, achat, succession ou autrement.

Quand l'homme lige fait hommage, le seigneur peut s'asseoir; l'homme se desceindra, ôtera son

chaperon, s'agenouillera devant lui, joindra les
mains et fera l'hommage en ces termes : « Sire,
je deviens votre homme, et vous promets féauté
et loyauté de ce jour en avant envers tous qui
pourraient vivre et mourir, et à celle redevance
que le fief porte. » Il doit en même temps lui
promettre de garder son secret et esquiver son
dommage. Le seigneur le doit alors recevoir, sauf
son droit et le droit d'autrui; et, en cas qu'il y
ait lieu à rachat, sauf le droit du rachat qui doit
être payé avant d'être reçu en la foi. En même
temps, il lui enjoindra que dans les quarante
jours suivants il lui baille son fief par écrit.

Dans cette déclaration écrite, le vassal énumé-
rera tout ce qu'il tient du seigneur à raison de
chacune de ses seigneuries : elle devra se terminer en protestant que si aucune chose a été omise,
ce n'a été que par ignorance, et prier le seigneur
de vouloir bien l'en avertir. Cette déclaration ou
aveu doit être baillé au gouverneur de la terre
quand l'hommage lui est fait en l'absence du
seigneur, avec les mêmes réserves ou *sauvacions;*
le seigneur ou le gouverneur peut faire toutes
réserves contraires.

Dans les dix jours qui suivent, il doit faire le
devoir au seigneur. Le devoir d'un homme lige
est de x s. qu'il doit payer à chaque changement
de seigneur ou de vassal; mais il faut que les
choses comprises au fief valent l livres de rente.

D'après la formule du § 477, il semble que ce
sont les seules qui doivent être comprises dans
la déclaration par écrit du fief. Au-dessous de
L livres, on ne fait qu'un hommage plain dont le
devoir est de v s. Au-dessous de xxx livres de
rente, on ne fait point d'hommage; mais on rend
un simple devoir de gants blancs ou autre chose,
selon ce qui a été convenu.

L'homme plain, quand il est reçu à hommage,
ne fait que baiser son seigneur et ne prête pas le
serment imposé à l'homme lige. Nous verrons, en
parlant des causes qui font perdre le fief, quelles
sont les différences qui existent entre l'homme
lige et l'homme plain.

447   A défaut d'hommage dans les quarante jours,
le seigneur peut mettre le fief en sa main et faire
les fruits siens, jusqu'à ce que l'hommage soit
fait; il en est ainsi en Poitou. Mais en quelques
pays que notre compilateur n'indique pas, l'o-
bligation du vassal est plus stricte; car après six
semonces faites par le seigneur, il peut perdre
son fief : et s'il fait hommage avant que le
sixième défaut soit adjugé, non-seulement il
perdra les fruits qui ont été levés par le seigneur,
mais encore il payera l'amende pour tous les
défauts.

410   Le vassal ne doit pas faire foi et hommage
avant vingt et un ans.

403   L'héritier d'un bourgeois qui tient en foi doit

être reçu par le seigneur en la même foi : cet héritier doit le requérir dans les sept jours.

Quand un fief est commun entre plusieurs 996 personnes, l'un des parsonniers peut faire foi et hommage pour les autres, et le seigneur est tenu de le recevoir.

Les domaines tenus à foi et hommage, ou autre reconnaissance, doivent être estimés conformément à ce que la coutume en ordonne ; mais cette règle paraît devoir être appliquée seulement entre frères.

Le seigneur peut semondre son homme de 433 lui montrer son fief. Il doit, dans sa demande, lui donner un délai de quinze jours ; mais si le vassal le réclame, il aura un délai de quarante jours pour s'aviser. Au bout des quarante jours, il rendra son enquête, et il ne tiendra du seigneur que ce qu'il lui aura montré. Mais si le seigneur prouve que son homme lui a dissimulé quelque chose, ce dernier la perdra, et elle sera acquise au seigneur, à moins qu'il n'ose jurer qu'il ne savait pas que la chose lui appartenait quand il rendit son enquête.

L'homme de foi peut être donné à un autre 465 seigneur, mais ce doit être avec toute l'obéissance qu'en avait le donateur, sans en rien retenir, et de la même manière qu'il le tenait. Autrement, ce serait au préjudice de l'homme qui serait tenu de faire deux obéissances, l'une à celui à

qui il serait donné, l'autre au seigneur qui l'aurait donné, et qui y aurait ainsi son arrièrefief. Mais la donation partielle de l'homme de foi
peut être faite au frère ou à la sœur du seigneur,
et non à d'autres.

462   Il peut arriver cependant qu'un vassal soit
tenu à faire deux obéissances de son fief : c'est
quand il tient des fiefs enclavés. Il fait hommage
à l'un des barons pour le fonds, et il en fait un
autre au haut justicier en la chastellenie duquel
est son fief.

Guerre.

904   L'homme de foi qui a juré féauté et loyauté à
son seigneur, doit être avec lui contre tous ceux
avec qui il aurait à faire, excepté contre l'Empereur et le Roi.

436   Cependant nous trouvons consacrée par notre
coutumier cette disposition qui reconnaît au
baron le droit de faire la guerre au Roi quand le
Roi lui dénie le jugement de sa cour. L'homme
lige que le baron a semons de faire la guerre au
Roi, doit d'abord aller le trouver et lui demander
si ce que le seigneur lui a dit est vrai. Si le Roi dit
que c'est vrai, le vassal doit suivre son seigneur
contre lui, aux dépens du seigneur. Si le Roi
répond qu'il est prêt à faire justice au seigneur,
l'homme doit le faire savoir à ce dernier, et n'est

pas tenu de le suivre s'il persiste à faire la guerre au Roi.

Le droit de se faire la guerre entre seigneurs, 385 et par conséquent l'obligation du vassal de suivre son seigneur à la guerre se trouvent, dès la fin du XIV⁰ siècle, singulièrement réduits par la disposition des ordonnances des Rois de France qui défendent les armes et chevauchées. Sans doute cette disposition législative n'a pas prévenu les guerres civiles qui ont désolé la France pendant le quinzième siècle ; mais au moins ces guerres ont eu le véritable caractère de guerres civiles et non celui de déprédations entre voisins. Les armes et chevauchées ne sont plus, dès cette époque, tolérées que de la part de celui qui a prise, vengement, seigneurie ou domaine sur ceux qui tiennent de lui en justice, et qui ne tiennent pas du Roi, ou ne lui ont pas fait hommage. Celui qui contrevient à cette défense doit amender le dommage jusqu'à concurrence de 100 livres, sous peine de voir ses biens saisis, et il devra, en outre, 60 livres d'amende au Roi si celui sur lequel il est venu à tort avoue tenir du Roi.

Aides.

Le gentilhomme, qui fait aide à son seigneur, 402 peut se la faire faire par ses hommes coutumiers ; mais il doit les semondre de venir la lui faire

— 6

avant qu'il la fasse à son seigneur, sans cela ils
pourraient s'y refuser. Cette aide consiste à dou-
bler les cens; mais dans certains pays elle ne
peut dépasser v s. En Poitou, cette limite n'existe
pas.

Dettes dues au Roi et aux Barons.

380   Les hommes du baron ne sont pas tenus directement envers le Roi pour les dettes et méfaits
du baron; il faut qu'ils y aient participé. Le Roi
ne peut prendre sur eux que les redevances
qu'ils doivent au baron. Il en est de même du
baron à l'égard des hommes de ses vavasseurs.

Gardes.

439   Le gentilhomme qui doit garde la doit faire
quand il en est semons par son seigneur; il doit
y être avec sa femme s'il la doit avec sa femme ;
et s'il la doit sans femme, il doit y passer toutes
les nuits avec *son message*, sinon il perd ses
meubles.

Celui qui doit lige estage le doit avec sa femme:
et s'il n'en a pas, il doit y être avec son sergent
et la plus grande partie de *sa mesnie*. S'il quitte
son lige estage, il perd ses meubles, à moins qu'il
ne prouve qu'il s'en est allé pour faire ses affaires, et non pour causer préjudice à son seigneur.

Ost et chevauchée.

Le prévôt du vavasseur doit conduire au ba- 443
ron, aux coûts du chastel, les hommes coutumiers 967
de la chastellenie qui doivent ost et chevauchée,
soit au Roi, soit au baron. Quand il s'agit d'une .
chevauchée faite pour le baron, il ne doit pas les
mener si loin qu'ils ne puissent revenir le jour
même.

Les prévôts du baron les conduisent au mandement du Roi à la chastellenie dont ils ressor-
tissent.

Ceux qui ne vont pas quand ils en sont semons
doivent lx s. d'amende au baron.

La femme coutumière, les meuniers, fourniers,
gardiens de fours ou de moulins ne doivent ost
ni chevauchée.

Le malade de maladie incurable ne doit non
plus ost ni chevauchée.

Mariage de la fille du vassal.

Quand la femme d'un homme lige demeure 445
veuve avec une fille, le seigneur peut lui défendre de marier sa fille sans son autorisation, et il
peut exiger qu'elle lui en donne plége.

Si elle marie sa fille sans la permission de son
seigneur, elle perd ses meubles.

Quand quelqu'un vient lui demander sa fille

en mariage, elle doit en avertir le seigneur et le lignage de la fille du côté du père; si le parti est convenable, ils doivent marier la fille, à moins qu'ils n'en trouvent un plus convenable.

§ 2. — *De la saisie féodale.*

La saisie féodale peut produire des effets différents suivant qu'elle a lieu pour faute d'homme, ou pour cens et devoirs non payés et autres justes causes.

915 Le seigneur qui saisit par faute d'homme les fiefs mouvants de lui ne peut prendre que les fruits existants au temps de la saisie, ou qui sont dûs à ce moment. Quant à ceux qui auraient été levés par l'homme auparavant, ou qui ne seraient pas échus au temps de l'hommage, il n'y aurait aucun droit : c'est la peine de sa négligence; les 40 jours passés il devait être plus diligent que l'homme à les prendre. La maxime *quand le seigneur dort le vassal veille* est ainsi reconnue en Poitou.

395 Pour assurer le service du fief, objet d'une grande importance encore aux quatorzième et quinzième siècles, on impose à celui qui a des herbergements sous plusieurs seigneurs l'obligation de mettre estagiers en ceux où il ne demeure pas pour faire les devoirs au seigneur.

Le seigneur peut encore saisir pour services 459
non faits, devoirs ou cens non payés, pour ventes
et honneurs dûs par le fief et autres justes causes : le vassal doit en ce cas le service du temps
passé, amendera, c'est-à-dire devra des dommages et intérêts pour le préjudice éprouvé par le
seigneur, et fera en outre le gage de sa loi. S'il
n'indemnise pas le seigneur ainsi que nous venons de le dire, celui-ci pourra faire vendre les
choses saisies sur son homme.

Le seigneur peut en ce cas requérir la justice 926
souveraine d'y mettre sa main pour réconforter
la sienne : si cette réquisition était faite mal à
propos, sa saisie serait nulle, et il devrait les dépens à la partie et amende à justice.

L'homme sur qui des choses ont été saisies par 235
son seigneur peut toujours en demander la déli- 475
vrance, et le seigneur ne peut la lui refuser s'il 728
défend à la demande et s'il offre plége suffisant,
ou si le vassal fait simplement protestation de
suivre son domaine s'il n'y a garant : le seigneur
doit ensuite suivre le procès. Si le vassal n'est en
défense, il ne peut obtenir la délivrance jusqu'à
ce qu'amende en soit faite. La justice peut prendre jour jusqu'à trois fois pour s'adviser sur la
requête, et mettre jour de viie.

Si le seigneur refuse la délivrance, on peut
s'appléger directement au souverain sur refus de
plége et sur vée de droit ; mais en Poitou on ap-

pelle plutôt en la cour du souverain en tenant le sien sur refus de plége.

926　Si le seigneur saisissant n'a pas de biens dans la juridiction où est situé le fief qu'il saisit, lorsque celui sur qui la chose est saisie en requiert délivrance à lui ou à la justice souveraine en offrant pléges convenables, il doit aussi pléger à la justice qui donnera main-levée de la saisie ; et s'il en est déchu plus tard, on agira contre les pléges.

459　Quand les biens saisis ont été vendus, le vassal ne peut plus en avoir la délivrance.

249　Le seigneur qui a délivré ce qu'il a saisi sur son homme ne peut plus saisir pour la même cause les choses qu'il lui a délivrées; s'il le faisait l'homme pourrait appeler de lui, ou se plaindre au souverain. Le seigneur doit suivre le plait conformément à la coutume du pays.

235　Quand le seigneur a saisi faute d'homme, si le
693　vassal avoue tenir d'un autre seigneur, il doit l'appeler en garantie sur l'obéissance le sien délivré : il doit avoir délivrance des issues (ou revenus) du fief en donnant plége, et la justice doit lui assigner jour pour suivre le procès.

387　Dans le cas où le seigneur a saisi par faute de rachat, d'hommage, de service ou autre cause, le défendeur peut de même obtenir la délivrance en donnant plége; mais si en même temps il désavoue le seigneur saisissant, et s'avoue tenir d'un autre seigneur, ce dernier aura la saisine,

Si le vassal a fait fausse advouerie il perdra son domaine, mais la preuve est à la charge du premier seigneur. Le souverain aura la connaissance de cette cause, et si c'est en la cour du Roi, la preuve aura lieu par enquête.

La procédure par voie de saisie féodale peut 1014 encore être employée par le seigneur en la juridiction duquel sont enclavés des fiefs relevants d'un autre seigneur, et qui veut savoir de qui ils sont tenus. Si l'homme sur qui ils sont saisis avoue les tenir d'un autre seigneur, il doit en avoir la délivrance ou recréance aux mêmes conditions que dans le cas précédent, et mettre en cause comme garant le seigneur de qui il s'avoue. Si le saisissant refuse de faire délivrance ou recréance, il pourrait appeler de défaute de droit et sur refus de plége.

Si la saisie a lieu pendant que le vassal et le 265 seigneur sont en procès en la cour souveraine, le seigneur devra dire pour quelle cause il a pris les choses de son homme, et celui-ci pourra se les faire délivrer, mais par la main souveraine, et toujours en donnant plége.

Quand le seigneur a saisi faute d'homme un 388 fief obligé à d'autres créanciers, il doit, s'il conserve le fief en sa main plus d'un an, payer les dettes auxquelles il est obligé, ou le leur abandonner.

Si la saisie a eu lieu pour devoirs non payés, 625

et si le vassal perd la chose saisie, soit qu'il l'abandonne volontairement au seigneur, soit que celui-ci se la fasse adjuger, les créanciers perdront leur droit sur la chose et ne pourront pas agir contre le seigneur par action hypothécaire; car la chose est obligée au seigneur par préférence à toutes autres obligations, et l'acquisition qu'en fait le seigneur les éteint toutes ; elles n'empêchent pas d'ailleurs que le débiteur puisse à leur préjudice commettre la chose et la perdre.

338   Malgré les nombreuses obligations qui assujettissent le vassal au seigneur, sa personnalité n'est cependant pas absorbée; aussi n'est-il pas compris dans l'asseurement que celui-ci a pu obtenir; s'il veut en profiter, il doit le demander et l'obtenir personnellement.

§ 3. — *Des profits du fief et des droits du seigneur.*

Rachat.

401   Le rachat est dû pour acquisition, excepté pour les achats faits de père à fils ou entre frères.

406   Il est dû par tout lignager qui prend le bail d'un enfant mineur, excepté quand c'est la mère qui le prend. Si le bail vient à son fils par suite de son décès, le fils devra encore le rachat quoique le père l'ait fait.

444   La veuve ne doit point de rachat à moins

qu'elle ne soit remariée ; en cas de second mariage, son mari fera le rachat. Pour le payer, il pourra vendre les bois, pourvu qu'ils aient passé dix ans, et que le premier mari les ait autrefois vendus; il ne pourra les vendre que de la même manière.

Le rachat est fixé à une année de revenus. Si 411 les biens qui le doivent sont en même temps soumis au douaire de la femme, celle-ci n'aura pas délivrance de son douaire l'année du rachat; mais l'année suivante, les héritiers du défunt seront tenus de rendre à la femme la terre et les fruits de l'année pendant laquelle le seigneur les a perçus. Elle aura la jouissance immédiate de son douaire sur les choses qui ne doivent pas de rachat.

Gentilhomme ne doit rachat de rien de ce qui 424 lui échoit en dedans du degré de cousin germain. Il ne doit le rachat des choses qu'il prend à raison de sa femme que quand il fait la foi aux seigneurs. S'il tient en parage, il ne fait point de rachat.

Le seigneur ne peut être contraint à prendre 394 plége pour le rachat ou le relevage.

Des ventes.

Les ventes sont dues pour toute transmission de propriété à titre de vente ou autre assimilé à vente.

571 Elles doivent être payées par l'acheteur si l'on en est convenu : si l'on n'a rien dit, elles doivent l'être moitié par l'acheteur, moitié par le vendeur.

864 Quand le vassal vend des choses de son fief et retient un devoir à payer par celui qui l'achète, le seigneur du fief n'a droit qu'aux ventes qui lui sont dues pour toute vente. Si la vente a eu lieu sans que le vassal retienne aucun devoir sur la chose, le seigneur y aura ventes et honneurs, et elle sera tenue de lui.

577 Les ventes sont dues en cas d'échange de meubles contre héritage ; elles sont dues également quand le débiteur d'une somme d'argent ou de chose mobilière donne en payement de sa dette un héritage ou le droit qu'il pouvait y avoir. — Ce sont des contrats de vente, et cette coutume a été introduite à raison des fraudes qu'on peut 572 y commettre. Elles sont dues quand le mari assied sur son héritage le mariage donné en argent à sa femme.

522 Les ventes sont dues à celui qui a le terrage ou égrier. Ainsi quand on vend un héritage tenu en censive, c'est celui qui a le terrage qui a droit aux ventes, et non celui à qui la censive est due.

81
472 Il n'est pas dû de ventes pour les échanges faits en un même lignage ; mais il faut examiner
507 le temps et le lieu où ils furent faits.

Elles ne sont pas dues non plus quand les terres échangées sont d'un même fief et d'une même seigneurie. Si elles sont de deux fiefs elles seront dues, encore qu'elles soient tenues d'un même seigneur, par exemple, si ces deux fiefs appartenaient à un gentilhomme qui les tiendrait de deux seigneurs différents : dans ce cas, en effet, les seigneurs ont de nouveaux censitaires, ce qui n'a pas lieu lorsque tout est dans le même fief.

Les ventes de moulins en eau courante sont de 82
v s., suivant la coutume de Poitou.

Quand les ventes ont été célées sept jours et 261
sept nuits, celui qui les doit fera le gage de sa
loi. Il devra LX s. d'amende, s'il les a célées an
et jour.

Male touste.

Le vin qui sort de la chastellenie doit payer 672
male touste au seigneur. Celui qui l'emmène sans
la payer doit en outre l'amende.

Ban.

Le ban général ne comprend que ceux de la 684
chastellenie. Le ban d'église, ceux de la paroisse.

Celui qui a ban ne peut le tenir que 40 jours. 405

Garennes.

Celui qui a garenne en un lieu ne peut l'aug- 917
menter sans l'autorisation du souverain. S'il le

faisait, les habitants des environs, gentilshommes ou roturiers, au préjudice desquels elle serait augmentée ou établie à nouveau pourraient s'y opposer et s'en plaindre.

Par la coutume de Poitou, la garenne s'étend à quarante pas au delà des bornes anciennes de la garenne. Hors les quarante pas, chacun peut chasser de droit commun ; le maître de la garenne peut y chasser les lièvres.

Eaux courantes.

469   Le gentilhomme qui a en sa terre eau courante ne peut défendre d'y pêcher sans le consentement du baron ou de ses vavasseurs.

Péages.

233
243
259   Le marchand qui mène sa marchandise par eau et qui passe le péage sans payer, doit perdre sa marchandise et le chalan où elle se trouve.

S'il mène à la fois marchandise qui doit le péage et marchandise qui n'en doit point, et que pour se soustraire au péage il jure que toute sa marchandise en est affranchie, si après avoir passé le péage il est pris, il perdra toute la marchandise dont il *embla le péage*, encore qu'elle ait cessé de lui appartenir. Il peut se défendre en jurant qu'il ne savait pas qu'il y eût de péage, et en payant les droits. S'il connaissait l'existence du péage, il devra jurer qu'il fit tout son possible pour l'acquitter.

Coufréries, sociétés ou congrégations.

On ne peut faire société, congrégation ou corps 761 de gens sans la volonté du prince ou du baron en la seigneurie de qui ce sera, à cause des maux et inconvénients qui peuvent en résulter.

§ 4. — *De l'aliénation des fiefs.*

La coutume de Poitou permet d'aliéner les 863 deux tiers des fiefs, et de retenir ainsi seulement 981 le tiers pour servir le fief. Si le vassal veut vendre 1001 plus du tiers, le seigneur peut le poursuivre et conclure à la commise du fief ou à autre amende. Il a en outre le droit d'exercer le retrait par puis- 124 sance de fief; et ce droit ne peut être entravé 659 par le droit de tiers que l'acquéreur peut quelquefois opposer à la demande de retrait lignager.

Le seigneur peut enchaucer son homme de 1001 lui déclarer combien il a vendu de son fief, et l'homme doit lui en faire déclaration lors qu'il en est requis.

Nul ne doit souffrir aumosner en son fief, de 969 manière que le fief ou ses redevances soient amoindris.

Le baron ou autre seigneur qui acquiert en ses 463

fiefs et arrière-fiefs chose qui se trouve ainsi jointe à son fief, doit donner à celui de qui la chose était tenue une indemnité convenable équivalente au devoir et à l'obéissance qui pouvait lui appartenir à raison desdites choses ; de telle manière qu'il trouve dans celle qui lui a été baillée en échange autant de seigneurie et d'obéissance et autant de profits qu'il en avait en la chose acquise. Chacun des seigneurs de qui relève celle-ci peut réclamer ce droit en tant qu'il lui appartient.

467
999
1000
1001

L'homme de foi peut vendre ou donner choses de son fief à personnes séculières sans que le seigneur puisse les forcer de les mettre hors de leur main. Il n'en est pas de même quand les aliénations sont faites à l'Église ou à personnes d'Église. Le seigneur dans le fief duquel sont les choses acquises par l'Église peut empêcher que l'Église ne s'accroisse en ses fiefs et arrière-fiefs ; car il ne pourrait plus prendre en sa main ni la chose, ni ses fruits, comme il le ferait sur une personne séculière. Si les personnes d'Église veulent avoir cette chose qu'elles ont acquise, il peut leur commander de la mettre hors de leurs mains dans l'an et le jour ; passé ce délai, le seigneur s'il trouve encore la chose en leur main peut la prendre et la joindre à son domaine. Dans l'an et jour, l'Église peut mettre la chose en autre main et en faire son profit. Le seigneur peut

également s'il le veut amortir la chose à l'Église
avec ou sans profit; en ce cas l'Église peut tenir
la chose dans sa main comme son domaine.

La défense pour l'Église d'acquérir des fiefs 1002
s'étend même aux rentes. Notre coutumier indique bien que la question était discutée; mais
la manière dont il s'exprime permet de penser
que la prohibition était l'opinion la plus généralement acceptée, et que quand une personne
d'Église acquérait d'un homme de foi une rente
sur tous ses biens, le seigneur pouvait s'en plaindre et forcer cet acquéreur à jeter hors de sa main
le droit qu'il avait acquis généralement sur tous
les biens du vendeur de la rente. En effet, bien
que l'acquéreur ne détienne corporellement aucune des choses du féage sur lequel la rente a
ainsi été aliénée, il n'en résulte pas moins un
amoindrissement notable dans la valeur du fief
qui doit la servir.

L'homme de foi qui a sur personnes d'Église 1003
des rentes ou domaines qu'il tient de son seigneur, ne peut les vendre ou échanger pour autres choses et personnes d'Église sans le consentement de son seigneur.

Le principe dominant de toutes ces décisions 843
est que le service du fief doit toujours être as-
suré, ainsi que les profits que le seigneur en peut
retirer; par conséquent, l'aliénation faite sous
forme de rentes est soumise à plus de restrictions

que l'aliénation directe. Ainsi, celui qui a un domaine qui doit des rentes ou cens portant seigneurie ne peut donner à l'Église ou à autre personne aucune rente sur ce domaine. Car ce serait amoindrir la valeur de la chose au préjudice du seigneur qui en retirerait des ventes moins considérables.

§ 5. — *De la perte du fief; et autres peines encourues par le vassal.*

435
960
Le vassal qui est homme de foi perd son fief :

S'il porte la main sur son seigneur le premier;

S'il va en guerre contre lui avec gens qui ne lui sont pas parents au degré de père, mère, frère, sœur, cousin germain, oncle ou neveu;

S'il entend appeler son seigneur de trahison ou de cas criminel qui puisse entraîner bataille, et ne s'offre à le défendre;

S'il couche avec sa femme, ou avec sa fille pourvu qu'elle soit pucelle.

L'homme plain ne perd pas son fief dans les cas que nous venons d'énumérer.

387
467
863
1000
La perte du fief peut aussi être prononcée contre le vassal : s'il désavoue à tort tenir du seigneur qui saisit sur lui; s'il vend ou donne chose de son fief à personnes d'Église; s'il vend plus des deux tiers de son fief à quelque personne que ce soit.

La perte des meubles a lieu dans les cas sui- 437
vants :

S'il les ôte à son seigneur ou à son aloe ;

S'il met méchamment la main sur l'aloe de son
seigneur ;

S'il dément son seigneur ;

S'il met fausses mesures en sa terre;

S'il chasse dans la garenne ou pêche dans les
étangs de son seigneur.

Celui qui perd à la fois son fief et son meuble 392
ne perd que le meuble qu'il possède à raison du
fief perdu, car il ne peut perdre à l'égard d'un
seigneur que ce qu'il tient de lui ; la féodalité
reposant sur l'idée d'une convention entre le seigneur et le vassal, ce dernier peut manquer à
ses engagements envers un seigneur sans y manquer envers un autre, et lui faire perdre tous ses
fiefs ou tous ses meubles serait faire retomber la
peine sur les autres seigneurs et violer le contrat
de fief à leur égard.

Le gentilhomme qui perd ses meubles doit 440
jurer à son seigneur qu'il ne lui cèle rien. Il doit
lui demeurer son palefroy et un roncin pour son
écuyer avec les deux selles et son sommier s'il
est assez riche pour les avoir ; — deux paires de
robes et une pour chaque jour, un anneau et un
fermail, — et s'il porte les armes, son cheval et
ses armures ; — le lit de sa femme et ses robes
comme il vient d'être dit ; ceinture, aumonière,

fermail, anneau, ses guimples. Si le seigneur croit que son homme ne lui dit pas la vérité, il peut lui faire prêter serment, mais ne peut rien exiger de plus.

434 Nous verrons dans le cours de cet exposé les amendes qu'un gentilhomme peut devoir. Qu'il nous suffise de dire ici que le gage de la loi, amende due quand la coutume n'en fixe pas d'autres, est de v sous.

S'il tranche en forêt dont le droit soit de lx s., s'il brise chemin, s'il appelle autre de folie déloyale, et en autres cas, il devra lx s. d'amende.

971 Mais il ne fera ni droit ni amende à son seigneur s'il se plaint de lui en la cour du Roi; et si son seigneur lui faisait procès pour cela, les gens du Roi le feraient cesser, et il en devrait amende au Roi.

§ 6. — *De la perte de l'obéissance.*

438 Le seigneur perd l'obéissance de son homme :
S'il néglige de lui faire droit;
S'il couche avec sa femme ou sa fille, pourvu qu'elle soit pucelle;
Si son homme lui a confié en garde une pucelle de ses parentes et il la dépucelle.
Dans ces cas, l'homme tiendra directement du chef seigneur dont tenait son seigneur.

§ 7. — *Du déguerpissement ou gurpizon des fiefs.*

Le contrat féodal peut se résoudre par la re- 660
nonciation du vassal qui peut, malgré le serment 945
de féauté, délaisser au seigneur la chose tenue
de lui à foi et hommage ou serment, ainsi que le
droit de l'hommage, et s'affranchir de ses obligations envers lui. Le seigneur à qui la chose a
été ainsi abandonnée peut la donner en fief à un
autre; et si celui qui l'a abandonnée voulait la
lui demander, ce dernier se défendrait contre
lui, soit en mettant le seigneur en cause comme
garant, soit en disant simplement que le seigneur
lui a donné la chose après que déguerpissement
lui en a été fait : le demandeur ne pourrait pas
lui opposer que le seigneur ne pouvait pas prendre le déguerpissement; il suffit, pour que le
nouveau vassal puisse se défendre, que le seigneur
l'accepta et lui donna ensuite la chose. La question devra se décider uniquement entre le seigneur et celui qui lui a abandonné la chose.

§ 8. — *Des parages.*

Nous verrons en parlant des successions dans
quels cas il y a lieu à parage : qu'il nous suffise
de dire ici que le parage suppose toujours dans

son origine un partage de fief entre un aîné et des puînés.

409 Le chef parageur, c'est-à-dire l'aîné ou ses héritiers, doit garantir les autres qui tiennent de lui en parage de tout le service et de toutes les obligations du fief, sans que cependant ceux-ci en soient affranchis d'une manière absolue. Ainsi quand l'homme de foi a méfait envers le seigneur, celui-ci peut recourir contre les parageaux de son homme si les choses qu'il tient de lui ne suffisent pas pour l'indemniser.

468 Si le chef parageur vend ou gâte son fief, ses parageaux peuvent l'assigner devant le seigneur suzerain afin de l'obliger à garder assez de sa chose pour continuer à faire le service du fief. S'il vend pour son besoin, il ne pourra l'en empêcher; mais le chef parageur devra donner à ses parageaux assez de sa rente pour les garder de dommage, et pour qu'ils puissent faire le service du fief, aides et autres choses.

431 Mais pour pouvoir exercer ce recours, il doit,
451 quand le seigneur lui demande l'aide ou autre devoir ou service, semondre ses parageaux; car s'il fait l'aide sans les appeler, ils ne seront tenus à aucune indemnité envers lui.

Le seigneur ne connaît que le chef parageur; les autres ne lui doivent d'aide que quand le chef parageur la lui fait.

Tous les parageurs tiennent aussi noblement

les uns que les autres, et le chef ne peut leur mettre jour hors du parage par-devant lui.

Ils doivent cependant répondre devant lui toutes les fois qu'il s'agit du devoir du parage et de compter le lignage. Le parage dure tant que le lignage est entre eux au degré où le mariage est interdit. Le parageur doit compter au chef parageur le côté et le lignage de degré en degré, et celui-ci peut exiger qu'il lui fera serment qu'il a bien et loyalement compté le parage existant entre eux.

Au delà du degré où le mariage est interdit, le parage est failli, et le parageau doit faire hommage au chef parageur et lui donner un roncin de service, parce que le fief est sorti du parage et est devenu un véritable fief.

Le roncin de service, quand il est dû, doit 471 être amené dans les quatorze jours de la demande faite par le seigneur, complétement harnaché, et tel qu'il puisse faire douze lieues portant un écuyer sur son dos et s'en revenir le lendemain.

Quand une personne qui tenait en parage 452 meurt en laissant pour héritiers des enfants mineurs, le bail de ces enfants, si le parageur lui demande qu'ils fassent hommage au nom desdits enfants pour parage failli, ne sera pas tenu de le faire, mais tiendra aussi longtemps que le bail durera au même point que tenait celui dont les enfants sont héritiers.

CHAPITRE II.

DES JUSTICES.

726   Nous retrouvons en Poitou les hautes, moyennes et basses justices : mais l'ensemble des règles recueillies par notre compilateur ne permettent guère de tracer d'une manière complète la ligne de séparation entre ces trois sortes de justices; car après avoir parlé des basses et moyennes justices dans le § 726, nous ne retrouvons plus ces expressions dans les autres paragraphes où il est parlé des justices.

La moyenne justice a la connaissance de ix s. et i denier.

La basse justice a la connaissance d'action personnelle, et de l'action réelle de vii s. et vii deniers pour l'amende des défauts faits en cour, et xv s. pour l'amende de la principale demande.

Nous allons voir maintenant de quels faits chacune des justices mentionnées par notre coutumier peut avoir la connaissance, et ensuite quels droits et profits ont les seigneurs justiciers.

§ 1. — *Des hauts justiciers.*

Le baron ou haut justicier d'une chastellenie a 426
par le droit commun haute, basse et moyenne 1031
justice, *mixtum et merum imperium,* sur tous les
lieux et habitants qui se trouvent dans les bornes
de sa chastellenie et qui ne peuvent montrer droit
spécial.

En matière criminelle, le haut justicier connaît 251
des quatre grands cas, meurtre, rapt, ocis et es- 347
cherpeleis ou escherpelerie. En Poitou, il connaît
de tous les cas où il échet mort ou mutilation de
membres. Nous verrons ce que c'est quand
nous parlerons du droit criminel.

Le haut justicier peut mettre en sa main les 862
fiefs et arrière-fiefs de sa chastellenie et autres
domaines, jusqu'à ce qu'il soit informé de qui la
chose est tenue. Il connaît aussi des dîmes inféo- 772
dées lorsqu'elles sont enclavées dans ses fiefs et
arrière-fiefs.

§ 2. — *Des vavasseurs.*

Le vavasseur a l'action personnelle de ses 462
hommes couchants et levants : cependant ce 714
point est contesté et aucuns tiennent qu'il n'a 726
l'action personnelle que quand il a titre ou droit
spécial, comme haute ou basse voirie.

Quant à l'action réelle, toute personne qui tient noblement peut en connaître sur les domaines qui sont tenus de lui, alors même que le fief se trouve dans la chastellenie du haut justicier.

428 Les vavasseurs ne peuvent relâcher larrons pris dans leurs justices sans le consentement du chef seigneur, à peine de perdre leurs justices. La première fois qu'un détenu s'évade des prisons du vavasseur, celui-ci pourra jurer qu'il l'a gardé du mieux possible et qu'il s'est échappé : ce serment suffira pour qu'il soit affranchi de toute responsabilité. La seconde fois, si l'évasion a eu lieu de la même prison, il en sera de même si le vavasseur a fait réparer et renforcer la prison ; mais s'il a été négligent, le seigneur pourra agir plus rigoureusement envers lui.

429 Les vavasseurs doivent avoir la cour (le jugement avec toutes ses conséquences) de leurs hommes, de quelque méfait qu'ils soient accusés en la cour du baron, pourvu qu'ils la requièrent. Excepté s'il s'agit : de cas de haute justice, de cas privilégiés, de méfait de marché, de chemin péageau, ou de défautes ou errements jugés ou des choses connues en la cour du baron si l'homme en est enchaucé, auquel cas il devra en répondre et faire amende des défautes. Le baron ne doit pas, en effet, se recorder en la cour de son vavasseur des errements faits en sa cour.

§ 3. — *De voerie.*

Voerie, voirie, justice voyère existe lorsqu'un 988
seigneur dans la juridiction du haut justicier a
le droit de bailler mesures de blés et de vins, et
a connaissance de sang et de plaie et autrement
jusqu'à LX s. d'amende.

Les gentilshommes qui ont voirie en leurs terres 427
pendent les larrons qui y ont commis larcins.
En quelques chastellenies on les mène juger au
seigneur souverain, et on les ramène ensuite à
leur seigneur qui en fait sa justice.

Ils tiennent leurs batailles devant eux pour
quelque cause que ce soit, à l'exception des
quatre grands cas réservés aux hauts justiciers.

Ils ont leurs mesures qu'ils prennent au corps
du chastel, et qu'ils donnent ensuite à leurs
hommes. S'ils trouvent fausse mesure sur leurs
hommes, ceux-ci leur doivent une amende de
LX s. Si ce sont eux qui ont donné fausse mesure
à leurs hommes, ils perdront leurs meubles qui
seront acquis au baron.

Le vavasseur ne peut faire forban à peine de 426
perdre sa justice.

§ 4. — *Des profits de justice.*

Les profits de justice appartiennent à cette classe de produits qui sont une conséquence du droit de souveraineté. Jusqu'à l'extinction du régime féodal, en 1789, ils n'ont pas cessé d'être perçus au profit des seigneurs, alors que depuis longtemps leur pouvoir et leur influence politique étoient ruinés de fond en comble.

426 A la fin du quatorzième siècle, tous ces droits de justice étaient fondés sur des coutumes établies depuis un temps immémorial ; mais ce sont ceux-là seuls que les seigneurs justiciers pouvaient lever ; aussi notre compilateur reconnaît-il ce principe que le haut justicier ne peut mettre coutumes sur ses hommes sans leur consentement.

Trésors et épaves.

454 Le trésor d'or, ou fortune d'or, n'appartient qu'au Roi ; la fortune d'argent, aux barons et aux seigneurs hauts justiciers.

Les choses trouvées sur la terre du vavasseur sont au vavasseur si personne ne les avoue ; celui qui se présente pour les réclamer en qualité de propriétaire les aura sous son serment, pourvu qu'il soit homme de bonne renommée.

Si c'est un homme de foi qui la trouve et qui

ne la rend pas au seigneur sur la demande que le seigneur lui en fait,,il perdra ses meubles, mais il pourra s'affranchir de cette peine en jurant qu'il ne savait à qui la rendre.

Acquisitions faites par les justiciers.

Le juge commis par le haut justicier ne peut 266 acquérir sans son autorisation héritages dans le ressort où il a pouvoir de justicier; les acquisitions qu'il ferait contrairement à cette prohibition sont au seigneur.

Déshérences.

Les meubles de celui qui meurt sans hoir sont 531 au haut justicier; et les immeubles au seigneur 935 foncier dans le fief duquel ils sont situés.

S'il y a des créanciers à qui le mort soit obligé, l'exécution doit se faire d'abord sur les héritages et biens immeubles, et ensuite sur les meubles, à cause du privilége du haut justicier.

Si les héritages sont.tenus d'autres seigneurs que des hauts justiciers, cela n'empêche pas celui-ci de mettre en sa main tous les biens meubles et immeubles du défunt. Il doit ensuite délivrer les immeubles aux seigneurs qui lui demandent les biens mouvants d'eux, et c'est à ceux-ci que les créanciers devront s'adresser pour se faire payer le montant de leurs obligations.

399   En Anjou, la justice hérite du frère puisné de gentilhomme qui meurt sans hoir de sa chair.

Bâtards.

376   Le seigneur hérite des bâtards qui relèvent de son chastel, lorsqu'ils meurent sans enfants légitimes.

Donations ou legs caducs.

662   Quand legs ou donation est nul, la chose ainsi donnée sera acquise au seigneur, car elle se trouve sans maître et il peut la prendre à ce titre.

Des cas où il y a confiscation. — Et du ravage.

837   Tous les biens meubles et immeubles de celui qui prend femme de son lignage sans dispense du pape appartiennent au haut justicier du lieu.

354   Les biens de celui qui se tue volontairement
865   appartiennent au seigneur justicier.

Il en est de même des meubles de celui qui gît malade sept jours et sept nuits et meurt sans avoir voulu se confesser. Mais justice ni seigneurie n'ont rien aux biens de celui qui meurt de mort subite.

Les meubles de l'usurier appartiennent au 453
baron dans la chastellenie duquel il se trouve.

Le seigneur haut justicier a les meubles et hé- 368
ritages sis en sa justice de ceux qui sont condamnés à mort pour meurtre, homicide ou autres méfaits qui entraînent perte de corps et
d'avoir ; chaque seigneur haut justicier prendra ce qu'il trouvera en sa justice. Mais il peut,
s'il le veut, faire ravage sur la terre, c'est-à-dire
arracher les vignes, abattre les maisons, couper
les bois, etc., suivant l'usage de chaque pays.

Des moulins et des fours.

Le gentilhomme qui a avouerie (justice voyère, 460
voerie) en sa terre, peut forcer tous ses hommes 461
estagiers à venir moudre à son moulin, s'ils de- 528
meurent dans la lieue dudit moulin. 696
                                     991

Si le vavasseur n'a pas de moulin, ses hommes
sont tenus d'aller moudre au moulin du seigneur
haut justicier, s'ils sont ses justiciers et s'ils demeurent dans la lieue dudit moulin. Mais si le
vavasseur construit un moulin, ses hommes doivent y aller moudre et non à celui du baron,
encore qu'ils y aient moulu de tout temps, pourvu
qu'ils soient dans la lieue de ce moulin et dans
la même chastellenie.

Ceux qui doivent moudre au moulin doivent
y tenir leur blé trois jours et trois nuits avant de

le porter à moudre à un autre moulin, et doivent requérir le meunier de le leur moudre. Autrement si, après qu'ils ont été semons de moudre leur blé à ce moulin, ils sont trouvés rapportant la farine d'un autre moulin, cette farine appartiendra au seigneur; et même, en Poitou, on peut prendre le pain fait avec la farine moulue en fraude des droits du seigneur.

En cas de dommage causé par le meunier à la mouture, le seigneur doit le faire réparer audit meunier, et le plaignant en sera cru à son serment jusqu'à douze deniers; il ne sera pas tenu de moudre audit moulin jusqu'à ce que le meunier l'ait indemnisé.

Les hommes coustumiers ou les bourgeois qui tiennent fief en foi sont-ils soumis à la même obligation? Ce point n'est pas tranché par notre compilateur qui indique qu'il y avait discussion à cet égard.

Nul gentilhomme ne peut avoir four dans un village et contraindre ses hommes d'y cuire, s'il n'a voirie et bourg ou partie de bourg. Les hommes sont tenus d'y cuire à peine de confiscation de leur pain; mais on ne dit pas à quelle distance du four ils doivent demeurer. Le fournier doit indemniser du dommage qu'il a causé au pain, et l'homme n'est pas tenu de cuire au four jusqu'à ce que ce dommage ait été réparé.

CHAPITRE III.

DES CENSIVES.

Nous réunissons sous cette rubrique les règles qui se trouvent dans notre coutumier sur les censives, les terrages ou égriers, la tenue des vignes à quart ou à quint, les baux à rente perpétuelle ou emphytéoses, et le déguerpissement.

Des censives.

488 Le seigneur censier qui pense que la terre tenue de lui à cens ne rend pas assez de cens peut la faire mesurer. S'il en trouve plus que ce dont il reçoit le cens, il pourra réunir ce surplus à sa terre s'il y est attenant. Dans le cas contraire, il pourra augmenter les cens proportionnellement à ce que doivent les autres terres, et ceux qui les tiennent payeront l'amende et les cens de toutes les années passées.

981 Celui qui tient des choses à cens peut vendre ou donner rentes assises sur cette chose, quoique

ce soit au préjudice du seigneur qui a aussi des rentes ou cens assis sur la chose. Mais en cas de cens non payés, le seigneur qui a le premier cens aurait seul la chose dans le cas où elle serait déguerpie.

853 Le tenancier qui reste trois ans sans payer les cens perd la chose; mais la commise doit être prononcée par jugement.

725 759 Le seigneur censier peut saisir les fruits de la chose tenue de lui à cens pour le payement de ce qui lui est dû. Il pourra faire cette saisie sur le fermier si la chose a été affermée; mais il ne peut pas saisir les bestiaux et autres choses du fermier, car elles ne sont point obligées au payement des cens. Il ne le pourrait que s'il avait notifié au fermier que des cens lui sont dûs, avec menace de saisir ses bestiaux ou autres choses s'il les trouve sur sa terre.

Le seigneur peut encore mettre la chose en sa main, et faire renforcer par celle du souverain.

Celui qui n'a pas de justice peut mettre la porte de la maison sur laquelle il a cens en travers de ladite maison.

394 Le censier n'est pas tenu de répondre au terme qui lui est assigné par son seigneur à un manoir éloigné.

542 Le seigneur censier qui reçoit le payement des cens dûs pour une chose sans faire protestation des arrérages dûs antérieurement à ce payement,

ne peut plus demander les arrérages antérieurs à l'année qui lui a été payée. Il ne pourra que faire prêter serment à son débiteur qu'il l'a payé. Si le seigneur lui demande les cens dus par son pré-décesseur, en disant que ce prédécesseur ne l'a pas payé, et si le débiteur actuel des cens nie qu'ils soient dus, ce sera au seigneur à prouver qu'ils n'ont pas été payés.

Du terrage ou égrier.

Le seigneur peut joindre à sa terre les terres 457 tenues de lui à terrage, mais il ne peut les pren-dre pour les bailler à un autre, à moins que ce ne soit pour les planter en vignes, ou pour faire un herbergement et que le détenteur de la chose ne le veuille faire.

Quand celui qui tient la terre à terrage laisse 560 sa terre sans culture pendant 10 ans, le seigneur peut la prendre comme son domaine, ou la don-ner à qui il voudra.

La tenure à mestive a la plus grande analogie 676 avec le terrage. Celui qui tient ainsi doit ordinai-rement au seigneur deux boisseaux de blé par livre de terre. Il faut une convention spéciale pour que la redevance soit différente.

Des vignes tenues à quart ou à quint.

Quand une vigne est tenue d'une autre ma- 566

I — 8

nière que à quart ou à quint, elle n'est pas perdue par cela seul que celui qui la tient reste un an sans faire les façons. Mais le seigneur peut mettre les fruits en sa main, et celui qui la tient en aura délivrance en donnant plége qu'il fera l'année suivante les façons nécessaires à la vigne. C'est seulement dans le cas où il serait convaincu en jugement de ne pas les avoir faites que le seigneur peut la prendre et la bailler à un autre.

Quand la vigne est tenue à quart ou à quint, si celui qui la tient cesse un an la façon de la serpe, le seigneur peut la prendre en sa main, et la bailler ensuite à qui il voudra.

591 Si celui qui tient la vigne cesse de la labourer, et ensuite pour empêcher que le seigneur la mette en sa main promet de le faire dans un certain temps et ne tient pas sa promesse, le seigneur peut prendre la chose en sa main sans mettre l'autre en jugement, s'il s'est soumis à ce que le seigneur puisse la prendre comme son domaine dans le cas où il ne labourerait pas. Mais s'il ne s'était pas soumis à cette clause, le seigneur devra le mettre en jugement.

La femme peut ainsi perdre sa vigne par la faute de son mari; mais le mari lui en devra récompense.

De l'emphytéose ou rente perpétuelle.

Notre coutumier confond l'emphytéose avec le 957
bail à rente perpétuelle, et n'y admet de diffé- 984
rence que quand entrées en sont baillées, c'est-à-
dire, lorsqu'à l'entrée en jouissance il est dû un
profit au seigneur. Ce contrat ne diffère en réalité pas du bail à cens.

Il paraît que dans ce contrat le tournier n'est
pas dû, puisqu'on retient rente sur la chose. Cependant la question ne paraît pas avoir été résolue
dans ce sens d'une manière bien certaine.

Du déguerpissement ou guipizon.

La censive peut être déguerpie au seigneur en 945
suivant les solennités requises par la coutume. 1013
Quand la chose déguerpie est tenue de deux
parties qui, chacune ont rente dessus, le déguerpissement doit être fait au seigneur féodal de qui
elle est tenue, c'est-à-dire, à celui qui a sur elle
seigneurie et revengement, et en aurait ventes et
honneurs si elle était vendue.

CHAPITRE IV.

DES SERVITUDES.

Notre compilateur est presque muet sur la matière des mitoyennetés et des servitudes qui tient cependant une si grande place dans nos anciennes coutumes. Les seules décisions qu'on y remarque sont les suivantes :

499   Chacun peut faire en son mur tous trous et fenêtres qu'il voudra, mais le voisin peut faire en sa chose des constructions pour s'opposer au préjudice que cela pourrait lui causer.

657   Nul ne peut faire privé en sa chose si ce privé doit porter dommage à un puits qui se trouve chez son voisin. Il faut sans doute ajouter à notre texte qu'il devra prendre les précautions nécessaires.

CHAPITRE V.

DE L'OCCUPATION.

Les choses abandonnées complétement par le 958
propriétaire, *pro derelicto*, sont au premier oc-
cupant. Cette décision empruntée au droit romain est contraire à celle du § 454 qui, conformément à la plus grande partie des coutumes attribue les épaves au haut justicier.

Quand des abeilles s'échappent de leur ruche 126
et vont s'abattre ailleurs, le propriétaire peut les
ravoir pourvu qu'il les ait suivies sans les perdre
de vue, et en faisant serment que ce sont bien
les siennes qu'il a vues s'asseoir sur la propriété
d'autrui. Il devra seulement rembourser le prix
du vase où le propriétaire du terrain les aura recueillies.

CHAPITRE VI.

DE LA POSSESSION, DES ACTIONS POSSESSOIRES ET DE LA PRESCRIPTION.

Je n'ai pas l'intention d'exposer la théorie de la possession d'après notre ancienne jurisprudence. C'est une question des plus graves que j'aurai sans doute occasion de traiter ultérieurement. Je me borne actuellement à présenter dans un ordre aussi méthodique que possible, les règles recueillies dans la compilation que je publie : ce serait une erreur que de les généraliser et de voir dans ce qui va suivre un exposé du droit commun de la France en matière de possession au commencement du quinzième siècle.

§ 1. — *De la possession.*

86
155   Notre compilateur admet deux espèces de possession, la possession civile et la possession naturelle. Dans les deux cas, celui qui est en possession doit jouir de la chose comme le ferait le

véritable propriétaire et en percevoir les fruits
et les issues.

La possession est civile quand on détient réellement la chose et qu'on l'exploite soit par soi- 637
même, soit par autrui, mais quand cette possession a commencé en la personne de celui qui se
veut dire possesseur. Elle ne devient possession 264
véritable et ne prend le nom de saisine que quand 280
293
elle a duré an et jour, quand même elle aurait
été conférée par autorité de justice. La justice
doit donner la possession corporelle de la chose,
et en outre maintenir en possession pendant an
et jour envers celui contre lequel le jugement ou
entérinement de jugement aura été rendu. Cette
disposition ne me paraît pas devoir être appliquée uniquement au cas où celui qui a été dé-
possédé par justice serait l'auteur du trouble, lui
ou les siens : en ajoutant que vers autres personnes, l'an et le jour passés, le possesseur se défendrait par son droit, cela me semble vouloir
dire que dans l'an et le jour l'aide de justice sera
toujours nécessaire pour conserver le droit de
celui qu'elle a mis en possession. On peut dire
en effet que dans ce cas c'est la justice qui a la
saisine, que celui à qui elle a remis les choses ne 134
l'acquiert que par la possession d'an et jour qui
est un titre légitime, et que jusque-là c'est elle
seule qui possède et qui doit maintenir celui à
qui elle a conféré la possession.

86 La possession est naturelle quand elle a duré an et jour, ou quand elle arrive par voie de succession à celui qui veut l'invoquer, qu'il exploite ou non les choses possédées; car pour celles qu'il n'exploite pas, il en retient la possession *animo tantum.*

538
544
619 L'héritier est tellement saisi de tous les biens dont son auteur était lui-même vêtu et saisi, qu'il peut s'en faire mettre en possession quand même celui-ci les aurait aliénés, sauf aux acquéreurs à
483 venir les lui demander par voie d'action. Si cependant le défunt avait eu la possession de la chose en son vivant seulement, et avait voulu que l'acheteur l'eût après sa mort, l'héritier ne pourrait en demander la possession, parce qu'il est alors certain que le défunt a possédé au nom de l'acquéreur.

45 Nul ne peut intenter une action possessoire s'il n'a la saisine, soit par lui-même, soit par ceux dont il est l'ayant cause. Cependant le droit de celui qui n'a pas la saisine ne peut être désarmé en présence de tentatives qui seraient faites pour
159
710
738 lui enlever la possession. Et d'abord, si quelqu'un le dépouille par violence, il peut se remettre en possession également par violence, pourvu que ce soit dans un temps voisin de celui où la chose lui a été enlevée, quelle que soit cette chose, meuble, immeuble ou fruits d'un immeuble qu'on lui enlève pendant qu'il continue sa

possession. S'il attendait trop longtemps, alors même que le spoliateur serait un larron, le spolié devrait recourir à justice pour faire respecter son droit; car nul ne se peut faire justice à soi-même. Aussi de nombreux textes de notre compilation proclament-ils bien haut ce principe que nul ne peut être dépouillé de sa possession que par autorité de justice, que le dépouillé doit être avant toute œuvre remis en possession, qu'il n'est pas tenu de répondre tant qu'il ne l'a pas été, alors même que son adversaire prétendrait qu'il n'avait pas le droit de détenir la chose : une fois remis en possession, le procès suivra son cours. Quand même le dessaisissement aurait été opéré par justice, le dépouillé ne sera pas tenu de répondre dessaisi ; à moins qu'il ne l'ait été par cause raisonnable.

47
74
88
106
155
211
709

242

Cette mise en possession s'appelle recréance; celui qui l'obtient doit donner pléges. Elle ne doit pas avoir lieu dans les cas où il y a péril de corps ou de vie. Celui qui la demande et qui se reconnaît ainsi dessaisi doit dire en même temps que c'est par le fait de son adversaire, car nul ne doit avouer purement et simplement être dessaisi.

237
238

99

Quand on a fait arrêter des meubles ou marchandises appartenant à autrui, le propriétaire des choses ainsi arrêtées peut aussi en demander la délivrance, mais dans une forme particulière; il doit faire ajourner l'auteur de l'empêchement

503

pour entendre sa requête à fin de délivrance des choses arrêtées, ou dire ses raisons à l'encontre. Il ne doit pas dans sa requête se reconnaître dessaisi ; il doit seulement dire qu'il est empêché.

§ 2. — *Des actions possessoires en général.*

45
496

Celui qui a eu la possession pendant an et jour peut, s'il est troublé dans sa possession, agir pour faire cesser l'empêchement qui y est apporté ; il n'est pas tenu d'alléguer son titre ; il doit seulement justifier de sa saisine, prouver qu'elle a duré an et jour, ou, si elle lui vient de succession, dire que son auteur mourut vestu et saisi de la chose et en foi du seigneur.

630
731
927
1016
1017

Le possessoire et le pétitoire n'ont rien de commun et ne peuvent être cumulés. Cette règle qui n'est pas toujours d'une application facile aujourd'hui que le juge du pétitoire n'est pas le même que le juge du possessoire, devait occasionner des difficultés bien plus nombreuses encore autrefois que les deux actions étaient portées devant les mêmes juges. En général, il est inutile de faire mention de la propriété quand on demande simplement à être maintenu ou réintégré dans la possession ; on doit simplement conclure à la possession, ou, si l'on fait mention de la propriété, ne la faire qu'en protestant que c'est dans le but de soutenir la possession : dans ce cas, si le demandeur prouve la propriété sans prouver la possession, il sera débouté de sa demande. Et réciproquement, s'il demande la possession comme conséquence de la propriété qu'il prétend lui appartenir, il décherra de sa demande s'il ne prouve que la possession. Si sa demande porte sur les deux points, il obtiendra gain de cause conformément à la preuve qu'il aura, faite.

La preuve de la possession résulte en général de ce que l'on exploite la chose : cela ne suffit pas, car on peut l'exploiter pour autrui, seulement on peut soutenir que c'est à l'adversaire à prouver que cette exploitation est faite pour le compte d'un autre. Le mari peut actionner en 840 son propre nom quand même il s'agirait des biens de sa femme ; car il s'agit de la possession, et non de la propriété.

§ 3. — *De la dénonciation de nouvel œuvre.*

Le paragraphe qui parle de cette procédure 763 me paraît pouvoir être rangé parmi les actions possessoires comme l'ont fait beaucoup de jurisconsultes, bien qu'il ne contienne aucune indication relative au temps pendant lequel celui qui intente cette action a dû posséder.

La dénonciation de nouvel œuvre peut être

faite de trois manières : 1° en jetant une pierre
sur l'édifice que l'on construit, en présence de
celui qui le fait construire ; 2° en lui faisant une
sommation par justice ; 3° en le lui déclarant
verbalement en présence de témoins. Après la
dénonciation l'édifice sera démoli.

§ 4. — *Des applégements et contrapplégements.*

La forme sous laquelle les actions possessoires
sont intentées est celle de l'applégement, ainsi
nommé parce que celui qui le forme doit donner
667 un plége ou caution pour maintenir ses conclusions, et garantir le payement des frais dans les
cas où il succomberait dans sa demande.

Notre compilation reconnaît trois espèces d'applégements : 1° celui de nouvelle eschoite ; 2° celui de tort et de force ; 3° celui en turbanture,
et il donne des formules des deux premiers.

Applégement de nouvelle eschoite.

Cet applégement porte à la fois sur la posses-
947 sion et la propriété. D'après les formules, car il
n'est qu'indiqué dans notre texte, il doit être
739 employé : 1° quand on se présente comme héri-
740 tier d'un défunt, et qu'on demande à être reçu
à la saisine et possession de tous les biens meubles et immeubles et autres dont le défunt était

saisi, à l'encontre de celui qui en est détenteur,
et en offrant de prouver qu'on est son héritier à
un degré plus proche : c'est une véritable pétition d'hérédité, dans laquelle la possession est
effectivement la conséquence de la qualité d'héritier; 2° pour demander la mise en possession 744
des droits qu'on peut avoir par suite d'un traité
fait avec le défunt sur sa succession, qu'il s'agisse
d'une quote part de ladite succession ou d'un
objet déterminé; 3° pour demander l'exécution 746
de la convention par laquelle les héritiers d'un
défunt ont transféré leurs droits héréditaires ; on
doit également en ce cas prouver que c'étaient
les plus proches héritiers.

Applégement de tort et de force.

Cet applégement s'applique au cas où une per- 948
sonne s'empare des biens d'une autre, ou bien 741
742
veut lever sur ses biens des rentes, cens,
dîmes, etc. Dans cet applégement la possession
seule est mise en question et celui qui en serait
débouté pourrait toujours faire valoir ses droits
sur la propriété : d'où il semble résulter que celui
qui succombe dans son applégement sur nouvelle eschoite perd ses droits à la propriété aussi
bien que ceux à la possession. Cet applégement 385
peut être employé entre nobles pour obtenir la
restitution de ce qu'un seigneur a enlevé par

armes et chevauchées contrairement aux prohibi-
tions contenues dans les ordonnances des Rois.

1021 Celui qui s'empare violemment chez un autre
d'une chose qui lui appartient s'expose même à
perdre le droit qu'il avait sur cette chose ; mais
ce point ne paraît pas avoir été admis.

Applégement en turbanture.

949 Cet applégement ne paraît pas différer des précédents auxquels il est accessoire : on donne ce
nom à celui qui a pour but de faire disparaître
les troubles apportés à la possession de celui qui
a déjà été mis en possession par l'un des deux
autres applégements.

521
667
824
868
885
946
950
1012

Celui qui veut faire un applégement doit le
faire devant justice, ou s'il le fait devant un sergent, celui-ci doit le sceller et le bailler à la
cour, il n'en doit pas donner copie à la partie
adverse.

L'applégement doit être dénoncé à la partie
adverse par la justice avec assignation de jour.
A partir du moment où l'applégement est intimé
au sergent ou à la cour, la chose litigieuse est en
main de cour et la partie qui la détenait en est
dessaisie.

En même temps que l'applégement se fait, ou
même avant, celui qui le fait doit donner plége

devant le juge ou devant le sergent. Ce plége doit
être de la juridiction où la cause sera jugée. S'il
n'est pas suffisant, il pourra être remplacé par
une garantie des biens de l'applégeant ou du
contrapplégeant.

Le contrapplégement doit être fait et baillé à
la justice dans les dix jours après l'applégement.
Pendant ce temps, celui qui s'est applégé peut
donner, plusieurs applégements sur un même
fait ; mais ils doivent tous conclure à une même
fin. Si le défendeur à l'applégement ne se contrapplége pas, l'applégeant pourra se faire mettre
en possession de la chose par la main de justice.
S'il se contrapplége, il sera inutile qu'il le fasse
savoir à l'applégeant ; le sergent en fera sa rela-
tion à la justice, qui devra alors seulement faire
donner aux parties copies de leurs applégement
et contrapplégement : il est certain qu'il en doit
être ainsi en Poitou ; mais en Angoumois et en
Saintonge les usages ne sont pas aussi bien éta-
blis, les §§ 885 et 1012 contiennent des décisions opposées.

Les parties ne peuvent confesser applégement
ni contrapplégement tant que la cour n'en a
pas été informée ; et quand elle l'a été, elle doit
donner jour aux parties pour aller avant en la
cause, c'est-à-dire pour suivre sur leur demande.

Quand l'une des parties veut constituer un
procureur, la cour doit exiger qu'il soit constitué

devant elle, et s'il y a des difficultés à ce sujet, il doit y être statué avant toute discussion sur le fond.

Quand le jour a été donné par la justice, l'applégeant (qu'on nomme aussi applégeur) doit faire ajourner le contrapplégeant en cause d'applégement et contrapplégement si tel peut être dit, et il ne peut le faire que par ajournement formel. Au jour indiqué, il doit exposer les faits, et conclure à ce que la main de la cour soit levée à son profit, avec protestation de conclure contre la partie : et contre celle-ci, il doit conclure à ce que la cour déclare que c'est à tort qu'elle a fait tels ou tels exploits, et demander la réparation du dommage qu'elle lui a causé. Cette procédure est la plus régulière; car si on ajourne le contrapplégeant en cause de requête, c'est-à-dire pour voir faire délivrance des biens à l'applégeant, ou déduire ses motifs pour s'opposer à cette délivrance, cette procédure pourrait être attaquée de nullité. Jusqu'au jugement, la chose litigieuse se trouve ainsi séquestrée en main de justice.

§ 5. — *De la possession des rentes.*

Les choses incorporelles telles que les rentes peuvent aussi être l'objet d'une possession, *quasi*

possessio, disent ceux qui ont écrit en latin ;
possession ou comme (*possessio vel quasi*) dit
notre compilateur.

Il n'est pas facilé de se faire une idée juste de
ce qu'il entend par la possession des rentes, et
dans quelles conditions elle se transmet. Il me
semble résulter des quelques paragraphes qui y
sont consacrés que, pour que la possession d'une
rente soit complète et se transmette activement
et passivement aux héritiers du débiteur et du
créancier, elle doit être la conséquence de certaines choses, domaines ou censives que l'on
détient, ce qui je crois veut dire que cette possession n'est complète que quand la rente est
garantie par une hypothèque. Mais quand cette
garantie n'existe pas, celui qui était en possession
de la rente n'en transmet pas la possession à
son héritier, et celui-ci doit s'adresser à la justice pour l'avoir. Pour cela, il doit dire dans sa
demande que celui dont il est l'ayant cause était
en saisine et en possession de cette rente au moment de sa mort, qu'il en percevait les revenus,
et conclure à ce que lui, héritier, soit reçu en
la saisine et possession de ladite rente sur le défendeur qui sera condamné à la lui payer à l'a-
venir, avec les dépens.

Le demandeur ne peut pas demander à être
maintenu dans la possession qu'avait le défunt et
comme continuant sa possession, et par consé-

811
898
1022
1026

quent à ce que le défendeur soit condamné à
lui payer les arrérages. Car si, en cas de dénégation, il prouve que son auteur avait la possession,
mais ne prouve pas que lui aussi l'ait eue, sa
preuve ne serait pas complète, et ne pourrait
motiver une condamnation contre le défendeur
à lui continuer la possession de la rente : car,
ajoute le texte, nul ne doit continuer possession
à autre, si en sa personne il n'a eu possession de
la chose. Ce qui me paraît restreindre l'application de la règle, *le mort saisit le vif*.

Telle me paraît être la décision des quatre
paragraphes que je viens d'analyser; mais, je le
répète, leur sens n'est nullement clair.

1018   Celui qui veut prouver qu'il a eu la possession
d'une rente, doit prouver par les témoins qu'il
fait entendre qu'il a eu la possession de cette
rente payée à tel jour; si les témoins étaient en
désaccord sur le jour où ils ont vu payer cette
rente, la preuve de la possession ne serait pas faite.

§ 6. — *De la prescription.*

Quand la possession s'est prolongée pendant
un certain temps, elle conduit à la prescription;
762 mais c'est un avantage réservé à la possession
avec titre et de bonne foi. Celui qui s'est mis en
possession d'un héritage sans titre et de sa vo-

lonté, par force, rapine, injure, roberie, ne peut prescrire.

L'acquéreur de meubles en prescrit la pro- 51
697
956
priété par la possession de trois ans suivant le
droit, d'an et jour suivant la coutume. Mais si
ces choses ont été volées, le propriétaire peut les
revendiquer pendant trente ans. Cette possession
d'an et jour, suivant le § 51, permet au détenteur de se défendre contre toute action réelle,
pourvu que le demandeur ne soit pas cousin
germain ou plus proche parent du défendeur.
Cette décision est isolée, et il faut sans doute y
voir soit une espèce particulière généralisée à
tort par notre compilateur, soit un vestige d'un
droit plus ancien qui avait entièrement disparu
au quinzième siècle pour faire place aux principes
du droit romain.

L'acquéreur d'immeubles qui les a acquis par 51
208
569
670
711
765
869
998
juste titre, et qui les possède paisiblement et sans
interruption pendant dix ans entre présents et
pendant vingt ans entre absents du diocèse en
acquiert la propriété. Le délai de la prescription est de trente ans quand la possession est sans
titre, pourvu qu'elle n'ait pas les vices dont nous
venons de parler ; du moins c'est ainsi qu'il me
semble que doivent être conciliées les décisions
qui parlent de vingt ans et celles qui parlent de
trente ans pour la prescription contre les absents.
Il est de quarante ans pour prescrire sans titre

contre les absents, ou pour prescrire entre frères,
ou cousins germains, ou contre l'Église. Il est de
cent ans quand c'est contre l'Église de Rome
que l'on veut prescrire.

Entre particuliers, toutes actions sont éteintes
par la prescription de trente ans.

La durée de la prescription est de quarante
ans pour les actions du seigneur justicier contre
ses sujets.

569　Le vendeur d'un héritage est tenu de le garantir seulement dix ans, c'est-à-dire, jusqu'à ce
que l'acquéreur puisse se défendre lui-même par
sa possession ou tenure.

765　La prescription contre l'action hypothécaire,
en tant qu'elle peut avoir pour résultat de forcer
l'acquéreur à délaisser, si mieux il n'aime payer,
a lieu par dix ans. Mais la créance elle-même ne
se prescrit que par trente ans.

711　Les servitudes même discontinues, comme celle
de passage, peuvent être acquises par la prescription de dix ans entre présents, sans qu'il y ait titre.

998　Les droits incorporels peuvent aussi être acquis par la prescription, de même qu'on peut se
libérer par ce moyen des obligations auxquelles
on est soumis. Tel est le cas où il s'agit de savoir
si les hommes doivent aller moudre au moulin
d'un seigneur. Un seigneur peut acquérir par
prescription que les hommes d'un autre seigneur
viennent moudre à son moulin; de même que les

hommes d'un seigneur peuvent s'affranchir de l'obligation d'aller moudre à son moulin.

Quelle que soit d'ailleurs la nature du droit qu'il s'agit de prescrire contre le haut justicier, les quarante ans ne commencent que du jour où son homme a opposé une contradiction à ses prétentions, soit en défendant à une demande formée par lui, soit de toute autre manière. ₁₀₃₂

Celui qui a fait acquêts pendant qu'il était au service d'un seigneur est affranchi de toute réclamation de la part de ce seigneur, quand il a possédé paisiblement pendant cinq ans après avoir quitté son service. ₇₁₁

Celui qui a été quinze ans absent hors du pays, et qui à son retour trouve gens en possession de son héritage, doit former sa demande contre eux dans l'an et le jour de son retour, et dire ce qu'il a fait avant que le jugement soit prononcé. ₁₀₇

Quand une demande est formée contre celui qui a possédé le temps voulu pour prescrire et avec titre, il doit dans sa défense affirmer son titre par serment en offrant de le prouver si c'est nécessaire, et en même temps offrir de prouver sa possession par témoins dans le cas où l'on viendrait à la nier. _{102 496 686}

La prescription ne court pas contre la femme mineure ou au pouvoir de son mari. Elle ne court point contre cohéritiers, à moins que le demandeur n'ait eu un titre spécial pour réclamer _{590 720 753}

la chose qu'il demande. Il faut probablement
ajouter au texte, tant que dure l'indivision; car
autrement toutes les prescriptions seraient sus-
pendues par le décès de celui contre lequel elles
courent, ce qui est inadmissible. La prescription
qui a commencé à courir contre une personne,
continue à courir contre ses ayants cause, encore
qu'ils soient mineurs, car la chose est venue entre leurs mains grevée des charges auxquelles
elle était soumise : mais elle ne commence pas à
courir contre lui, ni contre les autres personnes
qui sont au pouvoir d'autrui.

77   Le § 77 range au nombre des causes d'interruption de prescription, la minorité et la non-
présence dans le diocèse ou dans le comté. Cette
décision est contraire à celle que nous venons de
rappeler en ce qui concerne la minorité. Et
quant au séjour hors du diocèse, ce n'est une
cause ni de suspension, ni d'interruption, ce ne
peut être qu'une cause de prolongation du temps
requis pour prescrire.

766   La seule véritable cause d'interruption rappe-
lée par notre compilation est la demande en justice, mais seulement quand il y a eu litiscontestation : à partir de ce moment la prescription
recommence à courir; mais il y a doute sur la
question de savoir si c'est la prescription de dix
ans qui recommence à courir, ou si ce n'est pas
plutôt la prescription de trente ans.

CHAPITRE VII.

DE LA VENTE ET DU RETRAIT.

Si une personne a promis à une autre de lui 707 vendre une chose sans indiquer le terme, la vente doit avoir lieu de suite, mais le juge peut donner un délai.

La translation de propriété du vendeur à l'acheteur n'a pas lieu par le simple consentement. Le vendeur reste toujours propriétaire de la 617 chose, et l'acheteur n'a contre lui qu'une action personnelle pour faire exécuter la vente. Le contrat de vente n'est rendu entier, entériné, comme dit notre texte, que par la mise en possession de l'acheteur, qu'il s'agisse de choses mobilières ou immobilières, tellement que si la même chose était vendue successivement à deux personnes, le second en serait propriétaire s'il était mis en 565 possession, et le premier n'aurait plus qu'une 671 673 action en dommages et intérêts contre son vendeur. Conformément au droit romain, notre compilateur admet que celui qui a vendu deux fois la même chose doit être noté d'infamie.

546 Même quand il s'agit du retrayant à l'égard de l'acheteur contre lequel il retrait, la propriété

124 n'est transférée que par la saisine, et c'est à partir

483
538 de ce moment que court le délai du retrait. Ainsi

544 encore, une chose vendue continue à figurer
619 dans les biens de celui qui en était saisi au moment de sa mort.

757 Le contrat de vente est encore entériné et un premier acheteur préféré au second, lorsque les parties ont contracté une obligation réelle en obligeant expressément la chose vendue. Ainsi quand une personne vend purement et simplement les fruits de son héritage, ce contrat n'engendre qu'une action personnelle entre le vendeur et l'acheteur, et si le vendeur vend plus tard le fonds à une autre personne, l'acheteur des fruits ne pourra pas les réclamer contre cet acquéreur. Il le pourrait au contraire si le vendeur lui avait spécialement et expressément obligé les fruits de cet héritage, ou lui avait, comme garantie de cette vente, obligé expressément tous ses biens meubles et immeubles.

729 La propriété est encore transférée quand l'acheteur marque la chose, ou la goûte et la scelle, s'il s'agit de choses qu'on puisse goûter, à moins de conventions contraires.

864 La mise en possession des héritages se fait par
615
618 la main du seigneur. L'acheteur doit, dans les

quarante jours du contrat, faire connaître la 712
vente au seigneur, à peine d'être poursuivi pour 852
ventes célées. Le vendeur doit se dévestir de la
chose entre les mains du seigneur qui, suivant
l'usage de Poitou, peut la tenir sept jours pour
savoir s'il la retiendra en sa main pour le prix, ou
s'il en investira l'acheteur, qui n'en sera en possession complète que par cette investiture. Jusque-là, il ne peut pas faire les fruits siens, et ils
appartiennent au seigneur qui paraît les avoir de
plein droit sans être tenu de les demander,
quoique cela ait été contesté; mais il est vrai-
semblable que la solution qui lui attribue les
fruits sans qu'il ait besoin de les demander est la
véritable, car pendant ce temps la chose est sans
maître autre que le seigneur.

Si cependant l'acheteur prend possession de
la chose sans s'en être fait vestir par le seigneur,
celui-ci ne pourra pas pour cela demander que
ladite chose lui soit commise : il pourra seulement le poursuivre pour qu'il vienne à vestizon
(accomplir les formalités) et conclure à sa condamnation à l'amende. Le seigneur ne sera pas
recevable dans cette action s'il a une fois reçu le
cens dû par l'acheteur, ou si celui-ci a possédé
paisiblement la chose an et jour à sa connaissance.

Si l'acheteur avait possédé dix ans, il ne serait
tenu de répondre en aucune façon au seigneur;

et si la vente avait été faite à son auteur, il serait
admis à jurer qu'il fut vestu de la chose, et que
depuis ils ont possédé an et jour.

109   Celui qui achète une chose volée doit la perdre
324 ainsi que le prix qu'il en a donné (le chatel qu'il
y a mis), lorsqu'elle est revendiquée par le véritable propriétaire. Mais n'y a-t-il pas une exception pour le cas où la chose aurait été achetée
dans une foire ou un marché, et d'un marchand
vendant des choses pareilles, ou bien si l'acheteur de cette chose avait lui-même coutume d'en
vendre et d'en acheter? Il est probable qu'il en
était ainsi, mais les §§ 109 et 324 ne sont pas ré-
digés d'une manière bien claire.

Dans tous les cas, si l'acheteur jure qu'il ne
connaissait pas son vendeur, il sera affranchi de
toute responsabilité en dehors de la perte de la
chose et du prix. Il pourra en outre l'appeler en
garantie s'il le trouve, ou le faire appeler par la
justice. La garantie ne sera valablement prise
qu'autant que le garieur (notre compilateur emploie le mot *garant* dans le sens de *témoin*) aura
vu la chose. On en peut mettre en cause jusqu'à sept, et la question en définitive sera décidée par le combat judiciaire qui aura lieu soit
entre les parties elles-mêmes, soit entre leurs
champions. Le vaincu ne perdra ni vie, ni membre parce qu'ils n'ont pas porté l'un contre
l'autre une accusation principale de larcin; mais

il payera les coûts du champion, ceux de la bataille et du jour qu'elle aura été jugée, et en outre 60 sous d'amende s'il est coutumier.

La garantie de choses mobilières ne paraît pas 673
toujours due par le vendeur quand il s'agit d'em-
pêchements qui ne proviennent pas de son fait.

Au surplus quand l'acheteur d'un héritage, et 123
il faut sans doute en dire autant de l'acheteur de
choses mobilières, peut se garantir lui-même
contre les troubles par sa propre possession, il n'y
aura pas lieu à appeler le vendeur en garantie.

Conformément au droit romain, la vente peut 191
être résolue quand il y a lésion de plus de moi- 673
tié, et il est au choix de l'acheteur d'abandonner
la chose, ou de payer le supplément du juste
prix.

Elle peut être résolue également quand la 498
chose est atteinte de vices rédhibitoires non apparents, tels que la pousse ou la morve pour les
chevaux : l'action en ce cas dure six mois.
Mais si les vices sont apparents, elle ne sera pas
résolue.

Vente ou cession de créances.

Les créances peuvent être transmises par le 760
créancier à une autre personne. Cette transmission peut avoir lieu à titre gratuit ou à titre onéreux, et s'appelle cession ou délégation (que notre compilateur appelle *légacion*.)

Il y a délégation quand le créancier commande à son débiteur de payer à une autre personne qui est le plus ordinairement son propre créancier : ce commandement, qui au fond n'est guère qu'un mandat, n'empêche pas le créancier de pouvoir demander la dette du débiteur, tant que celui-ci n'a pas payé à la personne à qui le créancier lui avait commandé de payer.

Il y a *cession* quand le créancier transporte à un autre tous les droits que pouvait lui rapporter sa créance, et qu'il en appert par lettres : dans ce cas, après la cession, le créancier ne peut plus réclamer sa dette à son débiteur.

Bien qu'il reconnaisse cette différence, notre texte admet cependant que, même en cas de cession, le créancier cédant peut réclamer sa dette, excepté dans trois cas : 1° si le cessionnaire a mis en cause le débiteur cédé et s'il y a eu contestation de cause entre eux ; 2° s'il a reçu une partie de la dette ; 3° s'il en a fait remise au débiteur. Peut-être les principes n'étaient-ils pas encore bien arrêtés à cette époque sur les différences entre la délégation et la cession proprement dite.

La simple transmission de la lettre obligatoire n'opère pas cession, car on aurait pu en avoir la possession par fraude. La dénonciation faite par le cessionnaire au débiteur cédé ne suffit pas non plus pour empêcher celui-ci de payer au créancier, ou pour empêcher le créancier d'exiger son payement.

L'aliénation des choses litigieuses est nulle, et 44 le vendeur perd tous les droits qu'il pouvait 758 avoir sur la chose vendue, laquelle est acquise au fisc (ou au haut justicier), et en outre il doit une amende égale à la valeur de la chose. La chose est litigieuse, en matière réelle, quand la demande est faite ou le libelle donné ; en matière personnelle, quand la contestation a eu lieu.

Du retrait.

Toutes les aliénations à titre de vente d'immeubles donnent ouverture au retrait en faveur du lignage du côté duquel proviennent les biens vendus. L'immeuble donné en payement d'une 577 dette est soumis au retrait ; cette convention donnerait lieu à tant de fraudes qu'on la considère comme une vente. Il en est de même de l'échange de meubles contre immeubles. La 559 vente de vigne à quart ou à autre gerbe y est aussi soumise.

L'échange ne donne pas ouverture à retrait ; 124 mais il faut distinguer si la soulte vaut plus ou 572 moins que l'héritage donné en échange : dans le premier cas, on considère le contrat comme vente, et il y a lieu à retrait ; il en sera autrement dans le second.

562
587
984
La vente d'une rente sur tous les biens donne ouverture à retrait, à moins qu'elle ne soit faite à des bourgeois de bonne ville, en dedans des portes, et conformément à leurs priviléges. Au contraire, quand une rente perpétuelle a été constituée sur un immeuble, il n'y a de retrait que quand celui qui a vendu ladite rente s'est en même temps dessaisi de son immeuble. La vente faite en général de tous les droits qu'on peut avoir dans une succession ou sur certains biens, sans les spécifier, ne donne pas lieu à retrait.

80
125
Le retrait a lieu, quel que soit le degré de parenté entre les parties contractantes, frères ou cousins germains : un troisième frère ou cousin germain peut retraire; mais il ne peut retraire que sa part, car l'acquéreur est au même degré que lui.

124
561
Pour venir au retrait, il faut être du lignage et branchage d'où vient la chose : un plus prochain de lignage, qui ne serait pas du même branchage, n'y serait pas admis; mais c'était contesté à ce qu'il paraît.

557
588
Quand il s'agit d'une vente faite purement et simplement, le retrait doit être demandé dans l'an et jour de la mise en possession de l'acquéreur par le seigneur du fief. Mais ce délai paraît pouvoir être prolongé si le lignager est mineur ou s'il est hors de l'évêché, mais seulement si son absence est nécessaire.

Celui qui demande le retrait doit exposer les faits et établir son lignage, et ensuite demander que la chose lui soit adjugée comme au plus prochain, en faisant offre de payer le prix de l'achat, les ventes et autres coûts nécessaires faits par l'acheteur : il n'est même pas nécessaire d'offrir la somme entière, il suffit d'en offrir une partie en s'engageant à la compléter après la réception de la chose; quelques-uns même sont d'avis que l'on doit consigner le prix en tout ou en partie entre les mains de celui qui demande le retrait. Si cependant le défendeur au retrait prétend que la chose réclamée par le retrayant vaut beaucoup plus que ce qu'il lui offre, il pourra l'obliger à lui faire offre de la totalité de cette somme, en affirmant par serment qu'elle lui a coûté le prix qu'il réclame; mais s'il ne veut jurer, le retrayant aura la chose sans rien payer. Le retrayant peut aussi exiger que l'acheteur fasse ce serment. 511 571 124

Le retrait peut être demandé en jugement ou dehors jugement, judiciairement ou à l'amiable. En général il vaut mieux procéder judiciairement, pour éviter les soupçons de fraude qui ne pourraient manquer de s'élever quand le retrait est demandé par plusieurs parents au même degré.

Une fois le retrait adjugé au profit d'un lignager, aucun autre ne peut le demander, quand 123 593

même il serait plus proche, et quand même il
659 viendrait dans l'an et le jour. Il paraît cependant
que l'acheteur pouvait invoquer le droit de tiers,
c'est-à-dire opposer au retrayant qu'il y avait des
lignagers plus proches dont le droit était préfé-
558 rable au sien. Mais s'il forme sa demande avant
979 que le premier demandeur ait obtenu le retrait,
il sera préféré, pourvu qu'il vienne en temps
978 utile. Si les demandeurs en retrait sont tous lignagers au même degré, chacun obtiendra le retrait pour sa part. Dans tous ces cas, l'admission
au retrait sans plait ni procès sera toujours sus-
pecte et pourra être difficilement opposée à un
second demandeur.

124 Celui qui obtient le retrait, par jugement ou
546 du consentement de l'acheteur, doit lui payer,
557 dans les dix jours du retrait, le prix de la chose,
et lui rembourser tous les amendements qu'il
y a faits, à peine de perdre le retrait. Il ne
pourra rien réclamer des fruits levés avant ses
offres; il n'aura droit qu'à ceux pendants à ce
moment, et encore quand il aura payé le prix et
aura été vestu de la chose.

124 L'exercice du retrait ne donne pas ouverture
à ventes.

588 Celui qui, après avoir fait une offre, reprend
son argent, perd le retrait, à moins qu'il ne
l'ait repris du consentement de l'acheteur ou de
justice.

Le défendeur au retrait qui nie avoir rien 124
acheté, perd la chose et le prix si on lui prouve 576
qu'il a acheté. Si après avoir nié l'achat il le
confesse, il devra amende et dépens.

Quand l'acheteur est mort, son héritier pourra 559
se défendre contre la demande en retrait en jurant qu'il croit que son père est mort vestu et
saisi de la chose, et le demandeur sera ainsi re-
poussé, s'il est établi qu'il en avait la possession
depuis plus d'an et jour.

Ce que nous venons de voir s'applique à la 588
vente faite purement et simplement : si la vente 888
a été faite à rescousse, c'est-à-dire avec faculté
pour le vendeur de reprendre la chose dans un
délai déterminé, en remboursant le prix (ce que
nous appelons maintenant vente à réméré), le
retrait peut toujours avoir lieu pendant le temps
que dure la rescousse; mais on doit faire offre
de la totalité du prix. Outre la faculté de res-
courre, ceux du lignage peuvent encore demander le retrait un an après que le délai de la rescousse est expiré, si la rescousse a été stipulée
dans la vente même; car si elle l'était dans une
convention postérieure, l'année du retrait cour-
rait à partir de la mise en possession de l'acheteur comme nous venons de le voir.

La rescousse n'affranchit pas la chose vendue 698
des autres obligations du débiteur quand elle

rentre dans ses mains : s'il l'a reprise une fois à un créancier qui la faisait vendre, un autre peut encore la faire vendre pour sa créance; car dès qu'elle revient ès mains de son débiteur, elle lui est obligée.

———

CHAPITRE VIII.

DES DONATIONS.

La donation dessaisit irrévocablement le do- 135
197
nateur et ne peut être révoquée que pour cause 479
raisonnable. Les causes de révocation sont : la 889
survenance d'enfants; mais cette révocation n'a
lieu qu'en faveur des enfants. Tant que vit le
père, le donataire conserve la jouissance de cette
donation;

L'attentat commis par le donataire sur la personne du donateur, s'il porte la main sur lui, ou
s'il cause un grave dommage à ses biens;

L'inexécution des conditions sous lesquelles
la donation a été faite;

Le refus d'aliments au donateur, surtout quand
il a été convenu que le donataire nourrirait le
donateur.

Dans tous ces cas, la révocation doit être prononcée par un jugement.

La révocation pour attentat sur le donateur
ne peut être demandée par ses héritiers.

Le legs, au contraire, peut être révoqué, et cette révocation peut être tacite, par exemple, quand le testateur a vendu sans nécessité la chose léguée; mais s'il l'avait vendue par nécessité, les héritiers seraient tenus de récompenser le légataire.

982 Celui qui fait donation d'une chose à prendre après sa mort, conserve, pendant sa vie, la libre disposition de cette chose; mais il est inutile qu'il la ratifie dans son testament, son silence est regardé comme une confirmation.

785 Toute donation est faite à perpétuité, à moins que le contraire ne soit exprimé.

464 La donation est censée faite à tous les héritiers sans exception du donataire, et à la mort de celui-ci se partage entre ses enfants comme ses autres biens. Cependant, si les parents d'une fille, son père, sa mère ou autres, qui ont pouvoir de la marier, disent à la porte du moustier que ce qu'ils lui donnent est pour les époux et les hoirs qui naîtront d'eux, si le mari meurt laissant des enfants, et si la fille se remarie et a des enfants de son second mariage, ces derniers seront complétement exclus des biens donnés par ceux issus du premier mariage.

524 La donation est encore censée faite uniquement en considération de la personne du donataire si elle lui a été faite sous une condition, et que la condition ne s'accomplisse pas de son vi-

vant : il est censé alors ne pas avoir accepté la donation, et les héritiers n'en auront rien. Il en est de même pour des legs, à plus forte raison.

La femme qui a des fils n'est que bail de son héritage et ne peut faire de donations qui amoindrissent leurs droits. Elle n'en peut faire *qu'à son anniversaire* [1]. 116 446

Le roturier ne peut faire la position d'une de ses filles meilleure que celle des autres. 674

Le gentilhomme ou le roturier, qu'il ait ou non des héritiers, ne peut donner plus du tiers de son héritage; mais il peut donner à celui de ses enfants qu'il préfère. Quant aux acquêts et aux meubles, il peut en disposer, soit entre vifs, soit par testament, au profit de qui il voudra. S'il donne à un autre qu'à son aîné les acquêts faits dans le fief qui se trouve appartenir à l'aîné, celui-ci pourra les reprendre en remboursant la valeur desdits acquêts. En Anjou 412 446 656 698

---

1. Ni Ducange (*Glossarium*), ni de Laurière (notes sur le chap. 64 des Établissements de saint Louis, t. I des ordonnances) ne disent ce qu'il faut entendre par là. On trouve dans Ducange deux définitions du mot *anniversarium* : 1° *Annua præstatio quotannis solvenda;* 2° *distributio ex anniversarii fundatione clericis facienda.* Je crois qu'on doit entendre cette disposition comme ne permettant à la femme que les donations prises sur ses revenus, l'idée de *bail* entraînant une sorte de substitution, d'interdiction de disposer an préjudice des enfants mâles. La préposition *à* est ici pour *avec;* nous voyons souvent dans les historiens du quinzième siècle *à tout son ost, à toute sa puissance.* Montaigne s'en sert souvent dans ce sens.

on ne peut donner aux puisnés plus du tiers de
l'héritage.

931   La donation excessive n'est pas nulle ; elle doit
être seulement réduite dans les limites où elle
peut valoir suivant la coutume.

705   La donation faite à un plus puissant, *in po-
tentiorem*, dans le but de grever son adversaire,
entraîne l'excommunication du cédant et de celui
à qui la cession est faite ; mais si le cessionnaire
n'est pas un plus puissant, quelle que soit l'intention du cédant, il n'y a pas lieu à excommunication.

CHAPITRE IX.

DU DÉPÔT.

La chose mise en dépôt périt pour son pro- 905
priétaire, alors même qu'il s'agit de choses fon-
gibles, comme blé, vin, etc. Celui chez qui ces
choses sont mises en dépôt n'en serait responsable que si la perte avait lieu par sa faute, ou
s'il était en demeure.

Le propriétaire de bateau ou d'hôtellerie est 130
tenu de toutes les marchandises ou choses dépo- 152
sées dans son bateau ou dans son hôtellerie et 153
leurs dépendances, et doit répondre du fait de
sa femme ou de ses serviteurs, ou de ceux qui
habitent sa maison, excepté quand la perte a
lieu par cas fortuit.

Quand le propriétaire du bateau ou de l'hôtellerie proteste avant le dépôt qu'il ne répondra
pas de ce qui peut arriver à la chose, sa protestation aura son effet ; mais il faudra qu'elle soit
faite avant le dépôt ; car son obligation prend

naissance par le fait même du dépôt, sans qu'il soit besoin de son consentement.

· Si le propriétaire de la chose amène avec lui un serviteur que le propriétaire du bateau ou hôtellerie prenne à son service, et si la chose périt ou est endommagée par la faute de ce serviteur, le propriétaire du bateau ou de l'hôtellerie n'en sera pas moins tenu de la perte de la chose, pourvu que l'autre jure qu'il tenait son serviteur pour homme loyal.

Mais si dans le louage du serviteur, il avait été convenu que celui-ci serait avec tous deux, la perte tomberait par moitié sur chacun.

Dans ces cas, le propriétaire de la chose a deux actions, l'une à raison du délit si la perte a eu lieu par la faute du maître de l'hôtel ou bateau, ou de ses gens; l'autre à raison du dépôt, par cela seul que la perte a eu lieu pendant que la chose lui était confiée.

CHAPITRE X.

DU PRÊT, DES USURES ET DES RENTES.

Celui à qui une chose a été prêtée en consi- 216
dération de sa personne seulement est tenu de la
faute très-légère ; il ne peut être rendu responsable des cas fortuits , s'il n'est ainsi convenu.
Il ne peut être tenu de rendre la chose avant
d'avoir fait ce pour quoi il l'avait empruntée, à
moins qu'il ne soit en demeure.

Quand l'emprunteur d'une somme d'argent 208
nie avoir reçu ce que lui réclame le prêteur, 856
celui-ci peut être tenu de prouver qu'il a réellement fourni la somme qu'il réclame. Mais cette
exception ne peut être proposée que dans les
deux ans du prêt.

On ne peut stipuler d'usures pour un capital 42
prêté. Le débiteur n'est pas tenu de les payer ; 205
s'il s'y est engagé avec serment, il devra com- 206
                                                  207
mencer par les payer, se faire ensuite délier de 212
son serment, après quoi il pourra se faire rendre 965
ce qu'il a payé à ce titre. Il est probable qu'on

doit suivre cette voie quand une demande de payement est faite par le créancier et que la contravention à la défense ne peut être proposée simplement sous forme d'exception, car il me semble résulter du § 42, ce qui est d'ailleurs assez rationnel, qu'en l'absence de toute action en justice, le débiteur d'usures pourra demander à être relevé de son serment.

Si le débiteur a donné en gage des immeubles ou des meubles qui rapportent des fruits, ce qu'il aura reçu des fruits le sera en déduction des sommes qu'il aura prêtées en capital, et il ne pourra plus rien retenir pour les usures. Il devra rendre les choses données en gage aussitôt qu'il aura été remboursé de son capital.

Les cours d'Église connaissent du fait d'usure.

L'usurier chrétien qui a obtenu lettres du Roi relatives à ses usures et aux fruits qu'il a perçus ne peut être admis à faire usage desdites lettres avant d'avoir rendu les usures.

Quand l'usurier meurt, ses meubles sont au Roi.

En l'absence du prêt à intérêt, nous voyons le contrat de rente jouer un grand rôle dès cette époque.

391   Tout débiteur de rente doit aller la payer à la maison du créancier pourvu qu'il demeure dans la même chastellenie.

A défaut de payement de la rente, le seigneur à qui la rente est due peut saisir les choses qui y sont obligées. Et si pendant trois ou quatre ans le débiteur de la rente cesse de la payer, il perd le domaine; mais cette perte doit être prononcée en connaissance de cause.

Le payement de la rente transmise par testa- 543 ment ou de toute autre manière doit être fait au lieu où elle est due ou à un autre aussi près.

Notre texte fixe au denier 30 le prix de vente 878 des rentes perpétuelles. Cette fixation n'a jamais, 955 je crois, été suivie aux quatorzième et quinzième siècles. Suivant les coutumes de Poitou, d'Anjou et d'Angoumois, le denier de rente de blé ou de vin ne vaut que 3 oboles quand on convertit cette rente en rente de deniers.

Quand plusieurs années sont demandées par le 108 créancier de la rente, le payement de la dernière année emporte présomption du payement des années antérieures, mais le créancier peut prouver le contraire en établissant, par exemple, que le débiteur lui a demandé des délais, ou est venu régler son compte avec lui; autrement, il doit en passer par le serment de son débiteur.

Le payement de la rente est dû divisément par 789 tous les débiteurs; chacun n'en doit que sa part, même en cas de condamnation au payement d'une rente due en commun.

Il n'est point dû d'amende pour défaut de 124 713

payement aux termes convenus, à moins qu'il ne
s'agisse d'une rente en deniers tenue gentilment
et qu'il ait été ainsi convenu. En ce cas, les termes
qui n'ont pas été demandés par le créancier appartiennent au seigneur justicier en la juridiction
duquel la rente est située.

CHAPITRE XI.

DU MANDAT.

Le mandataire ou procureur est celui qui ad- 315
ministre les affaires d'une autre personne qui lui 316
en a donné pouvoir spécial. Il peut être constitué pour un temps limité ou non, et pour une
affaire spéciale ou pour toutes les affaires du 186
mandant; mais le mandat spécial a plus de force 273
que le mandat général, ce qui doit s'entendre
sans aucun doute en ce sens que le mandat général ne comprend que les actes d'administration, au lieu que le mandat spécial n'a de limites
que celles que peut rencontrer le *dominus rei*
lui-même.

La procuration doit contenir les noms des 801
mandataires, la déclaration que le mandant a
pour ferme et agréable ce qu'ils feront, et obliger
ses biens. La procuration doit contenir effectivement tout cela et non pas seulement la promesse
de le faire, sans quoi elle ne serait pas valable.
Cependant quelques-uns étaient d'avis qu'il suf-

fisait pour la validité de la procuration qu'il y eût obligation des biens, et que le procureur donnât en justice caution que son maître aurait pour agréable ce qu'il ferait.

602 Il y a quelques cas où le mandat résulte implicitement de la qualité du mandataire, tel est celui des administrateurs légaux de biens d'Église, des tuteurs, etc., dont l'administration est soumise à de certaines règles. Mais, en général, pour tout ce qui excède les actes d'administration, il faut qu'ils aient des pouvoirs spéciaux. Ainsi, le baillidie d'une confrérie ne peut en demander les dettes actives sans un pouvoir spécial, bien que le pouvoir général qui lui a été conféré par sa nomination à ces fonctions semble comprendre le droit de recouvrer les créances.

180 Le mandat n'est révoqué par un mandat postérieur qu'autant que le second fait mention du premier.

295 Il prend fin par la mort du mandant survenue lors que les choses sont encore entières.

831 Il peut toujours être révoqué par le mandant tant que les choses sont entières. Mais s'il s'agit d'un receveur chargé du recouvrement de certaines créances et si les débiteurs connaissent ses pouvoirs à cet égard, la révocation devra leur être notifiée; autrement s'ils l'ignoraient, ils auraient valablement payé entre ses mains, et le mandant n'aurait plus d'action que contre son

receveur, qui pourrait en outre être puni comme d'un délit.

Le mandataire ne peut outrepasser les pouvoirs qui lui sont confiés. Il ne peut rien faire au préjudice du maître, et toutes les conventions avantageuses qu'il fait pour son compte tiendront. 315 781

Quand un mandataire général excède les bornes de son mandat, ou manque à faire quelque chose qu'il devait faire, cette omission constitue ce que notre compilateur appelle une erreur tolérable que le seigneur peut réparer ; mais il doit révoquer le mandat aussitôt que le fait vient à sa connaissance. Si, au contraire, il avait donné à son procureur pouvoir spécial pour faire une certaine chose et que le procureur eût manqué à la faire, il ne pourrait pas réparer cette erreur ; mais il aura action contre le procureur par la faute duquel l'erreur aura été commise. Je n'ai pas bien compris la portée de cette distinction. 769

CHAPITRE XII.

DES CONTRATS ACCESSOIRES OU DE GARANTIE.

Une des divisions des contrats est celle qui les sépare en contrats principaux et contrats accessoires. Les contrats principaux ont une existence indépendante; ils existent par eux-mêmes et ne présupposent pas l'existence de conventions antérieures : tels sont la vente, le louage, le mandat, etc.... Il en est d'autres, au contraire, qui ne peuvent avoir d'existence propre, qui viennent accessoirement à une autre obligation et pour la garantir; on ne conçoit pas en effet un caution-683 nement, un gage, une hypothèque entièrement indépendants d'une autre obligation qu'il s'agit de garantir. Ce sont les règles contenues dans notre compilateur sur quelques contrats de garantie que je réunis ici.

Hypothèque.

166
313
317 L'obligation contractée généralement sur les biens est-elle valable? Les §§ 313 et 317 disent

que non, car celui qui est ainsi obligé pourrait   690
sur chaque chose faisant partie de ses biens pré-   1028
tendre qu'elle n'est pas comprise dans l'obligation et arriver ainsi à la détruire. Mais le § 1028
dit qu'en cas d'obligation générale contractée
pour la garantie d'une dette les meubles comme
chaudières, pelles, et *autres outillements d'hôtel*
ne tombent pas sous cette obligation générale
s'ils n'y sont spécialement compris. D'un autre
côté le § 690 parle d'une chose ou héritage qui a
été obligé spécialement ou généralement, mettant
ainsi les deux cas sur la même ligne. La question
était donc encore discutée à cette époque. On sait
que c'est le principe de la généralité qui a fini
par triompher.

Cette obligation sur les biens quand elle af-
fecte des immeubles prend le nom d'hypothèque.
Notre compilateur n'en dit que fort peu de
chose.

L'hypothèque ne peut être perdue par le créancier, de quelque manière que l'immeuble soit
aliéné. Mais si l'aliénation en est faite par le débiteur en sa présence et sans protestation de sa
part, il est censé avoir consenti à cette aliénation
et avoir renoncé à son droit.

L'hypothèque s'éteint par la prescription (v. le
chap. *de la prescription*).

Le créancier ou ses héritiers ne peuvent de-   994
mander par action hypothécaire les choses obli-

gées tant que vit le débiteur principal, s'il est
solvable.

Excommunication.

648   Il peut paraître singulier de rencontrer l'excommunication parmi les obligations accessoires ;
mais notre texte dit formellement qu'on pouvait
s'obliger à une somme par sentence d'excommunication, c'est-à-dire, se soumettre aux censures
ecclésiastiques si l'on ne l'acquittait pas.

Gage.

305   Celui qui a engagé une chose pour la garantie des obligations qu'il a contractées a une action pour se faire rendre les choses engagées si
son créancier ne veut pas les lui rendre.

Plége ou caution.

149
620
993   Le créancier dont la créance est garantie par
un plége a action contre le plége et contre le débiteur principal. Suivant la coutume, il peut demander la dette à qui il voudra du débiteur principal ou du plége, mais suivant le droit il ne
peut agir contre le plége tant que le débiteur
principal est solvable.

68
194   Le débiteur principal doit garantir son plége
de tous les dommages qui pourraient lui surve-

nir par sa faute. Il a action contre lui s'il se délivre (probablement, si ses biens sont vendus);
s'il est en demeure ; s'il détériore ses biens ; s'il
est condamné au payement d'autres dettes.

Obligations accessoires tacites.

La garantie des créances ne résulte pas seulement de la convention expresse, elle résulte aussi
de conventions tacites.

Les biens du mari sont tacitement obligés à la 934
femme pour l'exécution de son contrat de mariage et ses reprises.

Les meubles situés dans une maison en ville 913
sont tacitement obligés au propriétaire de la maison qui pourra faire exécution sur lesdits meubles pour le paiement de ses loyers. Ce droit
n'existe pas pour les meubles garnissant les maisons des villes champêtres ou villages.

Celui qui a fait des dépenses pour la conser- 870
vation de la chose d'autrui est également privilégié sur cette chose pour le montant de ses dépenses.

QUATRIEME PARTIE.

DES SUCCESSIONS.

————

Les père et mère ne succèdent pas à leur fils 857
prédécédé : la femme ne succède pas à son mari 874
mort sans héritier. Ces deux décisions de la coutume sont contraires au droit romain qui admet-
tait la succession des ascendants et celle des
époux l'un à l'autre.

On ne peut succéder que quand on est appelé 137
par la coutume : ainsi une tante nourrit un neveu qui a perdu ses parents, la tante et le neveu
meurent, et les héritiers du neveu viennent de
suite demander aux héritiers de la tante de leur
rendre les biens du neveu ; les héritiers de la
tante ne pourront les conserver en se fondant
sur ce que la tante a nourri et entretenu son neveu : — à moins qu'elle ne soit venue devant la
justice, n'ait fait estimer les biens du mineur, et
ne l'ait nourri et entretenu du commandement

de justice ; ou à moins qu'elle n'en ait fait une protestation expresse.

894 Celui qui fait enterrer une personne décédée sans héritier ne devient pas pour cela son héritier, à moins qu'il n'ait autrement cette qualité ; mais pour éviter les doutes à l'égard des créanciers du défunt, il doit protester que ce n'est pas son intention de se faire son héritier.

855 ' L'acquisition de droits héréditaires par une personne ne lui donne pas non plus la qualité d'héritier, et elle ne pourra représenter dans une succession celui dont elle a acquis les droits, surtout quand c'est la succession d'un individu qui vivait au temps où cette cession a eu lieu. Cet acquéreur ne peut s'appléger comme le ferait quelqu'un du lignage à qui la succession écherrait, car ce droit n'appartient qu'à ceux du sang. Cet acquéreur ne peut non plus représenter son cédant dans les cas où il serait appelé par droit de représentation.

163 Quand un homme meurt laissant un enfant et sa femme enceinte, si l'enfant vivant demande le partage, il devra être fait ainsi : le demandeur aura un quart, et les trois autres quarts resteront à la mère parce que, dit-on, une femme peut avoir jusqu'à sept enfants ; après l'accouchement, le partage est fait eu égard au nombre réel des enfants.

778 La succession descend de branche en branche,

et les descendants du membre prédécédé de l'une d'elles viennent par représentation de leur auteur.

La baronnie ne se partage pas entre frères, à 426 moins que le père ne leur en ait fait partage : elle revient toute entière à l'aîné, à la charge de faire avenant bienfait aux puisnés et de marier les filles.

En Anjou, quand le père meurt sans faire de 412 750 partage entre ses enfants, tous les meubles seront à l'aîné, à la charge de payer toutes les dettes et d'exécuter son testament.

Si les enfants veulent partager les héritages, l'aîné aura les deux tiers et l'herbergement ou manoir principal, les puisnés auront l'autre tiers, et l'aîné leur garantira en parage.

Si dans la part des puisnés il y a un fief entérin, c'est-à-dire un fief tout entier, non partagé, l'aîné des puisnés fera la foi pour ce fief et garantira les autres en parage.

En Poitou il n'en est pas de même : l'aîné ne prend en avantage que le quint des fiefs, avec le principal herbergement et ses dépendances; mais s'il y a plusieurs terres en diverses chastellenies, tous les principaux herbergements, châteaux ou autres seront à l'aîné avec le quint. Le surplus de la terre sera partagé également entre les puisnés, à moins que le père ne leur ait autrement assigné leurs parts.

A Saint-Maixent et en autres chastellenies, l'aîné n'a que l'herbergement principal avec un *chieste*, c'est-à-dire, trois arpents de terre au plus près dudit herbergement, et un hommage.

418 L'aîné prend en outre les conquêts faits dans le fief qui lui revient, à la charge d'indemniser la veuve en lui remboursant ce qu'ils ont coûté.

423 Tout ce qui arrive aux enfants après la mort de leur père est pour l'aîné, à l'exception des droites advenues, c'est-à-dire, des échoites provenant de la mère, des ayeuls et ayeules.

464 Quand les parents et amis d'une fille la dotent à la porte du moustier purement et simplement, sans dire que cette donation est faite pour eux et leurs hoirs, les choses données seront partagées entre les enfants des deux lits : l'héritier mâle de la fille quand même il serait issu d'un second mariage aura les deux tiers de l'immeuble et garantira les autres en parage. Cette décision est spéciale à l'Anjou.

860 Si d'un hôtel dépend un droit d'usage dans une forêt ou un bois, et que l'hôtel se divise en plusieurs parties, l'aîné dudit hôtel aura seul le droit d'usage.

407 Si c'est un fief en herbergement qui échoit à des frères, l'aîné aura l'herbergement et un quartier de terre à l'entour; le surplus sera partagé également. Mais il fera le service au seigneur et ses frères le lui feront.

Si dans le partage il y a des titres de propriété 808
qui ne se puissent partager, l'aîné les doit avoir
de préférence aux autres ; mais ceci paraît avoir
lieu seulement entre nobles.

Quand une baronnie échoit à des filles, l'aînée 396
en a les deux tiers francs, et fait aux autres des
rentes pour la valeur du troisième tiers sans di-
viser la baronnie.

Si c'est une vavassouerie qui leur échoit, elle 398
sera partagée également entre elles si elles sont
trois ; mais l'aînée aura l'herbergement et un
chiste, c'est-à-dire la valeur de c. s. en avantage.

En général, quand un gentilhomme meurt ne 414
laissant que des filles, l'aînée, suivant les cou- 750
tumes d'Angoulême et de Poitou, prend en avan- 838
tage l'herbergement principal, la garenne, la
fuye, les bois, eaux courantes, etc., avec le quint
des terres tenues gentilment et des rentes ; le
surplus se partagera également. Elle fera l'hommage au seigneur, et les autres sœurs tiendront
sous elle en parage, à moins qu'elles ne préfè-
rent faire hommage directement au seigneur en
leur propre nom.

En plusieurs lieux du Poitou l'aînée prend
l'herbergement, trois quartiers de terre à l'entour, un hommage jusqu'à c. s., et le quint des
terres.

Quelques personnes pensaient qu'elle ne pou-

vait avoir que le quart de la terre et l'herbergement.

Les choses tenues roturièrement se partagent
également entre elles.

938   Quand un roturier meurt laissant des choses
1015 tenues noblement, rentes ou terres, d'après la
coutume de Poitou l'aîné, fils ou fille, aura avantage comme il est dit ci-dessus, et garantira aux
autres en parage, si le père avait ordonné qu'il
n'y aurait pas d'avantage entre ses enfants. Les
avis sont partagés sur le point de savoir si, malgré cette disposition, les choses ne devront pas
être partagées noblement. Les principes sur le
partage en pareil cas n'étaient pas bien fixés,
car on allait même jusqu'à prétendre que l'avantage sur les choses nobles n'appartenait qu'à
l'aîné noble. Et quant à l'étendue de cet avantage, plusieurs étaient d'avis que l'aîné roturier
ne devait avoir que le quint pour faire le service au seigneur, mais qu'il ne devait pas avoir
le quint et l'herbergement.

425   Lorsqu'une femme noble épouse un roturier,
leurs enfants se partageront également ce qui
leur viendra de la mère, excepté aux choses où
il y a foi à faire ; dans ce cas, l'aîné aura l'herbergement et une chose en avantage si elle existe,
sinon avantage suivant la grandeur du fief, jusqu'à ce qu'on descende de la droite foi ; et depuis
la chose se partagera gentilment. Telle est la dé-

cision de notre auteur; mais il faut probablement dire avec Liger, au titre *des Partaiges*
(liv. III, tit. xv), que l'héritage sera partagé noblement jusqu'à ce qu'il descende à la tierce foi,
et qu'ensuite il se partagera roturièrement.

On ne peut faire aucune convention sur la 847
succession d'une personne vivante, si ce n'est du
consentement de celui de la succession duquel
on traite. Ce traité sur succession future est notamment permis et même présumé dans les conventions matrimoniales.

Quand gentilhomme marie sa fille en lui 397
donnant des terres, quelque chose qu'il lui ait 413
donné, la fille ne peut avoir que ce qu'il lui a 810
donné en mariage, à moins qu'il n'y ait d'autres
héritiers.

Lorsqu'au contraire la dot a été constituée ou
promise en argent et payée du vivant des père
et mère, la fille, après leur décès, pourra demander partage en rapportant ce qui lui a été
donné, à moins qu'elle n'ait renoncé à la succession de ses père et mère, et juré et promis
de maintenir sa renonciation. Cette renonciation
doit s'étendre même aux successions collatérales,
suivant la coutume; d'après le droit écrit, qui
d'ailleurs n'admet pas de semblables renonciations, la renonciation de la fille dotée par ses
père et mère ne devrait pas s'étendre aux successions collatérales.

Quand gentilhomme marie sa sœur et ne lui donne pas mariage avenant, le mari ne peut réclamer plus que ce qui a été donné ; mais quand il sera mort, sa veuve pourra réclamer ce à quoi elle avait droit.

674 Cette renonciation n'a pas lieu pour les filles de roturiers ; elles peuvent, alors même que leur dot en argent leur a été payée, qu'elles s'en sont tenues pour contentes et qu'elles ont renoncé et juré, revenir à partage après la mort de leur père, en rapportant ce qui leur a été donné, parce que le roturier ne peut faire la position d'une de ses filles meilleure que celle des autres.

597
655
764
775 Quand on fait une demande d'hérédité, le demandeur doit d'abord établir son lignage, déclarer le degré de parenté, et enfin formuler sa demande en maintenant qu'il est héritier en tout ou en partie des biens de celui à la succession duquel il prétend avoir droit.

Si le demandeur se présente en sa qualité de fils et héritier du *de cujus*, il doit, en cas de dénégation de la part du défendeur, prouver que le mariage fut célébré devant l'église entre ses père et mère, et qu'ils se regardaient comme mari et femme ; qu'il est né pendant leur mariage, qu'ils le regardaient comme leur enfant et l'ont fait leur héritier.

S'il s'agit d'une paternité plus éloignée, celui

des contestants qui a le même nom propre que le défunt sera présumé être du même lignage et branchage que lui, et ce sera à ses adversaires à prouver le contraire. S'il n'a que le même surnom, c'est une simple présomption qu'il est du lignage, mais la preuve sera à sa charge.

Celui qui réclame une succession dans la ligne paternelle ou maternelle peut demander une provision, et doit, en formant sa demande, faire protestation de la demander. Il doit, en outre, offrir de rapporter ses biens en communauté s'il y a lieu.

Le rapport paraît n'avoir lieu qu'entre frères; 83 dans ce paragraphe le mot *fraresche*, qui ordinairement signifie partage égal, me paraît synonyme de *rapport*, parce que le rapport est indispensable pour arriver à un partage véritablement égal.

Des partages.

Entre plusieurs qui ont des terres communes, 113 celui qui demande partage fait les parts et les autres choisissent.

Il n'y aura pas lieu à partage si l'un a plus grand avantage que les autres en la chose, s'il paye la justice, si les rentes et coutumes sont payées à son sergent, et s'il tient le plait malgré l'absence de l'autre.

Quand il y a lieu à faire partage entre frères, 412

l'aîné fait les lots et les puisnés choisissent. Si les
puisnés trouvent leur tiers trop petit, ils pourront le refuser et partager l'autre tiers en deux
parties égales; l'aîné prendra la portion que les
puisnés auront refusée et choisira celle des deux
autres parts qu'il voudra : c'est ainsi que les
choses se passent pour le partage entre aînés et
puisnés en Anjou.

1033   Lorsqu'un partage a eu lieu entre frères, la
quittance donnée après le partage constatant
que chacun se tient content de sa part, ne les
rend pas non-recevables à prouver ensuite que
l'un d'eux a recelé quelque chose des biens communs et à en demander sa part; ce qui serait
ainsi trouvé ferait l'objet d'un partage nouveau. Notre compilateur ne dit pas si celui qui
a recelé sera privé de sa part dans les choses re-
celées.

721   Les fruits perçus avant le partage n'y seront
pas compris, à moins de réserves expresses
quand le partage a lieu entre cohéritiers ou lignagers; mais entre étrangers ils y seront compris.

95   Si les choses dont on demande le partage sont
situées en plusieurs fiefs, on ne sera pas obligé
de plaider devant tous les seigneurs desquels les
choses meuvent; ce qui sera décidé par la cour
saisie de la demande devra être exécuté dans tous
les fiefs où se trouveront des biens à partager.

La succession d'un défunt est dévolue en masse 766
à tous ses héritiers, sauf les effets du partage; par
conséquent, quand deux cohéritiers d'un défunt
ont formé une demande en pétition d'hérédité,
si l'un d'eux renonce à sa demande, l'autre
pourra faire la demande pour le tout, et le détenteur ne pourra élever une fin de non-recevoir.
Celui qui renonce est ainsi censé n'avoir jamais
été héritier.

Tous les droits et obligations du défunt se par- 578
tagent de plein droit entre ses héritiers; mais
cette division ne peut être une fin de non-recevoir contre un héritier qui réclamerait pour le
tout contre un tiers une chose de la succession;
le défendeur ne pourrait lui opposer qu'il n'y a
droit que pour partie. Il ne le pourrait qu'autant que lui-même aurait acquis les droits des
autres héritiers, auquel cas le demandeur ne
pourrait agir que pour sa part.

Par une exception remarquable au principe de 859
la division des créances et des dettes entre les
cohéritiers, la coutume de Poitou décide en matière de *bian* et *gelines* (prestations de travaux et
de chapons ou volailles de rente) que quand une
semblable obligation est assise sur un hôtel, et
ensuite la communauté dudit hôtel se partage
entre les ayants-droit, chacun d'eux, après le partage, devra payer bian et gelines; puis, s'ils se

remettent en communauté, il ne sera dû qu'un seul bian et gelines.

873 Toutes les actions d'un défunt passent à ses héritiers ; cependant l'action d'injures ne leur passe pas, quand même il aurait commencé à en faire la demande, à moins qu'il n'y ait eu litis-contestation, auquel cas l'héritier pourra suivre le procès.

1007 L'héritier doit payer les dettes du défunt proportionnellement à la part dont il sera héritier : le détenteur à titre singulier, par exemple la femme donataire de son mari n'est pas tenue de les payer, à moins qu'il ne s'agisse d'une dette hypothécaire ; et même dans ce cas, le créancier doit mettre en cause les héritiers.

171
825
944
959

L'héritier assigné pour déclarer s'il se porte héritier du *de cujus*, a un délai d'un an pour savoir s'il veut se porter héritier, et pendant cette année les créanciers ne pourront faire aucune exécution sur les biens du défunt. S'il appréhende les biens de la succession sans protestation, il se fait héritier pur et simple, et est tenu de payer les dettes aussi loin que les biens du défunt et les siens monteront. Pour éviter ce résultat, il devra se faire héritier sous bénéfice d'inventaire. Pour cela, il devra d'abord en faire la déclaration devant un notaire public ou devant des témoins dignes de foi, puis le faire savoir aux créanciers, afin qu'ils viennent voir faire l'inventaire, ou faire publier sa déclaration. L'inventaire devra être commencé dans les trente jours de cette déclaration, et fini dans les trente jours de celui où il aura été commencé. A ces conditions, il ne sera tenu de payer les dettes que jusqu'à concurrence des biens de la succession, et il pourra les abandonner aux créanciers sans qu'il puisse être autrement inquiété.

Si sans accepter sous bénéfice d'inventaire, l'héritier voulait transiger avec des créanciers de la succession, on décide qu'il pourra le faire au moyen de personnes interposées dont il se fera ensuite céder les droits, sans que cette convention l'expose à des poursuites de la part des autres créanciers.

Quand une hérédité est vacante, mobilière ou 954 immobilière, nul ne peut s'emparer des biens qui en font partie, sous peine de s'exposer à être puni comme de larcin.

Lorsqu'à la mort d'une personne sa succession 897 est vacante parce qu'il ne se présente aucun héritier, si les créanciers veulent cependant faire exécution sur ses biens, la justice doit, sur la demande des créanciers, faire ajourner tous ceux qu'on pourrait croire ses héritiers pour que l'exécution se fasse. Si l'un d'eux se porte héritier, droit doit être fait entre le créancier et lui. Si personne ne se porte héritier, la justice doit, si

les créanciers le demandent, nommer un curateur aux biens contre lequel l'exécution se suivra de même que contre les héritiers. On devra
lui en donner lettres. Il doit jurer en justice qu'il
administrera bien, et faire inventaire; et défendre contre les poursuites des créanciers de la
même manière que le ferait un héritier.

Des testaments.

163 Le pupille ne peut tester avant quatorze ans.
220 Celui qui met sa dernière volonté à la disposition d'un autre, ne paraît pas mourir sans testament. Cette règle, qui semble empruntée au droit
canonique, n'a jamais été admise dans notre droit
français. Le testament a toujours dû être l'œuvre
spontanée et l'expression de la volonté personnelle du testateur.

198 Le testament n'a pas besoin d'être écrit; il peut
219
784 être simplement verbal, et il sera valable pourvu
qu'il soit fait en présence de deux témoins dignes
de foi, ou en présence du curé du testateur et
de deux ou trois personnes convenables. Suivant
le droit romain, dont l'usage a été conservé longtemps dans l'ouest de la France, et que notre
coutumier appelle *droit ancien*, il fallait sept témoins. Les femmes ne peuvent être témoins dans
un testament; mais elles peuvent l'être pour un

codicille ou une donation : la raison d'incapacité qu'on nous en donne, fort impertinente d'ailleurs, s'appliquerait cependant à tous les cas.

Le testament ne peut être fait contrairement 91 au droit et à la coutume, si ce n'est du consentement des héritiers ; consentement qui paraît pouvoir être donné après comme avant la mort du testateur.

Le legs de la chose d'autrui est valable, et les 139 héritiers doivent récompenser le légataire en lui donnant la valeur de la chose. Quelques-uns proposaient cependant de distinguer et n'admettaient l'obligation de récompenser que quand le testateur savait que la chose était à autrui.

On ne peut léguer les choses acquises par 167 usure ou par mauvais contrat, car elles ne sont pas la propriété de celui qui les détient.

Les erreurs dans la désignation de la chose 873 donnée ou léguée, n'empêchent pas le don ou le legs d'être valable.

L'exhérédation était permise. Notre coutumier 164 ne nous dit rien des causes pour lesquelles elle pouvait avoir lieu ; il nous dit seulement que quand l'enfant exhérédé est fait légataire par son père, il peut réclamer le legs à lui fait, nonobstant la demande en nullité du testament, pourvu que ce soit avant le jugement rendu. Il ne nous dit pas quel est l'effet de cette acceptation du legs sur la demande en nullité ; il semble résulter cependant du § 164 qu'elle ne le rend pas non-recevable à la poursuivre.

165   Les legs faits dans un testament ne peuvent excéder le tiers des biens du testateur.

1035   Celui qui est en la puissance d'autrui ne peut faire donation ou testament sans le consentement de ceux en la puissance desquels il se trouve.

CINQUIEME PARTIE.

DES COMMUNAUTÉS.

L'association des patrimoines peut avoir lieu de différentes manières. Notre très-ancien droit français reconnaissait la communauté résultant de la société conjugale, et la communauté résultant de la demeure dans la même maison.

La communauté conjugale se compose souvent de donations faites aux époux avant le mariage pour aider à la constituer, et elle modifie à certains égards leur capacité mutuelle pendant le mariage ; c'est pour cela que la matière des dots et des donations entre époux, bien que soumise en partie aux règles des donations, trouve cependant sa place naturelle ici, à cause des modifications spéciales qu'éprouve le droit commun.

Après la communauté conjugale, régime des pays de droit coutumier, viennent les douaires qui en sont une conséquence : c'est un avantage légal entre époux, suite de leur société,

---

CHAPITRE I.

DE LA COMMUNAUTÉ ENTRE ÉPOUX.

§ 1. — *Des dots.*

774   Le père qui marie sa fille est tenu, d'après le droit écrit, de la doter suivant ses facultés; et s'il y a procès entre eux à ce sujet, il est tenu de lui donner provision durant le plait.

663
936   L'aveu du mari, qui reconnaît avoir reçu la dot, ne suffit pas pour le constituer débiteur, lui ou ses hoirs, du montant de ladite dot. Il faut encore que la femme ou ses héritiers prouvent que la dot a été réellement comptée au mari, parce que le mari aurait pu faire cet aveu pour favoriser sa femme. Cette preuve doit être demandée dans l'an et jour qui suit la mort du mari suivant les uns, dans les deux ans suivant les autres.

138   Quand la fille qui se marie a hérité de sa

mère prédécédée, et est mariée par son père qui
lui fait une donation pour son mariage, s'il n'est
dit que cette donation sera payée en tout ou en
partie des biens de la fille, elle devra être payée
en entier des biens du père. La présomption est
qu'il a voulu lui faire un don, ce qui n'aurait pas
lieu si la chose devait être prise sur ce qui lui
appartenait déjà.

§ 2. — *Des donations entre époux.*

Gentilhomme peut, à la porte du moustier, 393
donner à sa femme le tiers de son héritage; mais 418
il ne peut engager à la garantie de ce don les
immeubles de son père. Il peut aussi lui léguer
le tiers de ses immeubles, et lui donner tous ses
meubles et acquêts; mais le fils aîné aura un
droit de préférence, en indemnisant la veuve
pour tous les acquêts faits en son fief.

Le roturier peut donner à sa femme le tiers de 116
son héritage en propriété ou en usufruit. 549

La femme peut donner à son mari le tiers de
son héritage avant mariage ou quand elle est au
lit de mort : le don qu'elle ferait en santé ne serait pas valable, à moins qu'elle ne le confirmât
à son lit de mort, parce qu'il serait possible
qu'elle l'eût fait par crainte.

Les époux peuvent également se faire une donation mutuelle dans laquelle ils se donneront également l'un à l'autre.

940 La femme donataire ou légataire des biens de son mari n'est pas pour cela dispensée de faire inventaire.

1035 La femme mariée, mais qui est restée en la puissance de son père, ne peut, sans l'autorisation de celui-ci, faire donation ou testament au profit de son mari.

§ 3. — De la communauté entre époux et de son administration.

803 La femme, après son mariage, peut être contrainte de ratifier le contrat ou la quittance qu'elle a souscrits pendant les fiançailles, parce qu'il est à craindre que la joie qu'elle a de se marier la fasse consentir à tout ce qu'on voudra demander d'elle.

688
783
928 La femme mariée ne peut faire contrat sans l'autorisation de son mari, et en outre le contrat ne la lie point si elle ne prête serment de l'exécuter, et si elle ne renonce au S. C. Velléien et au bénéfice des lois *Julia et Aquilia* ou *Quilia* [1].

---

1. C'est ainsi que ces lois sont toujours désignées dans les textes et les actes de cette époque. Il s'agit de la *lex Julia de adulteriis et fundo dotali* et de la *lex Anastasiana*, dont parle Justinien, *l. unic. § et cum lex*, 15, *C. de Rei uxoriæ actione*, 5, 13.

Un de nos textes regarde même cette renonciation comme obligatoire, et de fait je l'ai remarquée
dans une grande quantité de contrats du quatorzième siècle (Archives de l'Empire, Trésor des
chartes, liasses d'Anjou et du Maine) : elle me
paraît avoir été de style et avoir abrogé en fait,
avant que le législateur ne s'en soit expliqué, des
garanties que le droit romain donnait à la femme
pour la conservation de sa dot.

La femme peut s'engager pour un autre, et si **307**
elle paye (sans doute sans l'autorisation de son **308**
mari) des deniers pour son compte, ce n'est pas
à celui à qui elle les a donnés qu'elle pourra les
redemander.

La femme obligée principalement pour un
autre peut s'obliger envers un tiers pour le
compte de celui pour lequel elle est engagée.

Elle peut vendre ses héritages pour acquitter
les dettes de son mari, et aucun bénéfice de la
loi ne peut lui permettre de revenir contre cette
vente.

Notre texte ajoute que l'obligation consentie
par une femme ne vaut que dans six cas; mais il
ne dit pas si c'est avec ou sans l'autorisation du
mari, ni quels sont ces six cas.

L'obligation consentie par la femme sans l'au- **682**
torisation de son mari ne peut pas être exécutée
contre elle tant que vivra le mari; mais à sa mort,
elle pourra l'être. Elle pourra cependant être

garantie par un plége, et dans ce cas, l'exécution aura lieu sur les biens du plége.

76
104
122
534

La femme ne peut être admise à plaider en justice sans l'autorisation de son mari, quand même il s'agirait du douaire de son premier mari. Elle doit avoir pouvoir de son mari pour avoir réponse en cour, soit en demandant, soit en défendant, à moins qu'il ne s'agisse de la délivrance de son corps, d'action pour injures ou autres délits, ou de choses qu'elle a baillées de sa marchandise.

581
884
911
930

Le mari peut à lui seul et sans l'intervention de sa femme demander toutes les choses mobilières et qui lui appartiennent à quelque titre que ce soit; ainsi, il peut, suivant la coutume, demander les arrérages échus au moment du mariage des immeubles et rentes appartenant à la femme; d'après le droit écrit suivi en cour d'Église il ne le pourrait pas; car ces fruits et arrérages sont considérés comme une crue des meubles et rentes qui en suit la nature. La solution de la coutume a prévalu dans tous les pays coutumiers.

929

Nous trouvons ici deux cas où la question recevait une solution diamétralement opposée, suivant qu'elle était portée devant les cours d'Église ou les cours layes.

Quand un mariage a été contracté par un homme avec une fille qui n'a pas l'âge, le mari ne peut devant les cours d'Église demander les créances de sa femme que comme le pourrait tout autre curateur donné à sa femme, parce que le mariage est nul. En cour laye, au contraire, le mariage est tenu pour valable jusqu'à ce qu'il ait été annulé, et le mari peut faire cette demande en son nom.

Si avant le mariage on a donné à la femme 937 un meuble ou une somme d'argent, le mari ne peut en faire la demande pendant le mariage qu'autant qu'il justifierait que sa femme lui a cédé ses droits, et alors on pourrait objecter à sa demande que la femme n'a pas pu lui faire de donation pendant le mariage. En cour laye, au contraire, il peut faire directement sa demande sans qu'il soit question de cession ou de donation.

Le mari ne peut demander l'héritage de sa 75 femme, ni défendre à une demande immobilière 581 formée contre sa femme si elle ne lui donne procuration, et si son adversaire n'y consent. En quelques endroits cependant le mari peut le faire s'il y a des enfants issus du mariage. Mais cette distinction n'est pas admise en Poitou, et la prohibition est générale.

L'action en revendication formée par la femme doit être intentée à sa requête, et le mari doit l'autoriser en jugement, à peine de nullité de la procédure.

308 Le mari ne peut sans le consentement de sa
591 femme obliger les immeubles de celle-ci. Il ne
peut pas les commettre au préjudice de sa femme,
si ce n'est pour la jouissance, et encore lui doit-il
214 une indemnité. Il ne peut pas non plus les vendre
484
570 au préjudice de sa femme ; mais quant à lui, la
vente sera valable, et sa femme pourra la faire
annuler, mais seulement à la mort du mari. Il en
est ainsi, quand même la femme a consenti à la
vente faite par son mari. Pour que la vente soit
valable, il faut qu'elle soit faite par la femme
autorisée de son mari. Si cependant la femme en
consentant à la vente faite par le mari affirme
par serment qu'elle ne reviendra pas contre cette
vente, elle ne pourra pas la quereller, parce
qu'elle doit garder le serment qu'elle a librement
prêté.

485 Le mari qui a vendu l'héritage de sa femme
peut la récompenser avec ses héritages propres,
et ses héritiers ne peuvent critiquer cette aliénation en prétendant qu'il en a vendu pour une
valeur plus considérable que celle des héritages
de la femme ; car le mari est tenu de lui fournir
toutes ses nécessités.

184 La femme, noble ou roturière, reprend ses
418
548 apports, et en outre a droit à la moitié des
549 acquêts faits pendant le mariage et des meubles,
063
828 à la charge de payer la moitié des dettes ; la
829 femme noble peut à son choix prendre cette

moitié, ou le tiers des meubles sans aucune charge. Ce droit ne paraît pas appartenir à la femme roturière. Les acquêts que le mari a faits en son nom peuvent être aliénés par lui aussitôt qu'il les a faits; mais s'ils sont faits au nom de tous les deux, ou s'il n'est rien dit, la femme y a, dès le moment de l'acquisition, droit à la moitié, et il ne peut les aliéner entièrement sans son consentement.

Les créanciers d'une succession échue à la femme, comme le serait celle de ses père et mère, peuvent se faire payer sur les acquêts faits par elle durant le mariage. 748

La femme qui s'est rendue coupable d'adul-tère perd son droit aux acquêts faits pendant le mariage. 185

Quand séparation est prononcée entre époux pour juste cause, chacun doit reprendre tous ses droits; les apports de la femme noble lui doivent être rendus en nature s'ils n'ont été convertis en autres usages, de son consentement, sans fraude et sans contrainte. 223 548

CHAPITRE II.

DU DOUAIRE, ETC.

138
200

Deux fois notre compilateur emploie le mot douaire dans un sens impropre, pour désigner la dot que le père constitue à sa fille, et pour désigner ce que la femme donne à son mari. Mais ce n'est qu'en passant que le mot douaire se trouve ainsi détourné de son véritable sens, et partout ailleurs il l'applique, comme tout l'ancien droit français, aux avantages légaux que la femme, après le décès de son mari, pouvait prendre sur les biens de celui-ci.

418
548
549

Outre la moitié des acquêts et des meubles, la femme noble ou roturière prend, à titre de douaire, le tiers de l'héritage de son mari pour en jouir sa vie durant.

411
839

Elle le prend avant tout partage. Elle en a la jouissance aussitôt après la mort de son mari; aussi quand le seigneur de qui meuvent les choses sujettes au douaire prend pour rachat l'année de la terre, les héritiers du défunt sont tenus l'année suivante de rendre à la femme, en même temps que son douaire, les fruits de l'année pendant laquelle le seigneur en a joui. Elle a la jouissance de son douaire en nature aussitôt après la mort de son mari sur les choses pour lesquelles il n'y a pas lieu à rachat.

Outre le douaire, la femme noble doit avoir un herbergement ou habitation convenable sur son douaire; s'il n'y en a pas, celui qui a le retour du douaire (à qui les biens soumis au douaire doivent faire retour) est tenu de lui en faire construire un, et jusqu'à ce qu'il soit construit, elle doit avoir l'herbergement de son mari. Elle doit tenir le tout en bon état, sous peine de perdre son douaire. 418 419 548

La femme douairière n'est pas tenue de contribuer à l'acquittement des legs faits par son mari.

La femme roturière n'a pas droit à l'habitation. 549

Le douaire ne se prend que sur les biens dont le mari était propriétaire au moment de sa mort. 423

En Anjou, la femme noble qui est héritière de terre ne peut prendre douaire sur les biens de son mari si elle a des enfants ; et si elle veut le prendre, ses enfants auront le tiers de sa terre. Mais ses enfants ne peuvent le demander tant qu'ils demeurent avec elle. Cette coutume n'a pas lieu en Poitou. 401 417

199 La femme séparée pour cause d'adultère perd ses droits au douaire, à moins qu'elle ne se soit réconciliée avec son mari.

192
404 Le mari ne peut, par son fait, amoindrir le douaire de sa femme, et si cet amoindrissement devait résulter des obligations qu'il a contractées, son héritier serait tenu d'indemniser la femme.

127
849 Mais cela doit s'entendre des cas où le mari a agi seul, a vendu ses biens sans son concours, ou a commis un délit; car si la femme est intervenue de son gré et sans contrainte à la vente qu'il a pu faire, et a promis de ne pas revenir contre l'acte de son mari, elle n'a pas de douaire sur les biens ainsi aliénés. Cette distinction paraît cependant avoir été contestée.

115 La femme n'a droit à aucun douaire sur les héritages donnés par Roi, baron ou autre seigneur à son mari pour leur service, quand même ce don serait fait à lui ou à ses hoirs; car s'il était mort sans hoirs la chose retournerait à celui qui l'aurait donnée.

549
663
934
951 Outre son douaire, la femme a droit à l'ouscle (de *osculum*), véritable augment de douaire qui lui donne le droit de prendre sur les biens de son mari, mais en jouissance seulement, somme égale au tiers des sommes d'argent qui lui ont été données ou qu'elle a apportées en mariage; elle peut cependant, si elle le préfère, prendre la moitié de l'ouscle en pleine pro-

priété. Dans les deux cas, son apport lui doit être rendu.

Le mari aussi, en Poitou et en Anjou peut avoir un avantage légal analogue au douaire ; quand il a épousé une femme pucelle, il a pendant toute sa vie la jouissance de ce qui lui a été donné à porte de moustier, pourvu qu'il en ait eu enfants qui aient crié et brait. [56] [415]

Le lit de la femme est acquis de plein droit au mari. [643]

Les époux peuvent plaider de leur douaire ou des donations à cause de noces qui leur sont faites devant la cour d'église ou devant la cour séculière à leur volonté. [421]

Quand la femme demande qu'on lui fasse assiette de son douaire, le juge devant qui l'on plaide doit commander à son sergent de faire asseoir le douaire sur les biens dont le mari est mort propriétaire. Si quelqu'un s'oppose par applégement à cette mise en possession, ils viendront à l'assise, la chose tenue en main de cour. Ainsi, jusqu'au jugement, aucune des deux parties n'en est en possession. [234]

CHAPITRE III.

DE COMMUNAUTÉ ENTRE GENS NON MARIÉS.

Entre gens non mariés, société ou communauté peut s'établir de trois manières :

749   *De plein droit*. — C'est celle qui a lieu entre frères et sœurs après la mort du père, quand ils ne partagent pas ses biens de suite après son décès. Cette communauté paraît avoir compris les donations ou successions en ligne collatérale qui venaient aux enfants, mais le point était discuté.

105   Toutes acquisitions faites de bourse marchande sont communes entre frères.

607   Si, pendant la communauté entre frères, l'un d'eux ou tous ensemble achètent un héritage indivis avec d'autres, qui doit ensuite être partagé, et qu'il y ait une soulte à recevoir, aucun d'eux ne pourra recevoir ladite soulte à lui seul sans les autres. Telle me paraît être la décision du § 607.

De fait. — C'est la société qui existe quand,

par convention spéciale, on met ses biens en communauté ; son étendue est réglée par la convention.

De coustume d'an et de jour. — C'est la société ou communauté qui résulte de la vie commune pendant an et jour à un feu et un lieu, un pain et un vin, à moins de protestation au contraire. Cette société ne comprend pas les héritages, mais seulement les meubles et les acquêts.

Celui qui se met en société de cette manière **782** entre presque dans la famille, qu'il soit religieux ou laïque ; si la famille est en interdit, il paraît qu'il est lui-même soumis à l'interdit.

Celui qui se met avec ses biens et ceux de sa **93** femme avec des enfants qui ne sont pas les siens, et demeure ainsi en communauté de biens avec eux pendant an et jour, forme communauté avec eux ; et si sa femme est morte, ils prendront la moitié et exécuteront le testament de la femme.

Celui qui vient dans l'hôtel d'autrui, où il y a **526** communauté entre plusieurs personnes, et y prend femme qui aurait droit au partage des biens de cet hôtel, prendra part aussi bien que sa femme, car il est regardé comme y faisant apport de son industrie. Les meubles et acquêts ainsi que les fruits de ses héritages tomberont en communauté. Ceci doit s'entendre du cas où la fille est **643** émancipée par le père ; ou bien de celui où, la mère étant morte, elle fait chef de compagnie ;

car si sa mère est vivante, comme elle est au pouvoir de son père et ne peut rien acquérir pour elle-même, elle ne fera pas chef de compagnie pour avoir part aux acquêts, et le mari seul le fera ; — à moins de conventions contraires.

987   Tout le temps que dure la communauté, chacun peut prendre sa part des biens communs sans se rendre coupable d'aucun délit. Mais il ne doit sans doute pas abuser de ce droit.

809   Les emprunts faits par l'un de ceux qui sont communs obligent la communauté.

938   La communauté de biens est grevée du payement des dettes de ceux qui viennent en faire partie, alors même qu'elles sont antérieures à sa venue en communauté. Mais la justice peut ordonner que l'exécution se fera sur les parts de biens qui doivent leur revenir.

93
526
722
755   Les biens acquis pendant la durée de la communauté se partagent également entre tous ceux qui ont fait partie de la communauté, à moins de conventions contraires ; alors même qu'au moment du partage les communs en biens ne demeureraient pas ensemble, car leurs biens communs font chef de compagnie, et ce qu'ils acquerraient étant ainsi hors de l'hôtel serait partagé.

    Les gésines, ou frais d'accouchement des femmes se précompteront sur la part qu'elles devront avoir lors du partage des biens communs ; il en est de même des dons qui leur furent faits à l'occasion desdites gésines ; à moins que les père et mère ne fussent vivants, et que les gésines et dons n'aient été pris sur leurs meubles, car, comme chefs de la communauté, les meubles sont à eux, et ils ont le droit d'en disposer.

C'est à la matière des communautés, ou plutôt des sociétés, qu'il faut rapporter ce que le § 676 dit des bêtes baillées à *mestive*. **676**

La mestive est une sorte de champart qui oblige celui qui tient la terre à payer au seigneur une redevance en blé. Quand on confie des bestiaux à quelqu'un qui tient une terre à ce titre, cette simple remise paraît devoir être considérée comme constituant *ipso facto* un cheptel en vertu duquel le croît doit être partagé entre les parties, ainsi que *la partie* (probablement la moitié des animaux), si celui qui tient à mestive les a possédés an et jour. Tel me paraît être le sens général de ce paragraphe qui est fort obscur, et dont les détails sont difficiles à comprendre.

PROCÉDURE CIVILE.

———

CHAPITRE I.

DES JUGES ET DE LEUR JURIDICTION.

En matière personnelle, nul ne doit répondre
que devant son juge, à moins qu'il ne soit trouvé
dans la juridiction, ou qu'il ne consente à répondre devant un autre juge, ou qu'il ne s'agisse
d'un contrat : le juge dans la juridiction duquel
ce contrat a été passé a juridiction pour en connaître, autrement le justicier de celui qui a été
ajourné à tort pourrait en demander l'obéissance. Quant aux actions réelles, on doit répondre devant le juge en la juridiction duquel
les choses sont situées ; mais le juge d'Église ne
peut pas en connaître, même quand les choses
litigieuses meuvent de lui, à plus forte raison
quand elles meuvent des justiciers des lieux ; la
justice séculière peut seule en connaître, et peut

550
717
841

550
812
814
818

en demander la cour et l'obéissance si la cause est portée devant le juge d'Église.

719   La demande universelle d'une succession peut être portée par voie de connexité devant le juge que l'on a saisi d'une action réelle : la sentence du juge saisi pourra s'étendre alors à toutes les choses comprises dans sa demande, quand même elles seraient dans une autre juridiction que dans celle du juge saisi de cette demande.

235
448   Le baron appelé en cause d'héritage, peut se refuser à être jugé par autres que par ses pairs : la justice doit, quand il réclame le jugement de la jurée du pays, convoquer au moins trois barons, et lui faire droit avec eux. S'ils sont moins de trois, il n'est pas tenu de répondre. C'est **432** également la jurée du pays qui décide les procès **966** entre le Roi et les barons ; mais elle n'intervient point dans ceux entre vavasseurs ; c'est le seigneur qui juge leurs querelles : et quand ils ont procès avec leur seigneur, c'est le souverain qui le juge ; car nul ne doit être juge dans sa propre cause. On n'avait point encore alors inventé cette théorie si commode pour le pouvoir absolu, que le gouvernement est meilleur juge que qui que ce soit, de toutes les causes où il a un intérêt ; seulement, dès la fin du quinzième siècle, nous voyons les gouvernements fonder ce principe en usant d'un droit que la coutume et le droit canonique reconnaissaient,

celui de déléguer des juges pour connaître de certaines causes.

La justice des bannis du Roi appartient au Roi, et nul autre que lui ou ses gens ne peut en connaître. 382

Le justicier qui a juridiction ou voirie sur une chose dont la connaissance est portée à un autre, peut demander que l'obéissance lui en soit rendue ; et cette demande peut être faite, de même que toutes celles concernant le gouvernement de la juridiction, par son sénéchal ou son juge. 813

724

L'obéissance doit être demandée avant contestation en cause, car en allant jusqu'à faire la contestation, on approuve par cela même le juge et sa juridiction. Dans les actions réelles, elle ne peut être demandée avant que la monstrée soit faite, pour que la cour à qui on la demande soit certaine si elle relève d'elle ou d'une autre cour, ce qu'on ne sait pas d'une manière certaine avant la monstrée. Il en est ainsi quelle que soit la cour en laquelle on la réclame. 553 646 968

Quand l'obéissance est rendue par le haut justicier au vavasseur, les parties s'en vont tout ajournées en sa cour ; mais, quand elle est rendue par le vavasseur à la cour souveraine, ce qui s'appelle retour de cour, la cour souveraine ne sera pas liée par l'ajournement. 706

Les débats entre justiciers sur la juridiction ou pour autres difficultés, peuvent être jugés 371 1029 1036 par arbitres; et s'il y a lieu à faire enquête, elle peut être faite par des personnes du choix des parties qui en feront leur rapport aux arbitres. Si le débat de justice s'élève en la cour du Roi, ce seront les gens du Roi qui devront s'enquérir et décider.

312
371   La demande d'obéissance ou de cour peut être faite en la cour du Roi; celui qui y est ajourné doit toujours, quel qu'il soit, obéir à l'ajournement pour faire valoir ses priviléges, ou pour savoir s'il est justiciable d'une autre justice. Cette demande du seigneur ou de la partie doit également être faite avant contestation en cause, s'il s'agit d'action réelle, et avant que les parties se soient mises *en response et en niance*, s'il s'agit de meubles, d'eschoete ou de fait de corps. Les gens du Roi qui trouvent en la cour du baron chose dont la connaissance appartient à la cour du Roi, peuvent aussi en réclamer l'obéissance. Dans le premier cas, le procès continue dans la cour du seigneur sur les errements suivis en la cour du Roi; dans le second, le procès recommence dans la cour du Roi en suivant la procédure de cette cour; car le fait du justicier ne tient pas dans la cour du souverain; au contraire, celui du souverain doit être maintenu par le justicier.

733   Le siége ordinaire où l'on tient assise ordinaire a le jugement de tous les procès : il n'y a

d'exception que quand l'affaire a été renvoyée à des juges délégués, ou quand il y a dans la juridiction un autre siége qui connaît de certaines affaires ; mais, dans ce cas, il ne peut jamais être forcé de se recorder devant ce siége exceptionnel.

Des juges délégués.

Le souverain peut déléguer un ou plusieurs juges pour juger certaines causes, de même qu'il peut nommer des juges pour connaître indistinctement de toutes celles qui seraient portées devant eux. Un bailli ou sénéchal a le même pouvoir; il peut faire un lieutenant général, et lui commettre la connaissance de certaines causes; dans ce cas, la commission du lieutenant général est révoquée, et il ne peut connaître de la cause que comme juge commis. La commission d'un juge peut être révoquée ; dans ce cas, tout ce qu'il a fait avant cette révocation en vertu de sa commission est nul, à moins qu'il n'y ait eu jugement définitif : la cause peut être commise à un nouveau juge; mais ce juge n'a juridiction et ne fait rien de valable qu'autant que les secondes lettres font mention des premières. [154 292 312]

La délégation du principal entraîne celle de tous les accessoires sans lesquels le principal ne pourrait être terminé. [277]

Le *juge appellatif* est celui qui est désigné [507 508]

par ses fonctions, comme un sénéchal ou un chastellain. Mais si les parties sont devant un juge désigné au procès par son nom propre et qu'il soit changé, et un nouveau juge nommé à sa place, les parties ne sont tenues de répondre devant lui, qu'en vertu d'un nouvel ajournement. Cette désignation personnelle contient une sorte de délégation.

962   Le juge, qui connaît d'une cause en vertu de commission, doit, dans tous les actes et dans le procès, faire mention de la commission ; autrement on n'est pas tenu d'y répondre.

Le jugement des affaires par commissaires, en matière civile ou criminelle, a été signalé à juste titre comme un des abus les plus grands de l'ancien régime, et il n'a disparu d'une manière complète que depuis la Charte de 1814 ; les juges doivent être désignés d'avance, sans qu'on puisse soustraire qui que ce soit à ses juges naturels, ordinaires ou exceptionnels. Mais on voit que la pratique de l'ancien régime était légale, en ce sens qu'elle s'appuyait sur d'anciennes traditions qui avaient pour elles l'autorité du droit canonique et du droit coutumier, s'appuyant eux-mêmes sur des souvenirs confus et mal interprétés de la procédure formulaire du droit romain.

Nous réunissons ici quelques règles générales recueillies par notre compilateur.

Nul ne peut être juge en sa propre cause, car, 232 dit-il, il faut trois personnes pour qu'il y ait jugement, un juge, un demandeur et un défendeur.

Le bon juge doit abréger les procès et engager 907 les parties à s'accorder entre elles. Le juge et 267 l'arbitre peuvent, de leur office, changer les délais qu'ils ont indiqués sans la volonté des parties.

Quand les parties ont plaidé et sont en juge- 231 ment, il doit loyalement juger selon ce qui a été plaidé, sans avoir souvenir d'amour, de haine, de dons, de promesses, de peur ou de menaces.

Quand le juge est d'une autre province que les 269 parties qui plaident devant lui, la procédure doit 914 avoir lieu selon le style de la cour où l'on plaide ; mais le procès doit être décidé suivant la coutume du lieu où est situé le fonds en litige, s'il s'agit d'un fonds de terre, ou du lieu où la convention a été passée, s'il s'agit d'une convention.

Le juge séculier peut tenir ses plaids et rendre 573 ses jugements même les jours de fête, afin que cela ne nuise pas à ses justiciables.

Le juge peut, de son office, c'est-à-dire en 656 vertu de ses pouvoirs comme juge, faire demande de choses ou faits perpétrés par les sujets au pré-

judice du profit commun. Nous trouvons là l'origine et le fondement de l'action publique. Peu
à peu, en combinant ce principe avec celui que
nul ne peut être juge dans sa propre cause, on
en vint à séparer cette portion des fonctions
de celles qui consistent à statuer sur les choses
litigieuses, et à une époque voisine de celle où
notre compilation a été faite, à constituer le mi-
nistère public sur les bases qui sont encore les
siennes.

CHAPITRE II.

DES SERGENTS.

Nul sergent n'a de pouvoir que dans sa juri- 442
diction : s'il agissait en dehors sans le sergent du 817
lieu, il commettrait un méfait et pourrait être 970
condamné à l'amende.

Les vavasseurs garantissent pendant un an
leurs sergents des ventes et péages de leurs bêtes
et autres choses qui sont situées dans la chastellenie; ils les garantissent également d'ost et de
chevauchée, mais, pour cela, le sergent doit remplir les fonctions de prévôt et recevoir leurs
rentes et leurs coutumes.

Celui qui usurpe les fonctions de sergent du
Roi ne peut être jugé de ce délit que par les gens
du Roi : il ne peut l'être par le seigneur haut justicier en la terre duquel il l'a commis, encore
qu'il ait été pris en flagrant délit.

Le sergent est un auxiliaire indispensable de
la justice; en traitant de la procédure nous verrons à chaque instant quelles sont ses fonctions.

886 Qu'il nous suffise de dire ici que le sergent est aussi chargé d'actes extrajudiciaires, et de faire certaines publications, telles que celles de priviléges.

CHAPITRE III.

DES PROCUREURS.

Le mandataire constitué pour représenter une partie en justice prend plus spécialement le nom de procureur. Nul ne peut être reçu à 802 plaider par procureur sans une grâce spéciale, soit en demandant, soit en défendant, excepté les prélats, prieurs conventuels et autres colléges. Cependant celui qui est vieux, faible 111 ou malade, peut être contraint par justice sur la demande de la partie adverse, à constituer procureur pour le défendre dans ses causes, et ce procureur devra être, autant que possible, son fils ou quelqu'un du lignage.

Ne peuvent être procureurs, l'excommunié, 320 tant que dure l'excommunication; celui qui est accusé de crime, tant que l'action est pendante.

Le procureur d'un abbé ou même l'abbé qui comparaît en justice pour son couvent, doit avoir lettres du chapitre portant que le chapitre tient pour ferme et stable ce qu'il aura fait. Il faut, en 817

1 — 14

outre, pour qu'un procureur de chapitre ou de
communauté soit constitué, qu'il soit nommé
par les deux tiers des votants.

802
846
975

Le prieur ou religieux qui a le gouvernement
et administration d'un prieuré ou d'une église,
ne peut plaider pour ce prieuré ou cette église,
en demandant ou en défendant, sans avoir une
procuration spéciale de son prélat, à peine de
nullité de ce qui serait fait. A plus forte raison
ne pourrait-il pas constituer lui-même un procureur sans que son prélat lui en donnât l'autorisation, et sans que le couvent, en le constituant son procureur pour demander et requérir
les droits de son bénéfice, lui donnât pouvoir de
se substituer d'autres procureurs. Dans ces cas,
le couvent est toujours le propriétaire de la
chose dont l'administration est confiée à un de
ses membres, tandis que le curé ou recteur d'une
église en est considéré comme le seigneur viager,
et n'a besoin d'aucun mandat pour la représenter
en justice.

318

La procuration doit être spéciale : cependant
le procureur de celui qui est absent du pays
peut, lorsque son mandant est ajourné, demander terme raisonnable pour l'informer de la
demande qui est faite contre lui.

320

Pour que le procureur soit admis en justice, il
doit être porteur de lettres dans lesquelles seront
insérées le nom du mandant, celui de son adver-

saire, celui du procureur, et dans quelle cause
il est nommé procureur. Le mandant doit en outre promettre sur tous ses biens de tenir pour
ferme et stable ce que fera son procureur.

Il ne suffit pas que la procuration soit scellée 321
du sceau de celui qui établit procureur; il faut 664
en outre qu'elle le soit du sceau du juge de son
diocèse; sans quoi elle pourrait être combattue.
Le § 321 ajoute qu'une seule procuration ne
suffit pas pour prouver que le procureur a réellement pouvoir de représenter son mandant et
que, de même que la preuve faite par un seul
témoin ne suffit pas, de même aussi, une seule
procuration ne suffit pas pour prouver la constitution d'un procureur. Cette assimilation entre la
preuve écrite et la preuve par témoins manque
complétement d'exactitude, et d'ailleurs cette décision est trop contraire aux autres pour qu'on
doive l'admettre d'une manière absolue; elle me
semble s'appliquer plutôt à la constitution faite
par un acte scellé du mandant lui seul, qui a
besoin d'être confirmé par un acte postérieur.

Quant à l'obligation contractée par le mandant
sur tous ses biens, de payer ce qui serait jugé
contre son procureur, elle ne peut rendre la procuration suffisante, car celui qui l'a contractée
pourrait la réduire à néant, en soutenant à propos de chacun de ses biens qu'il n'est pas compris
dans cette obligation générale.

On ne peut donner à son procureur pouvoir pour prêter le serment de calomnie : ce serment doit être prêté personnellement par les parties en cause.

582
664
694 Celui qui se fonde procureur en une cause doit apporter sa procuration à la justice et la signer. La question sur la validité de la procuration est une question préjudicielle à toute autre; et en cas que les deux parties discutent le fondement des procureurs, c'est celui du demandeur qui doit le premier établir qu'il est régulièrement fondé. S'il y a doute à cet égard, le procureur peut donner plége, et rapporter une meilleure

321 procuration à l'assise suivante. Celui qui veut relever son procureur de cette obligation peut le faire en envoyant au juge ou à la partie adverse une procuration scellée de son sceau, dans laquelle il confirmera qu'il a constitué un tel son procureur dans telle affaire.

317 Le procureur ne peut demander à s'enquérir du fait de celui qui a conduit l'affaire avant lui; car il doit venir tout instruit de ce qui a été fait par le procureur qui l'a précédé.

52 S'il est constitué par quelqu'un qui a affirmé par serment qu'il a doute (c'est-à-dire, probablement, qu'il éprouve de la part de son adversaire des craintes qui lui feront demander asseurement), le procureur ne sera reçu qu'en reconnaissant l'existence de cette crainte.

La procédure faite avec un procureur dont le 800 fondement ne serait pas valable, et la sentence rendue contre lui sont sans effet; aussi le juge doit d'office examiner si les procureurs sont régulièrement et suffisamment constitués; et même quand une des parties a par simplicité laissé passer le procureur de son adversaire sans discuter le fondement de sa procuration, elle pourra se raviser, et y sera reçue jusqu'au jugement.

Le mandat *ad lites* ne prend pas fin par la 295 mort du mandant, si la litiscontestation a été faite avant. Il ne prend pas fin non plus par cette mort arrivée quand l'affaire est commencée. Elle est réputée commencée quand la première citation a été donnée avant la mort du mandant.

Le mandat prend fin aussi par la révocation. 317 Cette révocation du procureur peut être faite à la 319 volonté du constituant tant que la litiscontestation n'a pas été faite, ou tant qu'on n'a pas fait le serment de vérité en cause, ce qui est sans doute le serment de calomnie, *jusjurandum propter calumniam*.

La révocation a lieu tacitement quand le mandant vient au procès faire acte qui n'exige pas sa présence.

Les actes faits avec le procureur sont aussi va- 441 lables que s'ils l'avaient été avec le mandant lui-

319 même. Ils le seront également dans le cas où cette révocation aurait été faite après la litiscontestation, si elle l'avait été dans le but d'empêcher de rendre jugement.

CHAPITRE IV.

DES ACTIONS.

Notre coutumier reconnaît conformément à la 309
tradition du droit romain l'existence d'actions de
bonne foi dont il donne l'énumération, et par 131
conséquent d'actions de droit strict : cette dis- 906
tinction paraît faite plutôt pour se conformer à
la tradition; car on ne voit nulle part quelles en
peuvent être les conséquences pratiques. Aussi,
nous ne voyons plus paraître que la distinction
des actions en réelles et personnelles. C'est par
les conclusions de la demande qu'on peut voir si
l'action est réelle ou personnelle : la demande
par laquelle on réclame au défendeur le quart, le
quint, ou autre partie de ses biens, meubles ou
immeubles, et dans laquelle on demande qu'il en
fasse délivrance, est personnelle. Elle est réelle
quand il doit y avoir monstrée, ce qui a lieu toutes les fois qu'il s'agit d'un héritage que l'on revendique, ou de ses fruits, ou même d'un meuble

qu'on revendique comme provenant d'eschoete ou de succession.

513
514
515
516
520
Le demandeur doit dans sa demande déclarer d'abord ce qu'il réclame, puis offrir de montrer les lieux s'il s'agit d'une demande réelle; requérir ensuite condamnation, et enfin offrir de prouver sa demande en cas de dénégation. S'il intente une action hypothécaire, il doit en outre requérir qu'en cas de non-payement de la dette, le détenteur soit tenu de lui délaisser les biens

623
hypothéqués. Quand on fait demande d'une chose qui a été baillée, le demandeur doit dire la cause, prêt, loyer, ou autre. Il ne suffit pas qu'il prouve que la chose lui appartenait.

34
Le demandeur en matière d'héritage doit en outre être ajourné par justice.

502
692
En saisine brisée, en peines commises, en cause d'exécution, en tour de bourse il faut ajournement spécial. Le coutumier ne contient aucune formule, ni aucune autre décision qui fasse connaître en quoi cet ajournement spécial diffère des autres; mais il résulte d'un style inédit d'Anjou qui se trouve à la bibliothèque de la Cour de Cassation, que l'on pouvait ajourner un défendeur pour voir faire contre lui toutes les demandes qui seraient déclarés en jugement : les coutumes d'Anjou et du Maine spécifient les cas où cela ne pouvait avoir lieu, et où il fallait déclarer dans son ajournement le but de sa demande.

Notre § 692 suppose implicitement l'existence d'un droit pareil. La demande doit alors être arrêtée par jugement avant qu'on suive la procédure; c'est au moins ce qui me paraît résulter du § 502.

Celui qui a plusieurs demandes à former et qui les fait séparément doit, avant de prendre jugement sur la première faire protestation de former ses autres demandes, à peine de forclusion. 64

On peut agir contre celui qui a eu à tort les choses d'autrui. On peut en cour laye intenter action hypothécaire contre le détenteur des choses hypothéquées, alors même que le débiteur est vivant et solvable; ce qui n'a pas lieu en cour d'Église. Les héritiers du débiteur peuvent aussi être actionnés hypothécairement quand ils détiennent les biens du défunt; quand le créancier ou ses héritiers agissent contre eux, ils doivent leur demander qu'ils reconnaissent leur qualité d'héritiers, et qu'ils soient condamnés à payer la dette. 134 621 641

Le demandeur en cause d'héritage doit demander dans ses conclusions les fruits de l'héritage pendant le temps que le défendeur l'aura détenu : et s'il en avait la possession, lui ou ses ayants cause, il doit conclure que la possession lui en soit baillée et qu'il puisse en jouir librement et sans empêchement. 658

71   Les procès de masures et gouttières, qui sont
toutes les difficultés entre propriétaires de maisons voisines, murs mitoyens, servitudes, etc., ne
donnent pas lieu à plait, mais doivent être déci-
dés par les preudeshommes de la ville.

39   On peut toujours modifier sa demande jus-
502
649   qu'au jugement; mais on ne le peut plus quand la
665   demande a été arrêtée par jugement; le défendeur peut alors s'opposer à ce qu'il y soit donné
suite. Quand la demande est faite pour le compte
d'un autre, et que celui qui agit est avoué par la
partie, il peut également modifier la demande,
mais il doit le faire avant de se mettre sous jugement, et il doit déclarer qu'il se départ de la
première demande. Après que la demande a été
arrêtée par jugement, il pourra également former
une autre demande; mais ce sera par nouvel
ajournement, et il payera les frais faits jusque-là.

628   Lorsqu'un procès nouveau s'élève entre des
parties qui sont déjà en procès, on doit d'après
la coutume suivre sur ce dernier procès, et si la
partie qui a ainsi proposé un fait nouveau perd
sur ce fait, toute la procédure est mise à néant,
et elle est en danger de perdre son procès. Ceci
me paraît devoir s'appliquer à un incident qui
surgit dans le cours de l'instance, ou à une question préjudicielle dont la solution doit avoir de
l'influence sur la question du fond.

523   Lorsqu'il s'agit de répondre à une demande

en matière de saisine il n'en sera pas de même, la partie contre laquelle on fera une demande nouvelle ne doit pas y répondre, et peut exiger qu'on suive l'instance primitivement engagée.

Pour qu'une demande formée en justice soit 563 *responsable*, c'est-à-dire pour que le défendeur soit tenu d'y répondre et de conclure contre la demande intentée contre lui, il faut que cette demande ne pèche pas en forme, en matière et en instance.

Forme. C'est la manière de présenter la demande ; elle pèche en forme quand l'avocat du demandeur l'expose mal, et se contredit dans ses conclusions, quand elles ne sont pas d'accord avec l'exposé qu'il a fait de sa demande.

Matière. Ce sont les moyens que l'on fait valoir à l'appui d'une demande ; elle pèche en matière quand on n'en fait pas valoir assez pour qu'elle se puisse soutenir.

Instance. Pour que la demande soit régulière en instance, il faut qu'elle soit formée par le demandeur qui a droit de la former ; par exemple, quand on demande à être reçu à saisine et possession par la coutume des biens d'une personne décédée, et qu'on n'articule pas qu'on est héritier du défunt, ou qu'on demande plus que ce à quoi on a droit, ou qu'on a fait compromis, etc.

Dans tous ces cas, le défendeur qui invoque

ce moyen doit être renvoyé absous de la demande, et le demandeur doit être condamné aux dépens ; mais il pourra revenir par nouvelle instance ; ce ne sont, en effet, que des nullités de procédure qui ne peuvent avoir d'influence sur

637 le fond même du droit. Le demandeur pourra même, si son adversaire y consent, refaire sa demande à la même journée ; autrement, elle devra être recommencée par nouvel ajournement.

492
522
1019

Le droit du défendeur en pareil cas porte le nom de *droit d'impertinence*. Mais quand le défendeur répond à la demande qui lui est faite en faisant procès, il accepte le débat sur le fond, et il renonce par cela même à opposer les moyens de forme et d'instance. Quant à ce qui est de la matière, le défendeur peut y répondre après con-

908 testation faite et jusqu'à la sentence : il peut même arriver que le juge déclare la partie non-recevable à vouloir tirer profit du défaut de matière qui se rencontre dans la demande de son adversaire.

933 Il en est de même des exceptions proposées par le défendeur, le demandeur n'est pas tenu de répondre à celles qui ne sont pas de la matière de la demande, ou au moins il peut dire qu'il offre d'y répondre en tant seulement que l'exception alléguée serait responsable et déclarée telle par jugement, mais qu'en réalité elle est impertinente et non-responsable.

CHAPITRE V.

DES AJOURNEMENTS.

En action personnelle, l'ajournement pour 884
être valable doit contenir un délai de sept jours;
il doit être de quinze jours en action réelle; à
moins que le défendeur ne soit un *pied-pou-* 486
dreux qui doit répondre sur le champ du fait de 780
sa marchandise, mais seulement pour la journée.
On entend par *pied-poudreux* le marchand ou
autre qui va et erre par le pays ; mais on ne doit
pas tenir pour tel celui qui a des biens et son
domicile dans une juridiction voisine, encore
qu'il n'ait rien dans la juridiction où il est appelé ; car on aurait toujours recours sur ses biens
si c'était nécessaire.

On doit en matière d'héritage avoir encore un 26
délai de quinzaine après la monstrée; en quelques lieux, ce délai est réduit à sept jours.

Lorsque dans les délais de l'ajournement l'une 19
des parties se rend coupable d'un délit, ce fait 60
s'appelle *méfait dedans termes* ; celui qui s'en est 112

rendu coupable ne doit pas y répondre sans un ajournement spécial ; c'est une demande qui devra suivre son cours indépendamment de l'action principale.

Celui qui aide à arrêter ou empêcher la chose de son adversaire durant le plait doit en répondre comme de méfait dedans termes. L'amende due en ce cas est de 60 sous.

30　Si le méfait est commis par le seigneur envers son sujet qu'il a assigné devant sa cour, c'est la cour du souverain qui pourra seule en connaître, car autrement le seigneur qui a méfait serait juge en sa propre cause.

37　L'ajournement peut être donné hors jugement ou en jugement. Dans le premier cas, si l'ajourné prétend n'avoir pas entendu l'ajournement et offre de faire entendre le sergent, la partie adverse sera crue sur sa déclaration que l'ajournement fut fait au vu et au su de lui, si le sergent a recordé qu'il a, en effet, donné l'ajournement. Il s'agit là, sans doute, d'un record fait hors jugement ou d'un record écrit ; car il est dit que le sergent ne sera pas entendu. S'il ne fait pas cette offre, il pourra jurer qu'il n'entendit pas le jour.

Quand ajournement est confessé par la partie, le sergent est cru de la manière dont l'ajournement a été donné par lui.

13　Lorsqu'on est assigné à jour mis en jugement,

le sergent ne sera pas entendu ; le juge et ceux 15
qui furent présents, qui virent et entendirent 1034
donner le jour en seront crus si l'adversaire
maintient que l'ajournement fut fait en jugement
eux plaidants l'un contre l'autre. Cependant
l'ajourné pourra faire serment qu'il n'entendit
pas indiquer les jours, à moins que la partie ne
veuille prouver qu'il donna réponse à l'ajournement.

L'ajournement peut être valablement donné à 16
la femme, au fils aîné, au sénéchal, au clavier, au 17
568
receveur, au procureur personnel quand son
mandat est notoire, ce que les textes appellent le
certain aloe. S'il y a serment à faire en cas de
contestation sur l'ajournement, c'est celui à qui
l'ajournement fut donné qui devra le faire. Le
défendeur n'en sera pas cru directement ; mais
après le record du sergent, le juge pourra le faire
jurer si cet ajournement lui fut rapporté par ses
gens, et au besoin les entendre.

D'après la coutume du comté d'Angoulême, le 895
premier ajournement doit toujours être donné à
la personne du défendeur ; mais on n'était pas
d'accord sur le point de savoir si l'observation
de cette règle était prescrite à peine de nullité de
tout ce qui suivrait.

L'ajournement doit contenir déclaration de la 23
demande ; mais on peut la déclarer plus tard, au
jour jugé, si cette déclaration n'a pas été faite

598 dans le principe. Après cette déclaration, on est forclos de proposer les nullités de l'ajournement, ou comme on disait, de décliner d'ajournement.

41 Le libelle obscur ne doit pas être reçu si la personne du juge devant lequel on assigne n'y est clairement indiquée. Il en est de même si l'on demande chose qui appartienne à l'Église.

CHAPITRE VI.

DES DÉFAUTS.

Nul ne doit être condamné s'il n'a pas été entendu, ou au moins s'il n'a pas été mis à même de se défendre. Ce principe essentiel de la défense en matière civile et criminelle, et qui est souvent méconnu de la manière la plus étrange par les réformateurs modernes de la procédure civile, était dans notre ancienne procédure appliqué avec un luxe de déductions qui en faisait un véritable labyrinthe semé de piéges où à chaque instant demandeur et défendeur pouvaient être pris ; c'était encore pis lorsqu'il s'agissait de poursuivre un défendeur qui faisait défaut : et quand on voit par quelles phases une affaire devait passer avant de recevoir jugement définitif, on peut se demander si l'on ne devait pas être infiniment reconnaissant envers lui s'il consentait à se laisser juger contradictoirement.

Quand le procès se poursuit contre un défendeur qui ne comparaît à aucun moment de la

25 procédure, il ne faut pas moins de six défauts prononcés contre lui pour que le demandeur ait gain de cause. Il y a d'abord deux défauts simples ; 3° défaut en jugement, au jour jugé ; 4° de la demande tenir en main de cour o jugement jusqu'à concurrence de la valeur de la demande ; 5° à voir bailler la saisine de ce qui est en main de cour, ou dire encontre ; 6° d'office, d'abondance de juge, o intimation et o jugement. En action personnelle, après la demande ouverte en cour, ou quand il y a chose mise en main de cour, il n'y a qu'un défaut simple, et ensuite le jour jugé. Mais au sixième défaut, au jour o intimation, le profit en doit être adjugé et on doit donner saisine au demandeur si la procédure est régulière, et le défendeur ne pourrait plus y défendre comme partie.

497 Quand une demande est faite conjointement contre plusieurs personnes, si l'une d'elles fait défaut, son défaut profitera aux autres défendeurs.

29 Tout terme en jugement doit être de quinze jours.

31
34 Quand il s'agit d'une demande sur héritage, le défendeur doit être ajourné par justice. La rédaction du § 34 semblerait faire croire que c'est le demandeur qui doit être ajourné ; mais en le lisant avec attention et en le comparant au § 31, on voit que c'est bien le défendeur qui doit rece-

voir les ajournements dont il est question. S'il
ne vient pas au jour fixé, il devra être ajourné
sur défaut et le principal à jour fixé, et s'il ne
vient pas à ce jour, il doit être mis en défaut. S'il
fait encore défaut, il doit être ajourné o jugement
sur défauts et sur le principal.

La preuve des ajournements se fait par le re- 6
cord du sergent; mais on peut se sauver des défauts simples en faisant protestation. Dans le cas
du § 34, si le défendeur vient quand il est ajourné
o jugement sur défauts et sur principal, il pourra
jurer sur les reliques des saints qu'il n'entendit
pas les jours des défauts, et moyennant ce serment, le jour jugé ne vaudra que jour simple ;
s'il refuse de faire le serment, il devra à son adversaire ses dommages, et à la justice le gage de
la loi pour chaque défaut. Dans ce cas encore, 10
celui qui nie le jour jugé sans répondre aux défauts est forclos du droit d'y répondre, à moins
qu'il ne reconnaisse le jour jugé avant le record
du sergent et des garants ; après ledit record, il
ne peut plus répondre aux défauts.

Quand le défendeur est ajourné en jugement 11
le sien tenu, le demandeur doit déclarer sa demande ; cet ajournement se fait par ordre de
justice et avec saisie des choses du défendeur. Si 28
celui par qui la chose est prise se défaut, il doit
être encore une fois semons o jugement ; mais s'il
fait défaut une seconde fois, on doit donner la

saisine de la chose à celui sur qui elle a été prise, et il doit donner plége.

32 . Tout défaillant doit amende à justice ; mais celui qui reconnaît son jour après l'avoir nié ne doit point d'amende.

5
22
32 Lorsqu'on plaide sur les défauts, on doit d'abord exposer la demande principale, et ensuite conclure sur les défauts ; car celui qui se met en jugement sans en faire protestation sera tenu de les prouver par preuve ordinaire s'il est demandeur, et sera forclos de présenter ses défenses s'il 9 est défendeur. Mais si après les défauts obtenus les parties se soumettent à des arbitres, il n'y aura pas forclusion, car les défauts sont l'accessoire du principal.

3
31 Quand le défendeur se défaut après demande ouverte en cour, le demandeur est libre de poursuivre sa demande ou de délaisser. Si c'est le demandeur qui se défaut, il doit être ajourné en jugement pour poursuivre ou délaisser ; s'il se défaut du jour o jugement, le défendeur doit être absous de la demande, qu'elle soit réelle, mixte, ou personnelle, si elle a été *certenée*, c'est-à-dire déclarée en cour. Quelques-uns pensaient qu'on devait encore ajourner le demandeur en jugement et sur défauts le droit du défendeur tenu en main de cour, avant que le défendeur pût être absous de la demande.

Le demandeur peut se déporter de son ajour- 638
nement; mais une fois qu'il y a renoncé, il ne
peut plus demander défaut contre le défendeur,
à peine de s'exposer à une action d'injures de sa
part. Il en serait de même s'il l'avait ajourné par
procureur.

CHAPITRE VII.

DES EXOINES.

33
118

L'excuse de celui qui ne comparaît pas sur un ajournement à lui donné en justice prend le nom d'*exoine*. Les causes d'exoine admises sont les suivantes :

Quand l'ajourné est fait prisonnier ou qu'il est malade;

Quand son père, sa mère, son frère, sa femme, son fils, son oncle, son neveu, son cousin germain sont malades en péril de mort;

Quand on va à l'enterrement de l'un des siens; mais dans ce cas, il faut dire à quel degré.

Dans ces cas ne sont pas compris les gendres, brus ou beaux-frères, parce qu'ils ne sont pas du lignage.

Celui qui doit passer l'eau et ne peut la passer.

Celui qui est ajourné en la cour du souverain a exoine en la cour du juge inférieur, que cet

ajournement précède ou suive celui donné devant
le juge inférieur.

Celui qui ne peut aller avec sécurité et sans 282
péril en la présence du juge délégué peut aussi
s'excuser. Ne faut-il pas étendre cette cause
d'exoine à tous juges ?.

Celui qui est hors du diocèse pour juste cause 44
ne souffre aucun préjudice des dénonciations à
lui faites ; elles ne lui nuisent pas comme s'il
était présent.

Une femme peut se faire exonier quand elle 633
allaite un enfant qui ne veut d'autre lait que le
sien ; elle doit se borner à dire qu'elle a un petit
enfant qu'elle ne pourrait laisser sans lui causer
dommage, et donner plége.

Le pèlerinage peut aussi être admis comme 652
exoine ; mais il faut qu'il soit à une distance telle
qu'il puisse être réellement une cause de non-
comparution devant le juge.

L'ajournement personnel et péremptoire donné 573
devant le juge d'Église n'est pas une cause légitime d'exoine devant le juge séculier, surtout si
c'est un jour férié et chomable, car le juge d'É-
glise ne peut tenir ses plaids ces jours-là, et les
parties sont tenues de comparaître devant le juge
séculier, alors même qu'elles auraient comparu
devant le juge d'Église ; ce qu'elles ont fait devant lui n'est pas valable. Cependant s'il s'agissait de gens ruraux et ignorants qui peuvent ne

pas savoir si ce qu'ils font est valable, ils seraient excusables ; mais ceux qui peuvent le savoir ne le seraient pas.

161 Le voyage à Rome pour cause expresse est aussi une cause légitime d'exoine.

32
118
881 L'exoine pour être admise doit être affirmée par serment ; à Angoulême le serment est inutile ; mais si la partie adverse le requiert, le juge peut exiger de celui qui la présente le *jusjurandum propter calumniam.* Celui qui veut se défendre des défauts au moyen de l'exoine doit en prouver la vérité dans les termes où elle a été apportée.

534
652 Nul ne peut apporter exoine s'il n'en a un pouvoir spécial de la personne qui se fait exonier, ou de sa femme, ou de son fils qui ont eux-mêmes reçu commandement de lui ; celui qui l'apporte doit en outre l'affirmer par serment et donner plége ; le tout doit être constaté par acte passé en justice.

669 Quand on propose exoine parce que le défaillant est fait prisonnier, on doit dire qu'il est fait prisonnier en tel lieu, mais non par sa faute, qu'il a demandé recréance et délivrance de son corps avec plége, et qu'il n'a pu l'avoir.

539 Si l'exoine est proposée parce que l'exonié est ajourné péremptoirement et personnellement, l'exonieur doit dire que son maître est ajourné à tel lieu et jour personnellement et péremptoirement, qu'il doit obéir à l'ajournement pour

esquiver la sentence, et qu'il n'a pas pu le faire savoir plus tôt au juge et à partie.

Quand l'exoine est admise, celui qui était pré- 492 sent s'en va ajourné de la cour et doit y compa- 632 raître à l'assise suivante à peine de défaut. L'exonié, au contraire, doit recevoir un nouvel ajournement pour procéder sur les errements passés. Si l'exonié est trouvé hors de son exoine, c'est-à-dire s'il n'a pas dit la vérité, la justice doit commander qu'il soit ajourné sur défaut.

Celui qui se fait exonier en cour laye peut être 985 ajourné en la personne de celui qui apporte l'exoine, à moins que ce ne soit une exoine pour cause de maladie ; il ne peut alors être ajourné que s'il est trouvé hors d'exoine.

Celui qui est dans l'habitude de s'exonier ne 551 pourra être admis à présenter exoine pour la troisième fois qu'après qu'on lui aura fait injonction de paraître en la cause en personne ou par un procureur suffisamment fondé. En ce cas, le procureur du défendeur n'aura pas besoin de grâce.

CHAPITRE VIII.

DES EXCEPTIONS.

1   Les exceptions préalables sont d'après notre coutumier, celles de jour, de juge, de lieu et de partie.

162   Quand deux parties se font ajourner l'une l'autre devant leur juge, on procédera d'abord sur le premier ajournement aussi loin qu'on pourra de la journée; on procédera ensuite sur le second.

182   Celui qui est semons en vertu de deux lettres n'est pas tenu de répondre à la seconde tant que
336   la première n'est pas révoquée. Celui qui est appelé de fonds de terre et est en autre desrene, ne doit pas répondre à la seconde tant qu'il n'est pas hors de la première. Ce sont là les exceptions qui me paraissent devoir être considérées comme exceptions de jour.

298   Les exceptions contre le juge ordinaire ou dé-

légué sont ce que nous appelons aujourd'hui les 299
causes de récusation et d'incompétence. 300

Le juge ordinaire commis pour connaître d'une cause ne peut en connaître comme juge ordinaire tant que sa commission dure.

Le juge séculier ne peut connaître des choses litigieuses qui dépendent de l'Église, ni rien ordonner ou disposer qui y soit relatif; ce qu'il a fait à cet égard est nul.

On peut excepter contre tout juge : s'il est du lignage de l'une des parties; — s'il a été avocat en la cause; — si le juge est ennemi de l'une des parties, ou s'il lui est suspect pour cause droiturière; — si le défendeur a appelé de ce juge, car on ne peut être contraint à plaider devant juge suspect.

Quand le juge est récusé comme suspect, celui qui le récuse doit alléguer devant lui les causes de suspicion, et il doit contraindre les parties à convenir d'arbitres devant lesquels sera porté cet incident.

Le défendeur peut encore refuser le juge s'il 291
n'est pas de sa juridiction, c'est-à-dire s'il n'y 301
demeure pas, s'il n'y a pas fait contrat, commis un forfait, s'il n'y a eu asseurement donné devant lui, s'il n'est pas, en un mot, son juge à raison de la chose qu'on lui demande, ou à raison d'une délégation ou d'une commission.

L'exception contre le juge doit être proposée 44

avant de répondre à la demande; car par la ré-
301 ponse on approuve le juge. Le défendeur doit
687 d'abord protester que, quelque chose qu'il dise
il n'approuve pas le juge; il doit ensuite déclarer
pour quel motif il refuse d'être jugé par lui, et le
juge doit connaître de ce motif, sauf ce qui vient
d'être dit pour le cas où le juge est suspect. Après
ces protestations, l'aveu qu'il peut faire devant
ce juge, ou la sentence qui est prononcée contre
lui ne peuvent porter préjudice au défendeur.

18 Si quelqu'un est ajourné devant la cour inférieure et que l'une des parties fasse semondre
l'autre devant la cour souveraine, le plait cesse
devant la cour inférieure.

883 Le demandeur qui n'a aucuns biens dans la
juridiction où il poursuit un défendeur, peut être
contraint par le juge, si le défendeur le réclame,
à donner plége pour garantir les dépens. S'il
en a, cela suffit, encore qu'ils soient litigieux
entre lui et son adversaire.

408 Le seigneur qui actionne devant lui celui qui
devrait être en sa foi et qui n'y est pas ne peut
le forcer à répondre avant de l'y avoir reçu.

599 Celui qui veut faire avouer un autre doit premièrement se faire avouer.

490 Celui qui se vante d'aucun commandement ou
d'un ajournement fait par commandement de la
cour doit en justifier par acte écrit et scellé, à
moins que le juge ne le recorde.

On ne doit pas répondre à celui qui est excom-   72
munié, ce qui équivaut à lui refuser action en
justice tant qu'il n'est pas relevé de l'excommunication.

Celui qui a le privilége de ne pouvoir répondre   160
en aucune ville devant aucun juge, est tenu s'il
actionne quelqu'un qui lui fasse une demande re-
conventionnelle, de répondre à cette demande
nonobstant son privilége.

Celui qui veut jouir d'un privilége à lui ac-   886
cordé, comme de sauvegarde, doit en justifier
avant toute œuvre, autrement on n'est pas tenu
d'y répondre.

Une exception qui joue un rôle important dans   517
notre ancienne procédure est celle qu'on appelle   518
attente de conseil ou *d'avocat*. Elle peut être
invoquée par toute personne, demandeur ou défendeur, et une fois seulement dans la cause;
l'avocat doit être désigné, et on doit affirmer par
serment qu'on lui a révélé les mérites de sa cause
et que par faute d'argent on ne peut le faire venir.
On peut avoir encore terme de conseil en jurant
qu'on n'a dans la cour nul à qui se fier pour défendre la cause.

En action personnelle, on ne peut avoir terme
de conseil s'il y a plus d'un an que la demande est
formée. En matière réelle ou mixte, on peut l'avoir
avant ou après monstrée, mais une fois seulement.

210   Celui qui a été informé de la demande par
loyale semonse, ou par les lettres qui lui ont été
envoyées, ne peut plus avoir terme de conseil;
mais on doit suivre la procédure. Cette décision,
contraire aux termes généraux des deux paragraphes que nous venons d'analyser, et aux autres
paragraphes relatifs à cette matière, me paraît
spéciale à la procédure suivie devant le juge
délégué.

487   Le défendeur qui après avoir demandé terme
de conseil reconnaît la demande doit l'amende et
les dépens de sa partie adverse.

Les parties ne paraissent pas avoir eu une
liberté absolue dans le choix de leurs conseils ;
car elles peuvent requérir distribution de conseil,
et cette distribution doit être faite quand elle est
requise entre les parties. Mais il faut pour cela
qu'il n'y en ait qu'une seule de chaque côté.
Cette demande doit être formée avant de répondre, ou au moins on doit faire protestation
de demander la distribution. Notre compilateur
ne dit pas dans quelles circonstances cette distribution doit être demandée ; d'après Claude Liger
(liv. II, tit. IX), quand deux parties plaidant l'une
contre l'autre, l'une a de son côté tous les conseils et l'autre n'en a point, celui qui n'en a point
doit demander provision en jurant qu'il n'a point
de conseil, et alors son adversaire en prendra
deux, et lui un. S'il requiert que distribution

de conseil soit faite, il ne fera aucun serment ;
mais son adversaire choisira un conseil, celui
qu'il voudra, et celui qui n'en avait pas en choisira un autre. Ce que nous dit Liger est relatif
à l'Anjou et au Maine ; mais il est fort probable
qu'en Poitou les choses se passaient de même.

Nul ne doit prendre distribution s'il n'a juste
cause ; c'est sans aucun doute celle que nous
trouvons dans Liger.

504
529
530
708
973

Nul ne peut se dispenser de la distribution
parce qu'il a été le conseil de l'autre partie ;
mais le juge peut le faire jurer qu'il ne révélera
pas les mérites de la cause de celui dont il a été
le conseil.

Lorsque les conseils sont nombreux et aussi
bons les uns que les autres, le conteur de la querelle, c'est-à-dire celui qui a exposé la prétention
du demandeur ne peut être choisi ; autrement,
le choix ne peut tomber sur lui pour commencer.

L'avocat qui s'est fondé procureur en une
cause ne tombe pas en distribution ; mais si un
autre procureur était fondé après lui et était reçu,
et que le premier abandonnât la procuration, il
pourrait tomber en distribution.

Quand distribution a été faite à une journée
entre tous les avocats présents, s'il en survient
ensuite d'autres à d'autres journées, la distribution se fera entre eux, et ceux qui n'auraient pu

choisir aux précédentes journées choisiront les premiers.

488 Le terme de conseil peut être demandé même par celui qui, sur la demande à lui faite, dit qu'il ne jurera pas de vérité; ce point était cependant contesté.

624 Celui à qui une chose a été baillée par un autre, mais au profit d'un tiers, peut s'opposer à la demande que lui fera plus tard dans son propre intérêt celui qui lui aura confié la chose. Il s'agit sans doute du dépositaire ou du séquestre d'une chose qui lui a été confiée dans l'intérêt du propriétaire, mais par un autre.

596 Celui qui doit payer une somme d'argent avant entrée de plait, c'est-à-dire, avant de commencer la procédure doit, s'il ne la paye pas, être mis en défaut, et son adversaire doit demander d'abord le profit du défaut et ensuite

489 l'argent. S'il demande attente d'avocat ou terme de conseil et s'il y est reçu, son adversaire ne pourra plus exiger le payement ou la consignation des deniers, à moins qu'il n'ait fait ses réserves à cet égard.

178 Les protestations d'une partie sont tenues pour non avenues quand leur auteur fait chose incompatible avec elles.

730
734 Celui qui oppose une exception est demandeur en son exception et doit prouver tout ce

qui tendrait à l'établir. On doit l'opposer avant 59
de défendre au fond, ou au moins en faire pro- 166
testation, sans quoi on est forclos. Celui qui 654 936
l'oppose doit dire qu'il la met en fait et offrir
de la prouver. Si le demandeur nie l'exception,
c'est-à-dire, la prétend au fond mal fondée tout
en faisant protestation de dire et maintenir
qu'elle n'est pas recevable, il ne pourra être
admis à la prétendre non-recevable; car en la
soutenant mal fondée, il a admis implicitement
que l'autre pouvait la prouver, et il renonce par
cela même aux autres moyens qu'il pouvait
avoir à lui opposer.

On peut opposer une exception dans tous les
cas où l'on pourrait former une action.

Toutes exceptions doivent être de même nature que les demandes, c'est-à-dire, répondre
réellement à la demande à laquelle on les oppose, sans quoi elles ne seraient pas recevables.

Elles doivent être opposées avant la litiscon- 105
testation. 646

CHAPITRE IX.

DES CHOSES EN MAIN DE COUR.

247   Quand deux parties prétendent chacune qu'une chose leur appartient, justice doit mettre la chose en sa main jusqu'à ce que jugement soit rendu entre elles, s'il y a applégement, ou si la chose est vacante. Elle ne le pourrait pas si l'une des parties était en possession, à moins qu'il ne surgît cause de main mise, telle qu'un applégement.

776   La justice peut encore mettre en sa main des bestiaux achetés et revendiqués par un tiers, jusqu'à ce que droit soit fait entre les parties, quand celui qui est en possession desdits bestiaux demeure hors de la juridiction où ils ont été arrêtés. S'il y demeure, ou s'il y a des biens, on ne pourrait pas l'en dessaisir; mais il devrait *hucher garieur* (donner un garant). Si c'est un vagabond ou autre suspect, les bêtes pourront lui être enlevées, et données moyen-

nant plége à celui qui les avait ou à une autre
personne.

Quand justice a mis les choses en sa main à
l'instance de partie, le propriétaire peut en demander la délivrance, et justice doit l'ordonner
moyennant plége, après avoir entendu l'autre
partie, à moins qu'il n'y ait une cause légitime
qui s'y oppose. Si la justice ne le fait, on en
peut appeler comme de défaute de droit. En pareil cas il faut un ajournement, quoique cela
soit contesté en se fondant sur ce que, si la partie
est présente quand l'autre fait sa requête, on
peut débattre sur-le-champ, et qu'en saisine ex-
traordinaire l'ajournement ne doit pas être le
même que dans les autres causes. La différence
entre ces deux manières de procéder est que,
quand requête est faite à la cour on procède
plus sommairement qu'en demande simple ; car
c'est une sorte de dépendance de la chose jugée ;
au lieu qu'en demande simple on va par voie
ordinaire. Dans sa requête, il est inutile que le
demandeur dise que les choses lui appartiennent ; il suffit qu'il dise qu'il avait la saisine et
possession de la chose, et que la cour la lui a
empêchée, et requérir que la main de la cour
soit levée, sans qu'il soit tenu de dire à la requête
de qui cela a été fait : la partie adverse doit être
avertie de la demande, et on doit lui dire qu'elle
vienne défendre la cour.

240
246

695
474
732
1009

246   Le seigneur qui tient en sa main les choses de son homme, doit aussi les délivrer avec plége quand il les demande.

25   Dans le cas de jour o jugement le sien tenu, le défendeur qui vient à ce jour doit, avant jugement, requérir délivrance de ses biens, et il doit l'obtenir; car il plaiderait dessaisi aussi longtemps que durerait le procès, ce qui ne doit pas être.

14   Lorsqu'un procureur a eu la délivrance des choses qui sont en main de cour par suite de défauts, et qu'à l'assise à laquelle jour lui a été assigné il s'exoine, il perdra le bénéfice des défauts, et sera semons la chose tenue en main de cour comme auparavant.

CHAPITRE X.

DE MONSTRÉE.

La monstrée est la représentation juridique de
la chose litigieuse, meuble ou immeuble, à la
justice, à la partie, ou aux témoins. Elle doit
se faire des immeubles ou des meubles revendiqués ; mais elle est inutile quand les choses mobilières sont *motées et déclarées en cour ;* cela
vaut monstrée. On doit offrir de la faire toutes
les fois qu'il s'agit d'un procès sur immeubles ;
de même quand on fait une demande sur une
rente qu'on prétend due sur certains immeubles :
mais en ce cas, si la rente même est niée, il
est inutile de faire la monstrée aux témoins.
Elle est également inutile quand le débat porte
sur le déguerpissement d'une chose fait au
seigneur, ou bien quand il s'agit d'une promesse de réparer un dommage causé aux champs
par des animaux, et en général toutes les fois que
l'action du demandeur prend son origine dans
une stipulation.

117
514
520
1027

660
684

815
817 La monstrée de choses qui ne sont pas dans la juridiction du juge qui connaît de l'affaire, doit être faite par supplication adressée au juge, en la juridiction duquel sont les choses à montrer : elle ne peut être faite par un sergent hors de sa juridiction sans le sergent du lieu.

541
635
636
974 Quand la monstrée a été ordonnée par jugement, les parties doivent y être en personnes ou par procureurs suffisamment fondés, à peine de nullité de ce qui sera fait. Celui qui ne peut y être présent doit faire savoir son exoine à sa partie et au sergent qui doit faire la monstrée; car il représente la justice : si l'exoine n'est pas recevable, le défaillant payera les dépenses de la journée du procès retardé et le salaire du sergent.

567 Quand toutes les parties sont présentes, celle qui fait la monstrée doit faire voir les lieux et les confronter à l'environ, aux tenants et aboutissants; sans cela, la monstrée n'est pas valablement faite.

Si après monstrée jugée et faite en une cour, on est obligé de rendre l'obéissance à une autre cour en présence des parties, le sergent qui a fait la monstrée devra la recorder dans l'autre cour; car du moment que les parties ne la contredisent pas, elles la tiennent pour bien faite. La monstrée faite dans la cour'du juge supérieur ne se refera pas dans la cour du juge inférieur, encore que les parties la contredisent;

mais celle faite dans la cour du juge inférieur se refera dans la cour du baron quand il aura le retour de cour.

La cour du roi et celle du baron ne rendent 969 la cour qu'après la monstrée, dans les affaires où il y a lieu à monstrée.

Lorsqu'après monstrée d'une chose le sergent 631 qui l'a faite est mis en cause personnellement, elle doit lui être refaite par un autre sergent; car il ne peut se la faire lui-même en sa propre cause : mais le témoignage de l'autre sergent suffirait s'il avait vu la chose, sans même qu'elle lui eût été monstrée.

Après que la monstrée d'héritage est faite, le 7 demandeur doit exposer sa demande, rappeler tous les errements de la procédure, demander défaut contre le défendeur, et lui demander ses dommages ou la saisine de la chose.

La preuve des défauts se fait par le record du 61 sergent ; mais, suivant quelques uns, celui contre 633 lequel il recorde doit donner l'emploi de son temps pendant la journée où la monstrée a eu lieu, et jurer que toute cette journée il a fait ce qu'il dit ; et c'est seulement dans le cas où il refuserait de jurer qu'il sera mis en défaut. Il doit s'écouler sept jours entre l'ajournement et la monstrée.

Le défendeur qui fait défaut après la mons- 4 trée perd la saisine de la chose qui est attribuée 35 au demandeur, s'il la demande, en donnant plége : 36

mais la question de propriété demeure sauve. Si c'est le demandeur, il perd le bénéfice de la procédure faite jusqu'à ce moment.

495
752   Lorsqu'à la monstrée celui qui doit la faire fait voir plus de choses qu'il n'y en a de comprises dans la demande, il peut demander *desse-vreure* ou *decevreure*, c'est-à-dire faire recommencer la monstrée, et il déclare sur les lieux quelles sont celles qu'il tient et celles qu'il ne tient pas. Cette procédure prend le nom de *déclaration* quand c'est le demandeur qui a monstré plus de choses qu'il n'y en a de comprises dans sa demande.

827   Celui qui a fait monstrée ou desseurée d'une manière ne peut plus la refaire d'une autre sans le consentement du juge et de sa partie, et elle se recommence à ses frais. En cas de difficulté, la preuve se fera par l'audition du sergent.

27   Celui qui après monstrée en cause d'héritage fait perdre jour à son adversaire perd lui-même la demande ou la saisine, à moins qu'il n'ait eu de bonnes raisons d'agir ainsi.

CHAPITRE XI.

DE GARIMENT.

Dans le langage de notre coutumier, les mots *garant* et *garantie* sont employés comme synonymes de témoin et témoignage; ce que nous appelons aujourd'hui garantie, il l'appelle *gariment*, et le garant s'appelle *garieur*. Appeler en garantie se dit *hucher garieur*, et le garieur est même souvent nommé le *huché*.

En demande personnelle simple, comme d'une 953 somme d'argent, ou pour l'exécution d'un contrat ou d'une convention, il n'y a pas lieu à gariment, à moins de circonstances particulières, par exemple si celui que l'on veut hucher à garieur a un empêchement, ou autre fait nouveau qui donne lieu à gariment.

Le gariment doit être pris en justice; il peut 1025 l'être sur-le-champ, lorsque le garieur se trouve être l'un des défendeurs présents; si, par exemple, plusieurs défendeurs sont en cause pour dommage causé à la chose du demandeur, et que

l'un d'eux prétende qu'il a agi par le commandement de l'autre.

21　　Le défendeur présent en justice ne peut pas
avoir un autre jour pour traire garieur.

776　　Le gariment est volontaire : si celui qui est
1010　huché garieur est hors de la juridiction, il ne
peut être forcé de prendre le gariment quand
même il l'aurait promis; mais le juge devant lequel le gariment est demandé pourra demander
au juge du lieu où il demeure de le faire ajourner pardevant lui par voie ordinaire, à raison du
contrat fait, et même mettre en sa main les biens
qu'il a en sa juridiction.

Celui qui est huché garieur doit demander à
voir la chose : il doit en outre avoir jour d'avis
s'il ne s'agit pas de meubles, car en ce cas il doit
798　être tout avisé. Si après être venu en jugement
et après avoir vu les lieux, il défaut du jour où il
devait venir en justice pour déclarer s'il pren-
drait ou non le gariment, le défendeur ne sera
pas pour cela forclos de l'avoir pour garieur, et il
pourra l'ajourner pour prendre le gariment ou
délaisser les lieux vus. Quant à la forme et aux
délais de cet ajournement, on ne paraît pas avoir
été d'accord.

65　　Une fois le gariment pris, le garieur n'est pas
tenu de faire autre chose le jour où il l'a pris ;
535　mais il devra se représenter à jour fixe. Il devra
faire protestation en jugement d'user de gari-

ment et donner ses raisons et défenses lorsqu'il sera ajourné en jugement en cause de gariment pris.

Si celui qui est huché garieur se défaut avant ou après monstrée, après avoir été appelé par toutes les dilations accordées par la coutume, il devra amende à la cour pour faute de gariment non pris, et devra payer les dépens du procès retardé. [604] [799]

ˈLorsqu'après monstrée faite celui qui a appelé le garieur vient dire en justice qu'il ne prendra pas le gariment, le juge doit donner acte de sa déclaration au garieur s'il le demande, et celui qui l'a huché devra l'amende de gariment non pris. [854]

Le garieur en prenant le gariment se met au lieu et place de celui qui l'a huché et le représente; s'il perd son procès, il devra tous les dépens, même ceux faits avant son intervention, et l'autre sera hors de cause. [537] [976]

Celui qui est trait à garieur et qui prend le gariment sans avoir fait protestation de défendre la cause par néance, c'est-à-dire en niant purement et simplement les faits articulés dans la demande, pourra-t-il le faire en l'absence de cette protestation? Non, suivant quelques-uns, parce qu'il a reconnu la vérité des faits articulés en venant en prendre le gariment. La question paraît devoir être tranchée par une distinction. Si, par exem- [527] [661]

ple, le demandeur faisait une demande de fait personnel, comme s'il disait que le défendeur avait exploité en certains lieux et à tort, en ces cas et 'autres semblables, le garieur huché ne pourrait défendre la cause par néance ; car ce ne serait pas son fait qu'il viendrait nier, mais le fait d'autrui. Mais si la demande était une demande réelle, comme une action hypothécaire ou autre semblable, en ce cas le garieur peut défendre la cause de cette manière. Dans tous les cas, on fera bien de protester que l'on veut user de ce moyen de défense.

54   Le garieur qui prend sans demander à les voir le gariment des choses où il y a lieu à mons-trée est déchu du gariment.

217   Le défendeur qui néglige de mettre en cause son vendeur et qui laisse prendre contre lui ju-gement définitif contradictoire ou par défaut ne peut plus ensuite le forcer à le garantir.

CHAPITRE XII.

DES PREUVES.

Tout demandeur doit prouver sa demande : 215
s'il ne prouve pas, le défendeur est renvoyé, 877
encore qu'il ait proposé exception en offrant de
la prouver et ne la prouve pas; quelques-uns prétendent que dans ce cas il devra amende à la cour. 70

Toutes choses motées et demandées en cour,
c'est-à-dire articulées mot pour mot par le demandeur, sont tenues pour prouvées si avant jugement elles ne sont suffisamment contredites
par le défendeur.

Quand les choses sont notoires, il n'y a pas 186
lieu d'en administrer la preuve.   723
                                                         724

Quand elles ne le sont pas, la preuve doit en
être faite, soit directement, soit par des présomptions.

Présomptions.

Notre coutumier nous donne un exemple de 378
présomption légale en faveur de la liberté de 901

naissance ; en cas de doute, la sentence doit être rendue en faveur de la liberté, et celui qui est défendeur sur une demande en déclaration de servage doit avoir la délivrance des biens jusqu'à ce qu'il soit en âge.

775 Celui qui porte le même nom propre qu'un défunt est présumé être du même lignage et branchage, et c'est à ses adversaires à faire la preuve du contraire : s'il n'a que le même surnom, c'est une simple présomption qu'il est du lignage et qui ne le dispense pas de faire la preuve.

886 La condition sociale des personnes est, suivant les cas, une présomption de leur plus ou moins grande véracité. Ainsi, quand il s'agit de la preuve d'un privilége comme d'une sauvegarde ou autre semblable, celui dont la position peut faire croire à l'existence de ce privilége ne sera pas tenu de le prouver, au lieu qu'une personne de petit état sera tenue de faire cette

482
545 preuve. Il en est de même en cas de serment ; le marchand ou homme de métier sera cru sur son serment de ses ventes faites à crédit jusqu'à v s., s'il est de bonne renommée et s'il a coutume de vendre ses marchandises à crédit ; cependant cette dernière condition ne paraît pas généralement exigée.

Les présomptions humaines sont aussi admises quand elles ont une certaine gravité, et que le fait d'où l'on veut les faire découler a rapport au litige pendant entre les parties. Ainsi, quand 601 elles transigent sur un immeuble litigieux sans parler des fruits échus, le propriétaire de l'immeuble ne pourra plus les réclamer; les parties sont censées s'en être réciproquement tenues quittes.

D'un autre côté, la circonstance qu'un homme 120 est mort *bien confès et repentant* sans parler des dettes qu'il pouvait avoir, n'est pas une présomption de la non-existence de ces dettes, et le créancier pourra toujours les réclamer aux héritiers du débiteur.

Le serment est une véritable présomption qui repose sur cette idée, que celui qui le prête ne va pas perdre l'espoir de la vie future pour sauver les intérêts passagers de ce monde. Cette présomption tient une assez grande place dans notre coutumier : nous ne parlons ici que du serment litisdécisoire, mais on peut voir, surtout dans les incidents de procédure, que celui qui est présumé avoir commis quelque négligence dont les conséquences lui seraient préjudiciables, peut s'en affranchir en affirmant par serment qu'il ne s'en est pas rendu coupable. Tel est le cas 8 de rescousse faite à un sergent; celui qu'on prétend l'avoir faite peut s'en affranchir par serment, à moins qu'on ne se charge de prouver qu'il en est l'auteur.

310   Le serment doit être fait sur les mots qui ont
été gardés, c'est-à-dire dans les termes mêmes où
il a été déféré par le juge, et au jour qui a été
57 assigné. Quand une partie défère le serment à
85
480 l'autre, celle-ci peut le référer à son tour ; c'est
593 ce qu'on appelle le serment qui vient *par choi-*
677
sies ; elle doit le référer si elle ne veut pas jurer,
mais cela doit avoir lieu de suite : une fois que
la partie qui doit jurer est connue, le serment
peut avoir lieu plus tard. Si c'est le demandeur
qui jure, il doit être payé sans délai ; si c'est le
défendeur, il doit être absous de la demande. Il
y a lieu à amende envers la justice et aux dommages de la partie adverse quand le serment a
été prêté contre la partie qui l'a déféré, à
moins que protestation n'en ait été faite : mais la
simple reconnaissance de la dette en justice n'y
donne pas lieu.

612   Quand plusieurs parties sont en cause et que
l'une ou plusieurs d'entre elles se retirent du
procès, on se demande si le serment peut être
prêté par ceux qui sont restés en cause ; le § 612
contient une décision assez obscure dont le sens
paraît être que le serment ne peut être exigé que
des parties qui restent en cause, quand même
la partie principale se serait retirée du procès.

C'est parmi les présomptions que nous devons
ranger la preuve résultant de la bataille. Cette

présomption repose, en effet, sur cette idée que
Dieu, que l'on invoque quand on va livrer bataille, ne peut pas abandonner le bon droit et
doit faire vaincre celui qui a le droit et la justice pour lui : idée éminemment religieuse, mais
aussi contraire à la nature des choses qu'elle est
religieuse. La preuve par combat judiciaire en
matière civile tendait au surplus, au commencement du XVᵉ siècle, à disparaître de nos mœurs ;
il suffit de voir la place que les autres preuves
tiennent dans notre coutumier.

La coutume de Poitou n'admet pas la bataille 337
pour querelle qui ne dépasse pas v sous, soit en ³⁴³
première instance, soit en appel ; il n'y a lieu
qu'au serment. La bataille ou desrene peut avoir
encore lieu : 1° pour s'opposer à l'exécution de
jugé ou de lettres ; 2° quand une partie veut se
défendre par tenue pouvant l'amener à la prescription, et que son adversaire prétend qu'il y
a eu interruption, mais c'est seulement quand la
chose a une certaine importance. Le coutumier
ajoute que ce sont les cas principaux, mais qu'il
peut y en avoir d'autres : je n'en ai pas trouvé
quant à la preuve en matière civile. Au contraire, quand il s'agit de crimes entraînant perte
de vie ou de membre, les dispositions que nous
analyserons plus loin prouvent que la bataille
était encore à cette époque une des preuves
principales en matière criminelle.

94   En cas de dépôt nié, il n'y a pas lieu à bataille.

340
341
343   La bataille ne peut avoir lieu que quand elle
a été ordonnée par jugement. Celui à qui la cour
en est rendue quand elle a été ordonnée en autre
juridiction doit ordonner qu'elle ait lieu le jour
même si elle a lieu par champions : si c'est entre
les parties mêmes qu'elle doit avoir lieu, on doit
indiquer jour convenable. Si après le jugement
qui l'ordonne elle n'a pas lieu, les parties doivent x sous d'amende, et les champions qui ont
prêté serment doivent xl sous. On peut toujours
demander amendement du jugement qui ordonne la bataille, et si le jugement est réformé,
elle n'aura pas lieu.

339   Le parjure ne peut demander lui-même bataille ni défier un autre par sa voix; il peut faire
demander par un autre.

356
357   Celui qui a plus de 60 ans ou qui est blessé
bien que n'ayant pas cet âge peut combattre par
champion, à moins qu'il ne s'agisse de crime
capital. Il en est de même de frères qui ne peuvent combattre entre eux en personnes, si ce
n'est en cas de meurtre ou de trahison ; en tous
autres cas, ils doivent mettre champions à leur
place.

Preuves.

Nous arrivons maintenant aux preuves propre-

ment dites. Notre coutumier contient des décisions sur l'aveu ou confession, la preuve par
écrit et la preuve par témoins.

La confession faite en l'absence d'une partie 842
n'est pas valable quand elle a pour but de constituer un droit en sa faveur; par exemple, si on
confesse en l'absence de partie ou de son procureur qu'on lui doit x livres. Mais elle est valable quand elle tend à la décharge et quittance
d'autrui ; par exemple, si une partie confesse en
son absence avoir reçu x livres que l'autre lui
devait.

La confession faite en justice ne peut l'être 296
que devant le juge de la partie ; faite devant un
autre, elle est sans valeur.

La preuve par écrit est admise ; mais il suffit
de lire les quelques dispositions qui y sont relatives pour voir que ce n'est encore à cette
époque qu'une preuve subsidiaire.

Notre compilation ne contient qu'une seule 844
disposition sur les actes notariés. Quand le notaire qui a reçu des lettres est mort avant de les
avoir rendues aux parties, le juge sous le sceau
duquel le contrat a été passé peut faire faire les
lettres par un autre notaire qu'il commettra à cet
effet, pourvu qu'il y ait un protocole (sans doute
une minute) signé par le notaire. Un juge souverain a seul le pouvoir d'ordonner cette mesure.

290
505
832
845
Ceux qui font des lettres ou contrats peuvent y faire intervenir des témoins s'ils le veulent, mais les lettres faites sans témoins ne sont valables que quand elles ont été faites devant notaires. On peut prouver que les faits se sont passés autrement que le constatent les lettres ; nous dirions aujourd'hui prouver contre et outre le contenu aux actes. Les lettres peuvent être reçues en preuve jusqu'à la publication des enquêtes ; mais une fois que l'enquête a été publiée et qu'on a jour à y faire droit, on ne peut être reçu à faire une autre preuve.

886
Il est cependant un cas où nous voyons la preuve par témoins admise uniquement à défaut de preuve littérale : quand il s'agit de prouver une sauve-garde ou autre privilége semblable, c'est seulement en cas de perte de l'écrit qui le constate que celui qui veut invoquer le bénéfice de ce privilége peut le prouver par témoins, entre autres et en première ligne par le sergent qui le publia.

79
87
198
La preuve par témoins est la preuve de droit commun, et doit avoir lieu même pour prouver les commandements de preudhomme mort ou hors du pays. Toute parole ou convention est établie par la déposition de deux ou trois témoins. Les témoins sont souvent appelés *garants, garants jurés*. Elle doit avoir lieu chaque

fois qu'on demande à l'administrer ; c'est ainsi,
je crois, que doit être entendu le § 79.

Elle doit avoir lieu quand une personne est **129**
poursuivie comme responsable (enchaucée) du
fait d'autrui, et qu'elle demande jour pour faire
son enquête. Si le demandeur prétend que le défendeur était présent au fait pour lequel on agit
contre lui, et si ce dernier le reconnaît, il n'y
aura pas lieu à enquête : mais elle devra être faite
dans le cas où il le nierait. Au jour indiqué les
parties viendront jurer de vérité ; c'est le serment
propter calumniam. Si après le serment et après
que l'enquête a été ordonnée celui qui a entre-
pris la preuve dit qu'il ne veut plus la faire, il
pourra se retirer, mais il devra l'amende, et son
adversaire aura jour pour faire son enquête s'il
y a lieu.

Les faits que doit prouver celui qui entreprend **1023**
la preuve sont articulés : mais on doit charger son
article le moins possible, car plus il est chargé,
plus on a à prouver. Quoique ce paragraphe ne
parle que des actions possessoires, la règle qu'il
énonce me paraît être une règle générale.

On doit en général prouver un fait par le té- **482**
moignage de plusieurs personnes, c'est une règle
presque absolue de notre ancien droit. Mais en
certains contrats de bonne foi, un homme de
bonne renommée sera cru sans autres témoins si
son témoignage paraît digne de foi.

919
932
Toute personne doit être reçue à donner témoignage, à moins que la loi et la coutume du
pays ne s'y opposent.

Ne peuvent être entendus comme témoins :

72
494
Les excommuniés ;

501
555
589
631
675
841
Les avocats ou procureurs dans la cause dont
ils sont les conseils : mais il n'est pas défendu de
porter témoignage pour aide, faveur ou conseil
que l'on s'est donné l'un à l'autre ;

919
932
Le fils ou la femme de la partie ;

Ceux qui sont parçonniers de l'une des parties, ou ceux qui sont à son pain et à son vin,
qu'ils soient parents ou non ;

Tous ceux en général qui doivent retirer un
profit ou un dommage quelconque de l'affaire ;

Ceux qui sont animés de haines malveillantes
envers l'une des parties, ou qui se sont rendus
coupables envers elle de violences ou injures, ou
d'autres graves dommages, s'ils ne se sont pas réconciliés au temps où ils comparaissent en témoignage : mais il faut pour cela qu'il y ait eu
cause de crime mue entre eux, ou procès pour
tous leurs biens ou pour l'état de leurs personnes ;

Celui qui actionne en payement d'une somme
d'argent un débiteur pour le compte duquel il
prétend avoir été plége, ne peut être reçu à té-
moigner qu'il a été mis en plége par ce débiteur,
car ce serait une déposition faite à son profit ;

Les frères, cousins et autres parents des parties peuvent être admis en témoignage et ne peuvent être récusés, lorsqu'ils tiennent feu et lieu à part depuis an et jour.

Les reproches que l'on fait contre les témoins sont appelés *obgiez* : c'est à celui qui les articule à les prouver, et ils doivent être spécifiés. Ils doivent être proposés avant de faire droit sur l'enquête; l'autre partie peut répliquer; celui qui oppose le reproche peut tripliquer, mais ensuite jugement doit être rendu sur ce point.

Aucun reproche ne peut être proposé contre un témoin produit à la requête des deux parties; mais elles peuvent discuter sa déposition.

Les témoins doivent voir les choses s'ils le requièrent et s'il y a lieu à monstrée. Ils ne peuvent être entendus en l'absence de la partie, à moins qu'elle n'y consente. S'ils sont absents, le juge doit accorder un délai pour les entendre; mais on n'est pas d'accord si c'est un délai à raison de la distance du lieu où ils demeurent, ou si c'est le délai que la coutume accorde pour avoir d'autres témoins. Je n'ai trouvé nulle part la fixation de ce délai; le droit si important de faire entendre d'autres témoins quand les premiers ne suffisent pas est consacré d'une manière tout à fait incidente. **79 492 603 887**

Les témoins doivent être interrogés séparément sur chacun des articles, et non d'une ma- **583 909**

nière générale ; l'examen fait d'une manière générale n'est pas recevable. Cet examen est fait
par les parties ; mais le juge doit d'office inter-
roger et examiner les témoins quand il voit qu'ils
ne sont pas bien examinés suivant les points
articulés dans la demande ; car le juge droiturier
doit rechercher la vérité de la cause qu'il a à juger, tant par la confession des parties et des témoins qu'autrement, pour faire et dire bonne
sentence.

519   Quand une partie est admise à faire preuve,
elle peut obtenir quatre remises ou dilations : à
la quatrième, elle doit jurer qu'elle a fait toutes
ses diligences pour avoir des témoins, et nommer
ceux qu'elle veut amener : si elle refuse le serment, elle devra dédommager la partie de sa
journée : on ne pourra pas entendre d'autres
témoins que ceux qu'elle aura nommés.

20
290
494   Quand l'enquête est faite, la partie en aura
copie si elle le veut, et cette copie doit être don-
519   née d'une partie à l'autre devant juge compé-
918
1024 tent ; la partie a en même temps jour pour dire
encontre l'enquête, et l'autre peut faire protestation de contre-examen ; elle n'est pas tenue
de faire autre chose le jour où on lui délivre copie de l'enquête. Ce jour paraît devoir être à
l'assise suivante. Au jour indiqué, on doit d'a-
bord proposer les reproches contre les témoins,
et le juge doit y faire droit avant de statuer sur

l'enquête; puis, après que l'enquête aura été lue,
le juge décidera par son jugement si la preuve
est faite ou non.

Notre compilateur ne donne aucune règle que 932
le juge doive suivre dans l'appréciation des témoignages; sans doute le juge doit s'en rapporter à sa conscience et à celle des témoins, car
nul homme de bonne foi ne doit donner son âme
pour porter mauvais témoignage contre aucun.
La seule règle que nous trouvions à cet égard, 583
est que quand plusieurs témoins sont trop una-
nimes dans leurs dépositions et témoignent tout
d'une voix sans difficulté ils se rendent suspects,
surtout s'il y a plusieurs faits à prouver.

Il ne peut en général y avoir lieu à enquête 297
que quand un procès est commencé. Cependant 1016
lorsque les parties qui plaident sont dans la nécessité d'invoquer pour la preuve de leurs droits
des témoins vieux ou malades, dont on craint la
mort, ou qui doivent quitter le pays pour aller
demeurer au loin, tellement que s'ils n'étaient
examinés dans un bref délai le droit des parties dût dépérir, ou la preuve être retardée;
ou si l'une des parties était contumace, ou si
elle était en un lieu où une semonce ne pourrait l'atteindre : — dans tous ces cas le juge
peut, à la requête de l'une des parties, l'autre
partie appelée ou son procureur, entendre les
témoins et constater leurs témoignages par écrit

sous le sceau de la justice. Les témoignages ainsi reçus ne vaudront rien si dans l'année que l'adversaire pourra être semons celui qui a demandé l'enquête ne le fait pas semondre, ou s'il ne lui fait savoir d'une autre manière que les témoins ont été entendus; car on pourrait agir ainsi par fraude pour empêcher les reproches contre les témoins.

Les parties peuvent aussi de leur volonté et sans s'adresser à justice faire examiner d'avance par des commissaires convenus entre elles les témoins sur les faits que chacune d'elles articulera. L'enquête ainsi faite est écrite en double, scellée des sceaux des commissaires et donnée aux parties pour la garder jusqu'à ce qu'elle soit ouverte : les commissaires en gardent autant par devers eux.

Ces enquêtes font foi entre les parties qui peuvent quand elles les reçoivent faire protestation de reprocher les témoins : mais en les faisant, elles ne sont pas forcloses du droit d'appeler plus tard d'autres témoins en justice si elles les ont.

CHAPITRE XIII.

DES AVOCATS, PLAIDOIRIES, DITS DE COUR ET RECORDS.

Les parties peuvent plaider elles-mêmes leurs
affaires ou les faire plaider par des avocats.

Nul moine ou chanoine n'est reçu à plaider en
cour laye que ses causes, celles de ses parents,
ou les causes pitoyables comme celles de pupilles
ou de veuves.

Les clercs sous-diacres, ou ceux qui sont dans
les ordres inférieurs s'ils sont soutenus des biens
de l'Église, ne peuvent plaider devant la justice
séculière que leurs propres causes, celles de leurs
églises, celles des personnes qui ne savent administrer leurs propres affaires, celles de leurs parents et celle des pauvres.

Les prêtres ne peuvent être avocats en aucune
cour.

Celui qui est en prison pour cas de desloy ne
peut plaider pour autrui jusqu'à ce qu'il soit
purgé de l'accusation portée contre lui.

L'avocat doit proposer les raisons de sa partie

d'une manière profitable pour elle, « courtoisement et sans vilainie de bouche ». Il doit requérir jugement de toutes les raisons qu'il a données,
car on peut toujours ajouter à sa demande jusqu'au jugement. Ce qu'il dit en présence de sa
partie sans contradiction de sa part, ou ce
qu'il dit en son absence et qui est avoué par
elle, est comme si elle l'avait dit. L'aveu de la
partie peut résulter encore implicitement de
certaines circonstances, par exemple quand les
parties ont couru sur jugement, ou quand elles
se sont mises sous jugé de mots plaidés. Aussi
pour éviter toutes difficultés, quand un avocat a
parlé pour sa partie, la partie adverse peut le
contraindre à se faire avouer par elle ; car ce qu'il
dit avant l'aveu il ne le dit que comme simple
particulier, et ne peut rien dire qui tourne au
préjudice de sa partie.

Quand un avocat propose des raisons ou exceptions contre ce que dit son adversaire, celui-
ci ne peut profiter de ce que dit l'autre pour
ajouter aux raisons et défenses de sa cause : ce
qui est dit dans cette circonstance doit être restreint aux conclusions sur lesquelles on discute.

48   Celui qui entend débattre son droit en justice
ne doit pas laisser passer sans protestation ce
qu'il entend dire, car son silence pourrait lui
porter préjudice. Hors instance, c'est inutile,
car la possibilité du préjudice n'existe pas.

Si l'une des parties propose fait ou négation 666
qui soit étranger à la demande, la partie adverse
ne peut s'aider de ce qui a été dit en pareille
circonstance.

A chaque protestation que fait un avocat ou 733
une partie, l'autre partie ou l'autre avocat doit
faire protestation contraire, en disant qu'il ne
prend le récit de la partie adverse qu'en tant
qu'elle le fait à son profit, soit qu'il s'agisse du
récit des mots plaidés quand on va prendre jugement, soit qu'il s'agisse de toute autre narra-
tion de faits.

Quand l'instruction et les plaidoyers d'une 55
affaire sont terminés et que les parties attendent 63 66
le jugement, on dit qu'elles sont sous jugement. 128 301
Il peut se faire qu'il y ait des difficultés sur les 481
conclusions qui ont été prises par les parties, ou 666
sur ce qui a été allégué de part et d'autre. Dans
les cours où les mots du plaidoyé sont gardés, et
où l'on plaide par acte écrit et scellé, la preuve
se fait par les sceaux de la cour, c'est-à-dire par
les écrits : il paraît que telle était la procédure
devant les tribunaux ecclésiastiques. Mais, en
cour laye où la procédure n'est pas faite par
écrit, on doit répondre du procès quand on en
est *enchaucé*, reconnaître ou nier ce que dit
l'adversaire, et les parties reviennent en arrière
pour plaider à partir du point où il y a eu contestation. Une partie *enchauce* son adversaire en

lui disant : « Tu dois me répondre de telle chose, » et chacune peut *enchaucer* son adversaire et le forcer à plaider sur le point qu'il articule ; c'est ce que notre coutumier exprime en disant : « Qui premier enchauce, premier aura response. » La partie seule peut enchaucer, ou son avocat, après qu'il a été avoué par elle ; ils doivent le faire devant le juge du défendeur. Celui qui est enchaucé peut s'en passer par son serment, pourvu qu'il soit fait avant le jugement.

627
685   Les injures dites par une partie à l'autre pendant qu'elles plaident ensemble sont assimilées aux dits de cour ; on y doit répondre sans ajournement, et celui à qui l'injure a été dite n'est pas tenu de répondre sur le fond de l'affaire jusqu'à ce que l'autre lui ait répondu de l'injure.

La procédure étant toute orale à l'époque où notre manuscrit a été compilé, les preuves de ce qui se passait à l'audience devaient aussi la plupart du temps être orales. Nous l'avons vu précédemment pour les ajournements : il en est de même pour les différents actes de procédure, la preuve peut en être faite par différents moyens ; à la preuve écrite, au serment et à la preuve testimoniale, il faut ajouter le record du juge ; cette dernière preuve est même préférée aux autres 490 dans certains cas. Ainsi, quand il s'agit de prou-

ver un commandement de la cour ou un ajournement fait en vertu de son commandement, on
n'est tenu d'en justifier par acte écrit et scellé que
quand il n'y a pas record de juge. Mais aussi la
preuve peut être faite d'une manière plus simple.

Il faut distinguer si un jugement a été ou non
rendu depuis les faits qu'il s'agit de prouver, si
jugement a couru dessus, comme dit notre coutumier. S'il n'y a pas eu de jugement et s'il s'agit
de faits passés à l'audience présente, la preuve
se fait par la simple audition de ceux qui étaient
présents au jugement, sans record de juge, sans
registres, ni papiers; quelques-uns pensaient
même qu'on ne devait pas exiger le serment des
témoins.

Si les faits se sont passés à une audience antérieure, la preuve s'en fera par simple preuve,
avec apport de registres, papiers, et le témoignage du clerc de la cour; on doit aussi entendre les témoins sous serment et les examiner sur
les articles qui auront été produits; on pourra
aussi avoir deux délais pour les produire. Il paraît y avoir eu contestation sur le point de savoir
si on doit leur faire prêter serment. La preuve
aura lieu de la même manière quand les parties
sont sous jugement de mots plaidés, et que jour
a été assigné pour faire droit; quelques-uns
cependant paraissent avoir été d'avis qu'en ce
cas la preuve se fait par record de juge.

50
236
476
Quand jugement a été rendu depuis ces faits, a couru dessus, la preuve a lieu *par record de cour juré*. Celui qui demande le record de cour doit articuler les faits qu'il entend prouver ; le juge doit recorder et dire les mots de son jugement, sans prêter serment ; on doit ensuite voir les papiers du procès et entendre les témoins sous serment. S'il n'y a pas concordance entre les dires du juge et ceux des témoins, on doit, suivant les uns, dire que le record ne vaut pas, c'est-à-dire que la preuve n'est pas faite ; mais notre coutumier pense que, d'après l'équité, on doit adopter l'opinion de la plus saine partie ; c'est une preuve comme une autre laissée à l'appréciation du juge devant qui elle est produite.

Quand record est ordonné par jugement et que depuis le juge qui doit se recorder est mort ou changé, la preuve se fait par témoignage de garants jurés, c'est-à-dire de témoins entendus sous serment. Si le juge, bailli ou assesseur qui a rendu le jugement est absent, on doit l'attendre tout le délai que la coutume accorde.

341
Quand ce sont les mots du jugé que l'on veut prouver par record, celui qui ne fait pas la preuve perd son procès au fond.

36
429
Le record ne peut se faire que d'égal à égal, ou de la juridiction inférieure à la juridiction supérieure. Les gens du Roi ne se recordent

jamais dans la cour du baron, ni ceux de la juridiction supérieure dans la juridiction inférieure.

Lorsque dans une juridiction il y a un siége [733] ordinaire où l'on tient assise ordinaire, et un autre siége ou l'on ne connaît que de certaines affaires, si l'on doit faire devant cette dernière juridiction la preuve d'un procès pendant devant la juridiction ordinaire, l'adversaire de celui qui demande cette preuve ne pourra être forcé de la faire devant cette juridiction; mais on s'en rapportera à ce que dira le juge ordinaire, puisqu'il connaît de cette affaire en vertu de ses pouvoirs.

CHAPITRE XIV.

DES JUGEMENTS.

296   Aucune sentence ne peut être rendue dans
la cause principale s'il n'y a eu contestation en
cause.

Nous venons de voir qu'en Poitou les mots
du plaidoyer ne sont pas gardés en jugement con-
46 tendu. Dans les endroits où ils le sont, le jugement qui a été contendu deux fois doit être donné
à la troisième, ce qui veut dire probablement
qu'il ne peut y avoir plus de deux remises avant
le prononcé du jugement, à peine par le seigneur de pérdre l'obéissance de cette chose qui
serait attribuée au souverain.

67   En Poitou, quand les parties sont sous jugement de mots plaidés, l'absence de l'une d'elles
au moment du jugement ne doit pas empêcher
le juge et la cour de prononcer jugement qui
paraît devoir être regardé comme définitif.

Notre coutumier contient sur l'effet des jugements rendus contrairement à la loi ou aux prin-

cipes sur la compétence quelques règles assez remarquables.

La sentence contraire aux lois ou aux canons n'est pas valable, encore qu'elle ne soit pas attaquée par la voie de l'appel. La sentence est encore nulle de plein droit : quand elle a été rendue par un juge qui n'est pas celui de la partie ; quand elle a été rendue par le juge délégué en dehors des termes de sa commission ; quand elle est rendue après l'appel par le juge dont on a appelé ; quand elle est la conséquence d'un procès commis par de fausses lettres ; elle est nulle en ce dernier cas, ainsi que tout ce qui a été fait en vertu desdites lettres ; enfin, quand un jugement définitif a été rendu sur un litige, un second jugement qui viendrait statuer sur le même litige est nul. Cette théorie des nullités de plein droit en matière de jugements n'est pas admise d'une manière absolue par notre compilateur, car lorsqu'il s'agit d'une sentence donnée sur une demande qui pèche en matière, il dit bien que de droit ladite sentence ne vaut pas, mais qu'on la tient cependant pour valable quant au profit de la partie, et le § 614 donne la même décision et contient la trace de la même controverse : en effet, ce paragraphe, après avoir posé en principe que nulle sentence ne doit être donnée sur une chose incertaine, en tire la conséquence que quand un article d'une preuve à

278
292
293
296
304
311

614
1020

faire a été accordé entre les parties, et qu'après
l'enquête faite il est démontré que cet article
pèche en matière, le juge ne pourra donner de
sentence valable sur ce chef, et s'il la donne, elle
sera nulle de droit. Mais il ajoute que *plusieurs
tiennent* que malgré cela la sentence tiendra de
fait au profit de la partie. Ces mots *de fait*, op-
posés à ceux *de droit*, me paraissent être la trace
d'efforts faits par les praticiens du droit canonique pour introduire le principe de la nullité
de plein droit.

285
292
573
Il y a encore des cas où notre compilateur
parle de nullités de plein droit : ainsi quand des
écrits sont présentés qui paraissent faux, on ne
doit pas y avoir égard. La sentence rendue après
l'appel est nulle, ainsi que celle qui l'a été par le
juge d'Église un jour férié où il ne pouvait pas
tenir ses plaids ni rendre sentence.

Mais si la question a pu faire l'objet de quelques doutes à l'époque de notre manuscrit, elle
a été définitivement décidée de bonne heure dans
le sens que tout jugement est valable, à moins
qu'il n'ait été réformé par la juridiction supérieure ; car nous trouvons, au seizième siècle, so-
lidement établie la règle que « voies de nullité
n'ont pas lieu en France. »

151
288
Les jugements sont déclaratifs et non attribu-
tifs de droits. Ils peuvent acquérir l'autorité de
la chose jugée, même à l'égard des personnes qui

n'ont pas été parties dans la cause, dans le cas
où une personne fait une demande contre un
autre que le véritable seigneur de la chose : si le
demandeur perd son procès, il ne pourra plus
agir contre le véritable seigneur de la chose,
parce qu'en agissant comme il l'a fait il s'est exposé sciemment à voir sa demande repoussée.
Quand deux choses sont connexes, le jugement [175]
qui a été rendu sur l'une d'elles emporte autorité
de la chose jugée sur l'autre.

CHAPITRE XV.

DES DÉPENS.

La condamnation aux dépens de la partie qui
succombe n'a été admise comme principe général de la législation française qu'à partir du
quinzième siècle. Les textes antérieurs à cette
époque nous le montrent admis dans certains
cas, mais à titre d'exception ; car nous trouvons
dans les plus anciens documents que la condamnation aux dépens n'est prononcée que quand
elle est demandée. En Poitou, au commencement du quinzième siècle, nous trouvons le principe admis avec presque toute l'étendue qu'il a
reçue plus tard ; car notre coutumier, après
avoir énuméré les quatre cas où la condamnation
aux dépens a lieu en cour laye, bataille vaincue,
défautes avant monstrée (après on doit les demander), choses niées par la partie et qui sont ensuite prouvées , causes d'applégement, ajoute
qu'en Poitou on les doit en toutes causes après
que le serment a été prêté. Mais il paraît que les

73
110

826

cas où les dépens étaient dus n'étaient pas toujours bien clairs, car il ajoute que dans les cas
douteux le juge qui veut condamner aux dépens peut condamner aux dépens de droit.

Outre la manière ordinaire de demander les 611
dépens, manière sur laquelle notre compilateur
ne contient d'ailleurs aucune indication, on peut
les demander *par manière de préjudice,* quand
c'est le demandeur qui défaut, ou quand le défendeur est ajourné sur défaut. Il ne contient
non plus aucune explication sur la manière de
former cette demande, ni sur la différence avec
la forme ordinaire.

Lorsqu'une partie défère le serment à son ad- 610
versaire, et que celui-ci le prête sans faire protestation des dépens, il ne pourra pas les demander;
car, puisque l'autre le dispense de preuve, il ne
peut retirer deux profits ; il ne pourrait les avoir
que s'il en faisait protestation expresse. Quand 594
le fils de famille fait une demande sans être autorisé par son père, le défendeur qui le fait déclarer non-recevable dans sa demande ne peut obtenir les dépens de cette journée, car il retirerait
deux profits, les dépens et ne pas répondre à la
demande.

Il en est de même quand les parties transi- 536
gent, qu'il y ait ou non procès entre elles ; elles
sont censées, par cela qu'elles n'en ont rien dit,
s'en être fait réciproquement l'abandon. Les 678

dépens ne seront pas dus non plus par la partie
dans le cas où son avocat aura combattu par serment l'avis du juge; mais il s'agit dans ce cas
seulement des dépens de l'incident, sans doute
ceux du principal suivent leur sort ordinaire.

78   En Poitou, le demandeur qui perd son procès
doit amende à la justice. C'est une coutume qui
642 paraît toute locale. Amende est due également
à justice par celui qui nie sa dette en présence de
justice ou de sergent qui la représente. Il n'en
est pas dû quand le débiteur se borne à refuser
le payement de sa dette.

CHAPITRE XVI.

DES ARBITRAGES.

Au lieu de se soumettre à la juridiction des 1030
juges ordinaires, les parties peuvent déférer à
des arbitres le jugement de leurs différends, et
ceux-ci pourront être chargés de les juger, soit
en une seule séance, soit en plusieurs; on pourra
leur imposer l'obligation de suivre les formes de
la procédure ordinaire ou les en dispenser. Pour
mieux assurer l'exécution de l'arbitrage, les parties peuvent y ajouter une peine et s'obliger sous
serment.

Toutes questions peuvent être soumises aux 1029
arbitres, même celles qui s'élèvent entre deux
justiciers sur leurs juridictions respectives ou sur
leurs droits : les parties doivent, en outre, dans
ce cas, élire des enquêteurs pour faire enquête
sur leurs droits, et les arbitres statueront sur le
résultat des enquêtes.

Les arbitres qui ont accepté l'arbitrage doivent 736
faire ajourner le défendeur devant eux, et, en cas

de défaut, le faire ajourner jusqu'à cinq fois
comme on ferait devant le juge ; cependant quelques-uns pensaient que dans cette procédure le
défaillant ne devait être appelé que trois fois,
et qu'à la troisième fois, le jugement devait être
rendu.

Si, après avoir accepté leur mission, les arbitres ou l'un d'eux ne veulent plus connaître de
l'affaire, les parties peuvent les forcer de donner
garantie qu'ils accompliront l'arbitrage, et s'ils
ne le veulent, les ajourner devant le juge pour
qu'ils mettent l'arbitrage à fin ou qu'ils s'en dé-
540 mettent. Il en serait de même dans le cas où l'arbitrage aurait été constitué sur un procès commencé ; les arbitres, une fois qu'ils l'ont accepté,
ne pourront plus renvoyer les parties devant la
cour si l'une d'elles exige que l'affaire soit con-
tinuée devant les arbitres ; car la convention faite
entre elles les a liées, et l'arbitre ne peut par sa
seule volonté défaire cet accord.

606   Les parties peuvent renoncer à l'arbitrage ;
mais elles doivent amende quand l'arbitrage a
été constitué au terme de conseil pris ou à la dila-
tion d'avocat.

493
510   Tant que dure l'arbitrage, aucune des parties
ne peut faire demande à l'autre, à moins que ce
ne soit pour la faute d'une partie ou des arbitres. Le défendeur, en ce cas, pourra opposer
l'exception tirée de l'arbitrage ; mais, pour que

cette exception soit recevable, il devra dire qu'on constitua arbitrage, que les parties promirent et jurèrent certaine peine, et enfin pour quel temps l'arbitrage fut constitué. Le compromis, en effet, n'est complétement valable que par l'addition d'une peine et d'un serment, parce que sans cela la partie condamnée pourrait être tentée de ne pas exécuter la sentence, ce qui entraînerait procès sur procès. Dans le système de notre coutumier, l'arbitrage se trouve donc imposer une alternative, exécuter la sentence arbitrale ou payer la peine stipulée dans le compromis. Si le défendeur, au lieu d'opposer l'exception, demande à voir les choses, il sera forclos de son exception.

Quand une affaire, portée d'abord devant la 491 cour et ensuite par compromis devant des arbitres, ne peut être terminée par suite de l'exoine de ceux-ci, les parties ne peuvent plus revenir devant la cour pour reprendre le procès au point où il en était quand l'arbitrage a été constitué : elles doivent former une demande par nouvelle instance; mais ce point était contesté.

CHAPITRE XVII.

DE L'APPEL.

231
678
795   Celui qui prétend qu'un jugement lui porte
préjudice doit déclarer de suite qu'il porte appel
devant le juge souverain, en le désignant, et déclarer en même temps que le jugement est faux
et mauvais. Les juges opinaient sans doute à voix
haute, car l'avocat peut débattre par serment leur
avis, c'est-à-dire, dire que cet avis n'est pas bon et
jurer que ce n'est pas par mauvaise foi qu'il agit
de la sorte. Dans ce cas, le juge doit indiquer le
jour où jugement sera rendu sur cet incident.
On ne peut, quand on déclare appeler, sauter le
degré intermédiaire de juridiction; si on le fait,
le juge intermédiaire pourra revendiquer la
cause, et on devra la lui rendre. L'appel doit
être fait dans la juridiction du juge dont on appelle, à peine de nullité dudit appel et de tout
ce qui serait fait depuis.

281
795   L'appel ne peut avoir lieu que contre une sentence; par conséquent, on ne peut attaquer par

cette voie les actes d'un exécuteur, alors même
qu'il excéderait ses pouvoirs. On ne peut non
plus appeler d'un officier du seigneur, capitaine,
receveur ou autre, que quand il a le gouvernement de la juridiction du seigneur et seulement
pour faits de cette juridiction ; on doit spécifier
ce point en déclarant que l'on appelle. Si l'appelant l'a omis et veut plus tard réparer cette
omission dans ses plaidoiries, il n'y sera pas
reçu.

Quand un juge a été délégué, les lettres de 282
délégation peuvent interdire l'appel de sa sentence ; malgré cela, on peut en appeler si l'on
n'a pu aller en sa présence sûrement et sans
péril.

Quand appel a été interjeté, toutes choses doi- 291
vent demeurer en l'état.

En cause d'appel, il faut ajournement formel. 797

Suivant le système en vigueur à l'époque de
notre coutumier, l'appel a pour but, non-seulement de faire réformer la sentence qui en est
frappée, mais de soustraire l'appelant à la juridiction de celui qui a rendu le jugement. Il
y a donc deux procès : l'un contre la partie,
l'autre contre le juge, procès qui ne sont pas
connexes, mais qui cependant doivent être suivis
en même temps par l'appelant.

Notre coutumier ne parle que de l'appel porté
du juge du seigneur au juge royal. Les règles

doivent être les mêmes quand il est porté du seigneur inférieur devant le seigneur souverain.

703
858
963
L'appelant doit appléger dans les dix jours son appel devant le sergent du Roi : le juge qui rendit le jugement doit aussi appléger son jugement dans les 10 jours, de la même manière. Cette formalité de l'applégement, inutile en Saintonge dans tous les cas, n'est exigée en Poitou d'une manière absolue et à peine de nullité que quand le juge est fermier de sa justice, comme serait un prévôt fermier; peu importe, au surplus, que le juge dont est appel soit un juge seigneurial ou royal ; toutes les fois qu'il sera fermier, l'appelant et le juge devront appléger sur appel pour que la procédure soit valable.

Dans les quarante jours qui suivent la déclaration d'appel, l'appelant doit faire ajourner le juge à aller en cause d'appel, et intimer la partie en faveur de laquelle le jugement a été rendu pour qu'elle soit présente au même jour pour défendre le jugement.

L'ajournement en appel doit en outre être donné au seigneur, parce qu'une partie de son patrimoine est mise en question ; car si l'appelant gagne en appel il perd son obéissance. Aussi cet ajournement doit-il être donné au seigneur lui-même ou à son procureur; celui qui serait donné en la personne de son sénéchal ou de son receveur ne serait pas valable.

A défaut par la partie d'appléger son appel, elle sera considérée comme l'ayant abandonné, et le jugement sera maintenu.

A défaut par le seigneur ou le juge d'appléger le jugement, ils ne pourront pas le défendre, et le seigneur perdra l'obéissance de son homme tant que celui-ci sera vivant.

Mais comme la partie qui a gagné en première instance et le juge qui a jugé ne sont pas solidaires l'un de l'autre, ils pourront soutenir l'appel en l'absence l'un de l'autre, chacun en ce qui concerne ses droits.

Quand l'appel d'un juge royal est porté devant 626 la cour de France, c'est-à-dire devant le Parlement de Paris, l'ajournement doit être donné dans les trois mois de l'appel. Mais on ne peut, à moins de grâce spéciale, plaider devant le Parlement qui siége au moment de l'ajournement; on ne peut plaider qu'au Parlement suivant, aux jours de la sénéchaussée. Dans ce cas, l'appel doit être intimé au défendeur dans les dix jours, s'il n'était présent à la déclaration d'appel; cette intimation paraît avoir été inutile si le défendeur, appelé, intimé, était présent.

Si le défendeur ne comparaît pas sur l'ajournement, l'appelant ne pourra demander ni dépens ni amende, mais il pourra obtenir les autres profits de son appel. L'appelant doit toujours comparaître, ainsi que le juge, sous peine de payer l'amende et les frais du défaut. Le défendeur peut se faire représenter par un procureur sans autorisation spéciale.

Dans cette procédure, l'applégement sur appel
n'est point exigé en Poitou et en Angoumois ; il
l'est en Saintonge.

296
298
299
794
964

Tant que dure la procédure de l'appel, l'appelant est exempt de la juridiction du juge dont il
a appelé pour toutes ses autres causes ; et si après
l'appel il revenait devant ce juge, soit en demandant, soit en défendant, même pour requérir
des productions ou publications, il serait par
cela même censé renoncer à son appel. Cette
exemption n'a pas lieu quand le juge dont on
appelle est le juge du Roi ou d'un seigneur qui
tient en pairie : elle n'a lieu que pour la cause
pendante devant le juge d'appel. Cependant, le
juge ne doit pas contraindre l'appelant à répondre devant lui de ses autres causes, parce que
l'appel le rend suspect, et, comme tel, l'appelant
peut refuser de procéder devant lui, en cause
civile et criminelle, à moins qu'il ne s'agisse de
crime si évident et si grave qu'il en doive être
condamné par son fait même.

D'après le droit canonique, l'exemption de
juridiction n'avait pas lieu d'une manière générale à l'égard des juges d'Église dont on avait
appelé ; mais la coutume n'avait pas admis cette
règle.

Quand les parties sont devant le juge qui con- 796
797
naît de l'appel, c'est à l'appelant à exposer le
premier son affaire, et il doit conclure à ce que
le juge déclare qu'il a été mal jugé, bien appelé,
et qu'il soit déclaré exempt de la juridiction qui
a rendu le jugement. C'est, en effet, une conséquence de l'appel tel qu'il est encore organisé au
quinzième siècle ; le mal jugé suppose une faute
grave ou même un délit, non-seulement envers
la partie lésée par le mauvais jugement, mais
encore envers le seigneur souverain qui doit garantir une bonne justice à ses sujets : de là, la
mise en cause nécessaire du juge qui a rendu le
jugement et du seigneur dont il est le juge, parce
que s'il a été mal jugé il perd toute juridiction
sur l'homme grevé par le mauvais jugement ; de
là aussi cette conséquence que quand l'appelant
renonce à suivre sur son appel, le délaisse,
comme il en a le droit, la cour souveraine peut
néanmoins suivre le procès contre le seigneur et
décider qu'il a mal jugé, parce que le droit du
seigneur souverain ne peut être amoindri par
le fait de la partie, et que si elle est exempte de
la juridiction du juge dont est appel, c'est au
seigneur souverain que cette juridiction est dévolue.

La perte de juridiction par suite de réforma- 695
858
tion du jugement est personnelle à l'appelant.
Mais l'appel peut entraîner perte de juridiction

non-seulement sur l'appelant, mais encore sur
ses hommes, quand il y a appel de défaute de
droit, et autres cas qui y sont assimilés.

972   Toutes les fois que le juge supérieur n'est pas
un juge royal, on doit, pour faire réformer un
jugement, procéder par voie d'appel comme
nous venons de le voir. Mais quand la juridiction supérieure est une juridiction royale, on
peut y demander amendement de jugement.
Nous retrouvons ici, d'une manière encore exceptionnelle, le germe de l'appel tel qu'il existe
dans notre législation moderne.

On doit demander amendement de jugement
le jour même où ledit jugement est rendu. Quand
une partie a demandé amendement de jugement,
le bailli doit lui donner jour pour faire droit sur
sa demande et semondre des hommes le Roi, de
ceux qui assistèrent au jugement « et des autres
sages qui sachent droit et raison, » pour voir si
le jugement a été bien ou mal rendu. S'il a été mal
rendu, on doit le réformer. S'il a été bien rendu,
celui qui en demande amendement fera ses meubles s'il est gentilhomme et homme du Roi.

Si le bailli refuse de faire droit à la demande
d'amendement de jugement, celui qui veut l'obtenir peut appeler devant le Parlement de Paris.
Si le jugement est bon, il sera maintenu et l'appelant fera l'amende dessus dite; sinon, il sera
réformé, et le bailli devra rendre tous les coûts

et dommages qui auraient été la conséquence de
son refus.

Le pouvoir du juge supérieur à l'égard du juge 912
inférieur ne se borne pas à statuer sur l'appel de
ses jugements : il est dans la nature des choses
qu'il ait sur lui le pouvoir de discipline, et qu'il
puisse personnellement le reprendre de ses actions. Nous trouvons une trace de ce pouvoir
dans les dispositions du § 912 de notre coutumier. Le justicier peut corriger toutes les erreurs
qu'il a commises dans le gouvernement de sa juridiction lorsqu'elles se peuvent réparer sans
qu'il y ait dommage causé : ainsi quand il a fait
sans motif saisie ou arrêt sur aucun de ses justiciables, il peut annuler ce qu'il a fait, sans que
le souverain justicier puisse le reprendre à cause
de ce fait. Mais quand il s'agit de choses graves
qui ne se peuvent réparer, comme de mort, mutilation, bannissement, ou autres cas semblables
qui pourraient entraîner la perte de la justice ou
de l'obéissance, le justicier supérieur pourra ci-
ter devant lui le justicier inférieur et le punir.

CHAPITRE XVIII.

DE L'EXÉCUTION DES JUGEMENTS ET LETTRES.

53
239
263
305
525
679
680
719

Quand on veut mettre à exécution un jugement ou une lettre, on doit en donner d'abord lecture à la partie contre laquelle on veut l'exécuter, afin qu'elle soit mise à même de s'y opposer si elle le juge convenable.

Celui contre qui on demande exécution ne peut demander attente de conseil à moins qu'il ne montre qu'il est *partie encontre*, ce qui veut dire probablement, à moins qu'il ne fasse opposition : et il doit nécessairement opter entre l'opposition et l'exécution pure et simple. Les causes principales pour lesquelles on peut former opposition sont le payement de la dette, la prolongation du terme, la fausseté des lettres dont on demande l'exécution, l'arbitrage stipulé par peine et serment sur les difficultés naissant du jugé ou des lettres, la novation, quand les parties ont remplacé le jugé ou l'obligation par une autre obligation même naturelle.

Celui qui est chargé de mettre une sentence à exécution doit agir conformément aux ordres qu'il a reçus; il ne peut intervenir autrement dans l'exécution, alors même qu'il saurait que le jugement est faux et contre raison. L'opposition doit être portée devant le juge. Notre coutumier est muet sur le point de savoir quel est le juge compétent; mais il me semble résulter du § 719 que c'est le juge du lieu où sont situées les choses saisies.

La partie qui veut s'opposer à l'exécution doit garnir la main jusqu'à concurrence de la somme réclamée, et donner plége qu'elle poursuivra son opposition au jour qui lui sera donné. Si elle succombe dans son opposition, elle devra LX sous d'amende à la justice.

La preuve des exceptions invoquées incombe 241 à celui qui forme l'opposition : s'il renonce à son opposition ou s'il succombe, l'exécution doit avoir son cours; car une fois que les biens du débiteur sont saisis en vertu d'un jugement, il ne peut en avoir la délivrance, même en donnant plége, que s'il forme opposition.

On doit d'abord exécuter sur les meubles. 248 C'est seulement dans le cas où ils ne suffiraient pas pour tout payer qu'on peut s'attaquer aux immeubles. La justice doit alors par prudhommes jurés faire estimer une partie des héritages jusqu'à concurrence de la valeur desdites dettes, puis les faire crier en marché ou à l'église, à 3 termes, de vii, de xv et de xl jours. Après l'expiration de ces délais, la chose ainsi criée sera adjugée à celui qui en offrira le prix le plus élevé, et si personne ne se présente elle demeurera pour le prix de l'estimation à celui qui l'a fait saisir. De tout quoi, la justice doit lui donner lettres.

250 Quand l'exécution doit avoir lieu pour rentes et arrérages assis spécialement sur certains héritages, la justice doit d'abord faire bailler par personnes jurées une partie des biens sur lesquels la rente est assise pour la valeur de ladite rente; puis sur le surplus, elle fera priser et adjuger jusqu'à concurrence des arrérages dus : le tout de la manière que nous venons de voir.

719 Il n'est pas nécessaire que la sentence qu'il s'agit d'exécuter ait été rendue par le juge dans la juridiction duquel il s'agit de la mettre à exécution : il suffit que celui qui l'a rendue prie les autres juges de la mettre à exécution.

218
373 Nul homme franc ne peut être détenu pour dettes, encore qu'il n'ait pas de quoi les payer, à moins que ce ne soit pour dettes envers le Roi. Celui qui doit et ne peut payer doit faire la loi du pays, et jurer sur les Évangiles qu'il n'a pas de quoi payer, et qu'il s'acquittera s'il revient à meilleure fortune.

DROIT PENAL.

Parmi les principes de droit pénal recueillis par notre compilateur, il en est un qui est une des bases les plus essentielles de la liberté individuelle : c'est que nul ne peut être frappé d'une 174 peine sans l'avoir mérité, c'est-à-dire sans être condamné par le pouvoir compétent. Il est vrai que nous y trouvons aussi celui qui fut constam- 787 ment appliqué jusqu'à la promulgation de nos codes modernes, que quand un fait délictueux a été commis, le juge peut, dans le cas même où le droit et la coutume ne prononcent aucune peine, le punir d'une peine arbitraire, excepté de la peine de mort.

Nous ne trouvons parmi les règles qu'il a recueillies aucune qui indique une division de méfaits analogue à celle de notre Code pénal; comme il n'y avait aucune différence dans la juridiction qui en devait connaître, sauf quelques cas spécialement réservés au haut justicier,

une pareille classification était inutile, et nous
ferons comme lui en nous servant des mots de
crime et *délit* sans leur attacher un sens aussi
précis que celui qu'ils ont dans notre droit
pénal moderne.

320
659
902 La tentative est punie comme le fait lui-
même; mais il faut qu'elle soit manifestée par un
commencement d'exécution; car ceux qui ont
formé l'entreprise de tuer un homme et qui sont
arrêtés en chemin, encore qu'ils avouent leur
projet, ne devront perdre ni vie ni membre,
pourvu qu'ils n'aient rien fait de plus.

229 La responsabilité d'un méfait appartient à celui
par l'autorité et le commandement duquel il a été
commis.

348 Ceux qui reçoivent sciemment les meurtriers
ou les choses qui proviennent à ceux-ci de leurs
crimes sont punis comme meurtriers : à moins
que ce ne soient leurs lignagers.

Mais la déclaration d'un meurtrier ou larron
contre un autre ne suffit pas pour prouver la
complicité de cet autre : elle autorise seulement
la justice à le prendre, et à rechercher s'il reconnaît la complicité dont on l'accuse.

648 Le principe d'union dans la famille, par l'application duquel le mari ou le père de famille est
censé ressentir personnellement l'injure dite à sa
femme ou à son fils, et peut agir en justice pour

en obtenir la réparation, ne s'applique pas au 650
contraire quand il s'agit de délit commis par la 750
femme ou par le fils; ils en sont personnellement
responsables.

Un autre cas de responsabilité est celui qui 793
résulte de l'applégement fait devant la justice
pour un homme détenu pour cas de crime. Celui
qui l'applége simplement, sans déclarer ou spécifier qu'il l'applége pour certaine peine, ne devra
à la justice que c sous d'amende. Mais s'il l'applége
corps pour corps et avoir pour avoir, il devra
subir la même peine que lui, et quant à son corps
et quant à ses biens.

L'enfant âgé de moins de quatorze ans n'est 364
passible d'aucune peine pécuniaire ou corporelle.

Dans des temps aussi profondément troublés
que ceux du moyen âge, alors qu'aucune sécurité
n'existait pour les personnes, et que les principes de garantie personnelle et de justice indépendante écrits dans les coutumes recevaient
chaque jour les plus éclatants démentis, on devait songer à prendre des précautions pour éviter
autant que possible les attentats contre les personnes ou contre les biens, attentats dont la
preuve aurait été souvent difficile; car la crainte
du puissant personnage qui en était l'auteur aurait sans doute empêché les témoins de parler.
C'est pour obvier à de si grands dangers que la

346
351
358
coutume avait introduit ce qu'on appelait l'asseurement ou sauve-garde.

375
835
Celui qui craint un autre, et qui a peur qu'il
ne cause de graves dommages à sa personne
ou à ses biens, peut aller trouver le haut justicier,
ou la cour du Roi, lui affirmer ses craintes sous
serment, et lui demander loyal asseurement. Cet
asseurement comprend la personne et les biens
de celui qui le demande, ainsi que ses hommes
de corps, ou serfs; car ils sont siens comme ses
autres biens : mais quant aux autres hommes,
vassaux ou non, que notre texte appelle hommes
civils, ils doivent demander l'asseurement en
leur nom personnel; il y aurait en effet trop de
dangers si on le demandait pour des personnes
qu'on ne verrait ni ne connaîtrait.

Le Roi ou le haut justicier peuvent seuls accorder asseurement ou sauve-garde, et la justice
en appartient à celui qui l'a accordé.

Si celui à qui on a demandé asseurement ne
l'accorde pas présentement et dit qu'il s'en con-
seillera, la justice peut lui défendre de s'en aller
avant de l'avoir accordé. S'il se retire malgré
cette défense, et si pendant ce temps on tue celui
qui l'avait demandé, ou on lui brûle ses maisons,
ou on lui fait autre dommage, sans savoir quel
en est l'auteur, celui qui a refusé l'asseurement
sera réputé coupable, et sera puni comme tel,
même de la peine de mort.

Les coupables de crime contre la Majesté 761
Royale, comme trahison, machination ou autres, 941
doivent être punis par le prince, de quelque état
ou condition que soit le coupable, clerc, prêtre,
religieux ou autre, et quelque privilége qu'il
puisse alléguer : c'est le crime que notre compilateur appelle *manipolium*.

Celui qui est excommunié plus de quarante 255
jours doit, sur la demande du juge d'Église, être 258
forcé par la justice laye de venir demander son 702
absolution : cette contrainte s'exerce au moyen
de la saisie de ses biens. Et quand il est absous
il doit amende aux deux justices.

Celui qui est soupçonné d'hérésie doit être
conduit devant l'évêque qui examine sa foi;
si l'évêque trouve qu'il est hérétique, il le renvoie à la justice laye qui le fait brûler, et con-
fisque ses meubles. C'est une sorte de question
préjudicielle dont le juge laïque ne peut connaître.

De même lorsqu'il s'agit de savoir si un individu arrêté par la justice laye est clerc, il
doit être remis au juge ecclésiastique qui décide
s'il l'est, et sa décision doit être suivie par le juge
séculier.

Le clerc coupable de faux doit être banni, et 181
ses meubles sont confisqués. Les lettres du pape 819

69
260 peuvent être faussées par faux latin. En général le faux est puni par la perte du poing. Cette peine ne s'applique pas seulement aux faussaires dans le sens ordinaire du mot, mais aussi à ceux qui fabriquent de fausses marchandises, c'est-à-dire contrairement aux règlements pour chaque espèce. Les fausses marchandises doivent être brûlées. Celui qui ne fait que les vendre sans les avoir fabriquées doit 60 sous d'amende.

347   Les faux monnoyeurs doivent être bouillis et pendus.

253   Nous trouvons dans notre compilation une disposition concernant les vagabonds : celui qui se livre dans une ville à de folles dépenses, qui hante les tavernes sans qu'on connaisse ses moyens d'existence doit en justifier devant la justice ; s'il ne le peut, et s'il est de mauvaise vie, il doit être expulsé de la ville.

251   Les coupables de meurtre, rapt, ocis ou encis, escherpeleiz ou escharpellerie doivent être traînés et pendus, leurs maisons détruites, et le seigneur prend leurs meubles et le revenu de leurs terres pendant une année, chacun en ce qui sera en sa seigneurie. En Anjou, le seigneur fait en outre ravage sur leurs terres, ce qui consiste à couper les bois et les vignes et labourer les prés.

La même justice doit être faite des voleurs d'é- 368
glise et des incendiaires.

Meurtre.

Le meurtre comprend l'homicide de soi-même 354
qui est puni de la même manière.

Le meurtre n'est puni d'aucune peine s'il a 345
été commis dans une mêlée, et si celui qui l'a
commis peut prouver que l'individu tué a commencé par lui faire une blessure. Si quelqu'un
du lignage l'appelle en justice pour voir juger
qu'il a tué sans être en état de légitime défense,
on pourra ordonner la bataille, et le vaincu sera
pendu.   ·

La légitime défense fait disparaître la crimina- 500
lité, quand il s'agit non-seulement de la défense
de soi-même, mais encore de celle de personnes
qui nous touchent de près.

Mais la défense doit être proportionnée à l'at- 997
taque : il n'est pas permis de se servir de ses
armes quand on est menacé du poing ou d'un
bâton, si l'on peut se défendre facilement d'une
autre manière; si l'on fait, dans ce cas, des blessures à son adversaire, on pourra en être puni.
Mais, en sens inverse, si un homme faible ou
malade est menacé par un homme plus fort que
lui, et s'il ne peut bonnement attendre le coup
sans courir de danger, il pourra se servir de ses

armes pour se défendre contre lui, alors même
qu'il ne voudrait le frapper que de son poing ou
de son bâton.

361
903
    Celui qui tue un larron qui vient de nuit dans
sa maison ou qui vient l'attaquer en armes n'est
puni d'aucune peine, surtout s'il n'a pu se défendre autrement.

850   Celui qui trouve un homme en flagrant délit
d'adultère avec sa femme peut le tuer sans encou-
rir aucune peine, alors même que l'autre, sur-
pris, se sauverait, pourvu qu'il soit tué en chaude
suite et sans divertir à d'autres faits; car si le
mari outragé interrompait sa poursuite, il devrait
être puni s'il faisait à l'autre dommage de son
corps ou de ses biens.

995   Les blessures faites à autrui doivent, à la rigueur, être punies de la peine du talion; mais
le juge peut modérer la peine, à moins qu'il
ne s'agisse de blessures qu'on doive regarder
comme l'équivalent d'un meurtre; tel serait
le cas où l'on crèverait l'œil à celui qui en a
déjà perdu un.

328   Les coups et blessures qu'un homme a reçus
ne sont pas censés avoir causé sa mort s'il en
guérit, et s'il meurt plus d'an et jour après les
avoir reçues.

362   Sont punis comme homicides : celui qui ne
délivre pas un autre homme de la mort alors
qu'il le pouvait faire; celui qui, d'une manière

quelconque, rend l'homme incapable d'engendrer et la femme de concevoir.

Les auteurs d'artifices, empoisonnements, 823
breuvages, philtres, etc., doivent être brûlés ;
cependant, si la mort ne s'en est pas suivie, le
juge peut mitiger la peine. Comme un pareil
crime est bien voisin de la sorcellerie, qu'elle-
même est un crime contre la foi, on peut soutenir que les auteurs de semblables méfaits doivent être punis par le bras ecclésiastique.

La femme qui se rend coupable d'infanticide 349
doit, pour la première fois, être rendue à l'Église;
mais pour la seconde fois, elle doit être brûlée :
on peut croire, en effet, la première fois, que
c'est un malheur ; la seconde démontre l'existence
de l'intention criminelle.

Encis ou ocis.

C'est le meurtre d'une femme enceinte, ou les 251
violences exercées contre elle qui causent sa
mort et celle de son enfant.

Escherpelerie, escherpeleiz.

C'est le vol commis à main armée sur les che-
mins ou dans les bois.

Rapt.

C'est le fait de forcer une femme ou une fille. Selon le droit civil, le coupable ne peut s'affranchir du châtiment qui lui est dû en offrant d'épouser la femme qu'il a violée; mais, suivant la coutume, il peut être quitte de toute peine en offrant de l'épouser ou en la mariant suivant sa position.

On doit être plus sévère quand le forsage de femme a été accompagné d'enlèvement (ravissement, comme on disait aux xive et xve siècles), que quand le viol ou la tentative ont été commis au lieu où la femme a été trouvée.

Celui qui a épousé la femme même contre le gré de ses père et mère avant d'avoir compagnie avec elle, ne peut être tenu pour ravisseur.

La femme mariée qui accuse un homme de l'avoir violée doit, pour que sa plainte soit reçue, prouver le fait par témoins, ou montrer *déchirure ou desrompeure* de sa chair. La meschine doit, en outre, prouver que des violences graves ont été exercées contre elle.

Injures.

On peut juger des délits qui se reproduisent le plus souvent en voyant dans des recueils de décisions, comme celui dont je m'occupe en ce moment, le nombre de celles qui leur sont relatives. Les décisions sur les injures, les larcins, les meurtres et les coups sont plus nombreuses que celles relatives aux autres délits; nous devons en conclure que ces délits étaient les plus fréquents. Nous avons maintenant à nous occuper des injures.

Notre compilateur mentionne deux espèces [287] d'injures : *Injuria legis; injuria verbalis.* L'injure est dite *legis*, quand on met la main sur autrui ou sur ses biens, qu'on le frappe, qu'on lui enlève ses biens, qu'on le déboute de son droit, de son domaine ou de sa possession. Elle est *verbalis* quand on dit à autrui paroles diffamatoires ou vilaines qui tournent à son blâme ou à son préjudice, ou à son dommage. L'injure légale comprend donc tous les cas où l'on porte atteinte au droit d'autrui. Ce sens du mot injure, qui est celui qu'il a en latin, est tombé peu à peu en désuétude, et je crois bien qu'au temps de notre compilateur il n'avait plus dans le langage ordinaire que le sens qu'il a encore aujourd'hui, parole outrageante, terme de mépris ou invective; aussi voyons-nous une autre dis- [101] tinction fondamentale, c'est celle qui distingue les injures en injures simples, et injures ou paroles de desloy. Ces dernières sont celles qui consistent dans l'imputation de faits ou de vices graves inculpant l'honneur de celui à qui on les adresse : ainsi trahison, larron prouvé, sont des paroles de desloy; fils de putain, ribaut prouvé, sont de simples injures.

634 Celui à qui des injures sont dites ne peut y répondre par des injures de desloy ou par des coups; il peut seulement répondre modérément par d'autres injures verbales.

605 651 653 547 La partie doit fixer dans sa demande le montant de l'amende qu'elle prétend obtenir. Celle pour injure de desloy est fixée par la coutume du pays à c s. et un faux denier, bien que quelques-uns la fixent à lx s. Dans certains cas, l'amende est dite *atrox* ou de merci, et fixée suivant la qualité de l'offense et la fortune de l'offenseur; c'est quand on dit injure à son seigneur justicier ou à ses officiers. Si le juge trouve que la demande est excessive, il peut la 512 modérer : cependant, ce pouvoir paraît un peu restreint quand celui qui forme la demande pour injures affirme sous serment qu'il aurait préféré perdre du sien la somme au payement de laquelle il conclut à titre d'amende.

592 A cette époque comme aujourd'hui, les injures, les coups et violences sont souvent inséparables; aussi les deux demandes sont souvent faites ensemble. Notre compilateur fixe à un an et un jour le temps pendant lequel dure l'action d'in-

jures : passé ce temps, on ne peut plus que demander ses dommages.

Quand l'injure et les violences ont eu lieu en   592
même temps, on doit faire demande sur le tout
et conclure à une seule amende. Si les deux délits ont eu lieu l'un après l'autre, on peut faire
deux demandes, et réclamer deux amendes.
L'amende de sang et plaie est de LX s.   547
                                        616
Le défendeur à une semblable action ne peut,
après avoir nié la demande, dire qu'il n'a fait
que se défendre ; s'il veut opposer ce moyen, il
doit le faire avant de nier.

Celui qui est prouvé avoir dit injure de desloy   653
doit être noté d'infamie et est déchu du droit de
porter témoignage. Aussi, le juge devant lequel   893
la preuve est faite ne doit pas déclarer que l'injure est prouvée ; il doit seulement faire payer
l'amende à la partie, ou commettre aucuns pour
prononcer d'autres peines déterminées. Pour
éviter une pareille conséquence, notre compilateur admet cette autre règle que quand on a une   699
autre action, l'action d'injure peut être déclarée
non-recevable, et il donne pour exemple le cas
où l'on a abattu un mur ; le propriétaire du mur
qui peut agir pour faire réparer son dommage
ne pourra intenter l'action d'injures. Quelques-
uns cependant prétendaient qu'on ne pouvait
empêcher le choix du demandeur.

L'escondit, ou excuse, présenté en jugement par   506

le défendeur qui reconnaît ses torts en disant
qu'il était en colère et qu'il en est fâché, l'affranchit de l'infamie ; mais il en reste toujours défa-
vorablement noté.

Vols.

Le vol est l'appropriation frauduleuse d'une
586 chose qui appartient à autrui. Par conséquent,
celui qui prend cette chose ne commet pas un
vol si, en l'absence du propriétaire, il la prend
pour s'en servir et pour la lui remettre ensuite ;
c'est au juge à apprécier les circonstances. De
691 même quand les biens d'un condamné à mort
sont commis à la justice par la coutume, celui des
héritiers du condamné qui en prend quelque
chose ne commet pas un vol tant que la justice ne
s'est pas mise en possession, et ne doit qu'une
168 peine pécuniaire. Enfin, le voleur qui vend la
chose volée n'a pas pour cela volé l'argent pro-
735 duit de cette vente et qui représente la chose
soustraite. Mais celui qui s'empare d'une chose
qu'il a trouvée et qui la garde commet un vol
et doit être puni, parce qu'il sait que la chose est
à autrui et qu'il la retient sans le consentement
du propriétaire.

347
580   Sont punis de la perte des yeux : le vol commis
dans une église, le vol d'un soc de charrue.

Sont punis de mort : le vol au préjudice de
son seigneur quand on est de son pain et de son

vin ; le vol de chevaux ou juments; de draps en
poulie; de cuirs en fosse; les vols de nuit ou
avec effraction, pourvu que la valeur du vol soit
de v s. au moins. Quant aux vols de choses mi-
nimes, ils sont punis de la perte des oreilles ou
du pied, et le coupable n'est puni de mort qu'en
cas de récidive. En Poitou, le vol d'un bœuf ou
d'un cheval n'est puni que de la perte du pied.

L'incendie est puni de la perte des yeux. Celui que l'on communique aux champs ou aux
domaines d'autrui en le mettant chez soi est puni
arbitrairement, si l'auteur n'a pas de quoi payer
le dommage.

347
786

Ce qui nous reste des prisons des xıv^e et
xve siècles nous montre qu'elles étaient solide-
ment construites; mais les évasions avaient lieu
alors comme aujourd'hui. De plus, on confiait
souvent les prisonniers à la garde spéciale d'un
sergent ou autre personne chez laquelle il était
détenu. L'évasion du prisonnier faisait facilement présumer une connivence entre lui et son
gardien, et même une sorte de complicité pour
le fait qui motivait la détention. Aussi, celui qui,
par sa faute, laissait évader un prisonnier confié
à sa garde devait subir la même peine que le prisonnier. Cependant il était au pouvoir du juge

342
986

de modérer la peine et de le condamner à une amende arbitraire.

119
202 La responsabilité des animaux dont on est propriétaire peut n'être pas seulement civile; elle peut entraîner des peines plus graves, dont la moindre est la perte de l'animal, et une amende si l'animal fait des blessures dans un marché et si le propriétaire n'ose jurer qu'il ne connaissait pas le vice de sa bête. Si, au lieu de blesser, elle tue quelqu'un, s'il jure qu'il ne connaissait pas ce vice, la bête demeurera à la justice, et son propriétaire fera amende de c s. Il sera puni de mort s'il déclare qu'il connaissait le vice de sa bête.

98 Celui qui laisse aller ses bêtes sur les choses d'autrui, lorsque celui-ci les aura défendues, devra l'amende selon la coutume du pays.

656 Celui qui récolte les fruits de ses vignes ou de ses domaines avant qu'ils soient mûrs doit être condamné à une amende, à l'arbitrage du juge.

256
967 Celui qui brise la saisine n'encourt aucune amende s'il jure qu'il ne connaissait pas la saisine; il devra seulement restituer la chose ou sa valeur s'il ne l'a plus. S'il ne veut pas faire ce serment, il perdra ses meubles s'il est gen-

tilhomme, et fera LX s. d'amende s'il est coustumier.

La procédure civile peut donner lieu à des
amendes. Le demandeur qui réclame une dette
et qui perd son procès doit, en Poitou, amende
de x s. 1 d.; il ne la doit pas en Anjou. Celui
qui a reconnu et nié une chose quelconque doit
une amende, de même que celui qui défend à tort
ce dont il est enchaucé. L'amende est de LX s.
pour saisine brisée et désobéissance.

96
97
547

La peine de mort que nous voyons prononcée
si fréquemment ne s'exécutait pas toujours de la
même manière. C'est le feu, dans certains cas,
pour les coupables, hommes et femmes. Dans
tous les autres cas, les hommes sont pendus et
les femmes enterrées vives ; aucune autre distinction n'est admise, et les nobles sont pendus
aussi bien que les roturiers. Ce n'est que dans le
xvie siècle qu'ils ont obtenu un privilége jusque
dans le dernier supplice.

PROCEDURE CRIMINELLE.

La poursuite des crimes et des délits appartient
en premier lieu aux parties lésées et à leur li– 252
gnage, au moins jusqu'au degré de cousin germain. Elle appartient au mari pour villenie faite
à la femme ; mais la femme ne peut agir pour
celle faite à son mari. C'est principalement aux 500
proches parents qu'appartient le droit de poursuivre le coupable par accusation. La poursuite
d'office par la justice n'est admise que d'une
manière exceptionnelle. Les poursuites criminelles peuvent avoir lieu par *accusation, inqui–* 942
sition et *dénonciation*.

ıDénonciatioıı

La dénonciation paraît être employée surtout
pour arriver par voie civile à la restitution d'objets enlevés : celui qui emploie ce moyen doit faire
protestation qu'il ne se porte pas partie à fins criminelles, mais seulement pour avoir restitution

366 de son chatel. Si une accusation est portée par un
autre contre la même personne pour le même
fait, on doit surseoir au jugement de la dénon-
329 ciation jusqu'après celui de l'accusation. On peut
compromettre sur la dénonciation; mais c'est
seulement en ce qui concerne les droits des parties; ceux de la justice restent entiers. Quels sont
ces droits? Le texte ne le dit pas; mais il me
semble que c'est le droit de poursuivre l'affaire
par voie d'inquisition.

Accusation.

L'accusation est encore à l'époque où notre
compilation a été faite la procédure criminelle
ordinaire; c'est seulement quand le juge est saisi
par voie d'accusation qu'il a les pouvoirs les plus
étendus pour l'application de la peine. Ils sont
beaucoup plus limités quand il a procédé par
voie d'inquisition comme nous le verrons en parlant de cette procédure.

L'accusation peut être faite purement et simplement, ou sauf les raisons du défendeur.

942   Dans le premier cas, celui qui accuse doit
s'appléger et se soumettre à la peine du talion.
322 L'accusateur doit désigner les faits, surtout s'il
326 s'agit de meurtre, de trahison, de larcin, ou autres cas de haute justice. Accusateur et accusé
257 doivent être détenus tous deux en égale prison :

_ suivant la coutume de Poitou, la justice peut les mettre en liberté sur leur demande, à la charge de donner plége, et malgré l'opposition de la partie adverse; mais dans d'autres pays cette mise en liberté ne peut avoir lieu pour les cas qui emportent perte de vie ou de membre. Dans le cas où celui qui a été mis en liberté ne viendrait pas au jour qu'il a promis, la justice ne peut avoir que cent sous pour relief d'homme, à moins qu'il n'y eût une peine plus forte stipulée, auquel cas elle pourrait prendre cette peine.

L'accusation ne peut être intentée d'une ma- 365 nière subsidiaire; tellement que celui qui a fait semondre un autre à lui répondre, ne peut plus intenter contre lui une action criminelle pour fait antérieur à l'ajournement.

Celui qui succombe dans son accusation doit subir la peine qu'aurait subie l'accusé s'il avait été convaincu du fait. Pour éviter une aussi grave 344 conséquence on avait introduit une autre manière d'accuser, c'était de le faire *sauve les raisons au défendeur;* cette procédure se trouvait par le fait, comme le dit notre compilateur, plus périlleuse pour le défendeur que pour l'accusateur; car si le défendeur était convaincu du fait dont on l'accusait, il devait en supporter la peine, quelle qu'elle fût, tandis que l'accusateur qui succombait devait faire amende de desloy, per-

dre l'amende qu'il avait gagée, et en outre indemniser l'accusé.

L'accusateur peut abandonner son accusation
s'il n'a rien fait de plus que d'appeler l'accusé en
justice : on peut lui faire jurer qu'il ne l'abandonne pas par don ou par promesse ; mais dans
ce cas, il doit l'amende à justice et à partie et
100 doit dédommager celle-ci. Cependant, la justice
peut encore s'il le veut lui faire droit de cette
demande, mais seulement dans les limites où elle
peut agir quand il n'y a pas de plainte.

84   Celui qui est arrêté ne doit pas répondre jusqu'à ce qu'il soit mis en liberté, si c'est pour fait
pour lequel il doive être mis en liberté sous caution : notre compilateur ne dit pas quels sont ces
368 cas. Jusqu'au jugement, l'accusé ne peut se porter accusateur contre personne ni porter témoignage contre qui que ce soit : pour y être admis,
il doit prouver qu'il n'est pas coupable.

325   L'accusé de crime doit répondre sans délai et
330
344 sans faire défaut, qu'il avoue ou nie le fait : l'aveu
emporte preuve complète comme nous le ver-
rons plus loin. Il doit répondre dans la journée
où ajournement lui a été donné, sans quoi il
pourrait être réputé défaillant, et comme tel convaincu du fait. Quand il a nié le fait, il doit faire
réserve de proposer ses raisons, et demander son
renvoi à son seigneur s'il est justiciable d'un seigneur autre que celui devant lequel il a été ap-

pelé ; la fausse avouerie qu'il ferait en pareille
circonstance pourrait avoir de graves conséquences pour lui. On doit, dans ces divers cas,
procéder par ajournement spécial.

Le juge a le droit de convertir la peine crimi- [820]
nelle en peine civile ; dans ce cas, quand il a prononcé une condamnation à l'amende, ou que
l'accusateur et l'accusé ont transigé, si l'accusé
ne peut pas payer, il ne peut plus être contraint
qu'à faire cession de biens, le procès criminel ne
peut plus revivre.

Quand le défendeur fait défaut, la justice, ou [251]
le baron s'il s'agit d'un des quatre grands cas
dont la connaissance lui appartient, le doit faire
semondre à son domicile, à celui de ses voisins,
à l'église paroissiale et en plein marché, pour qu'il
vienne se défendre dans un délai de 7 jours et
7 nuits. S'il ne se présente dans ce délai, pareille
semonce doit être faite pour qu'il se présente
dans un délai de 15 jours et 15 nuits. S'il ne se
présente encore, une troisième semonce est faite
pour avoir à se présenter dans un délai de
40 jours et 40 nuits : s'il ne vient pas, il sera
banni en plein marché. Si le défendeur se présente après ces délais, et s'il ne peut donner
exoine raisonnable, ou bien établir qu'il a été
dans des lieux où il ne pouvait connaître les poursuites, il sera tenu comme coupable.

Inquisition.

293
299
334   Quand le méfait est grave ou appert à tous, si
600   évident que son auteur doit être condamné par le
656   fait même, il n'y a pas lieu nécessairement à accusation; tel est le cas de meurtre, *car*, comme le
dit notre compilateur, *le sang se plaint;* la justice peut alors accuser sans promoteur ou partie.
Autrement, bien que de son office le juge puisse
faire demande de faits ou de choses qui ont été
accomplis au préjudice du commun profit, il ne
peut agir que par voie d'inquisition.

476
942   Mais le juge ne peut ainsi agir d'office que
quand il y a une sorte de notoriété; il peut faire
une enquête et même faire arrêter le prévenu. Tel
285   est le cas où il se présente en justice avec des actes
faux; on doit commencer par le faire arrêter.

252
323
337   Si l'inculpé est en fuite, la justice doit le faire
semondre comme nous l'avons vu quand il y a
accusation et dans les mêmes délais. S'il revient
avant l'expiration de ces délais, et s'il affirme par
serment sur les Évangiles qu'il est venu aussitôt
qu'il a été appelé, il pourra présenter ses moyens
de défense. Dans ce cas, comme dans celui où il
a été fait prisonnier immédiatement, s'il ne se
présente personne pour l'accuser, la justice
pourra faire les semonces nécessaires dans les
délais de 7, 15 et 40 jours, comme nous l'avons

vu précédemment; en cas de meurtre, cette semonce est faite au lignage du mort jusqu'au degré de cousin germain, probablement outre les
semonces faites au marché et à l'église. A l'expiration des délais ci-dessus, si aucun accusateur ne
se présente, la justice doit le mettre en liberté à
la charge de donner plége, ou s'il ne peut trouver
plége, en jurant qu'il ne quittera pas le pays
pendant l'an et le jour, qu'il se présentera à
toutes les assises et répondra pendant ce délai
à tous ceux qui voudront l'appeler. Cela n'empêche pas la justice de faire son enquête; mais,
s'il est trouvé coupable, elle ne peut que le
bannir, à moins qu'il n'ait avoué le fait, qu'il
n'ait été pris en flagrant délit, ou qu'il ne se soit
soumis au jugement de sa propre volonté, car 476
notre compilateur reconnaît à celui sur lequel la 943
justice avait des soupçons le droit d'exiger qu'il
soit *mis en procès sur ledit cas, pour avoir absolution du fait.* Il est regrettable que ce droit
ne soit pas inscrit dans nos codes modernes,
dont on vante tant la justice et l'humanité, en
faveur du prévenu mis hors de cause par une
simple ordonnance de non-lieu; il n'y aurait que
justice à lui permettre de provoquer le débat
contradictoire à ses risques et périls. Dans le cas
dont parle notre compilateur, la justice doit déclarer le fait en jugement comme portant accusation contre lui, demander sa punition s'il avoue,

et offrir de faire la preuve : l'accusé doit offrir la preuve contraire, et quand les preuves et enquêtes sont faites de part et d'autre, la justice doit le punir suivant la gravité du méfait. Notre texte ajoute que dans ce cas on doit procéder avec plus de maturité et en plus grande connaissance de cause que dans les autres. Les termes du § 943 pourraient faire croire au premier abord que les pouvoirs du juge qui suit une affaire criminelle par voie d'inquisition sont les mêmes que quand elle est poursuivie devant lui par voie d'accusation; mais la disposition finale du § 476 me paraît devoir faire interpréter le § 943 dans le sens que je viens d'exposer.

Compétence.

298
332
355
695
717
Nul inculpé ne peut être poursuivi pour ses délits que devant son justicier, à moins qu'il ne soit pris en présent fait, auquel cas celui dans la juridiction duquel il a été pris aura compétence pour connaître de son méfait. Cette compétence a lieu non-seulement en cas d'arrestation du délinquant dans le lieu où il s'est rendu coupable, mais encore quand il a été arrêté dans une

262
267
327
autre justice, pourvu que ce soit en *chaude suite*, c'est-à-dire, qu'on l'ait poursuivi sans désemparer; si l'on abandonne la poursuite, le seigneur

du lieu où il a commis le délit ne pourra plus le réclamer. Si le seigneur ou quelqu'un en son nom ou au nom de la justice arrête le malfaiteur dans une autre justice, il doit le mener à la justice du lieu et lui déclarer la cause de l'arrestation ; cette justice doit le faire mener aux bornes de la justice et le rendre en cet endroit à ceux qui le poursuivent. Si on ne s'est pas adressé à la justice du lieu, celle-ci peut réclamer, et on doit d'abord la ressaisir de l'individu arrêté, puis en demander la restitution. Cette restitution doit aussi être faite par les gens du Roi quand ils arrêtent un malfaiteur suivi en chaude suite.

· Excepté dans le cas où il s'agit de méfait com- 727
mis *en chemin le Roy*, le malfaiteur peut encore 968
être jugé par la justice du lieu où il a été arrêté quand il a avoué le fait devant cette justice avant que celle dont il était justiciable vienne le réclamer ; si la réclamation précède l'aveu il devra être rendu, quelque chose qu'il puisse dire plus tard. Il devra toujours être rendu s'il est suivi de chaude suite.

Dans tous les autres cas, il devra être rendu à son seigneur soit sur sa demande, soit sur celle dudit seigneur, quand même il serait défaillant devant la cour où il a été appelé. Le seigneur qui 430
se fait ainsi remettre un malfaiteur arrêté dans la chastellenie d'un autre lui doit une indemnité de II s. VI d. Le vavasseur peut aussi le réclamer à

la charge de la même indemnité, pourvu qu'il ait
voirie en sa terre.

901   En cas de doute sur la restitution à raison de
l'endroit où le malfaiteur a été pris, on doit voir
les lieux : mais il restera en la possession de celui
qui l'a arrêté, par application du principe que
372   nul ne peut être tenu de se dessaisir. Par applica-
381   tion de ce même principe, quand les gens du Roi
enjoignent à un justicier au nom du Roi, de leur
rendre un prisonnier qu'il détient, le justicier
n'est pas tenu de le leur rendre; il doit seulement leur ouvrir ses prisons; mais ils peuvent
l'y forcer par la saisie de ses hommes et de ses
biens; sauf ensuite à venir réclamer son droit
369   devant les gens du Roi. Cette saisine en faveur
du Roi a lieu même quand son homme a été arrêté en flagrant délit : la preuve du flagrant dé-,
lit est à la charge du seigneur, et on doit statuer
sur cette question avant toute œuvre.

Preuves.

961   Quand les preuves sont faites de part et d'autre, les doutes s'il en existe encore doivent être
150   interprétés en faveur du défendeur. Mais on
892   n'exige pas que le demandeur prouve d'une
manière complète tout ce qu'il a articulé dans
sa demande : ainsi quand il entreprend de prouver que le défendeur est un larron manifeste, la

preuve du larcin sera acquise, encore qu'il ne
prouve pas la circonstance qu'il était manifeste.
Celui qui se plaint de coups et de blessures et qui
prouve que le sang a coulé aura gain de cause,
parce qu'il aura prouvé le plus fort. De même
en matière d'injures, si le demandeur prouve la
plus grosse : ou si de plusieurs injures il n'en
prouve qu'une partie, il aura gain de cause conformément à ce qu'il aura prouvé.

L'aveu ou confession de l'inculpé emporte 322
preuve complète et dispense de toute autre 323
579
preuve, car connaissance faite en jugement vaut
chose jugée, comme dit notre compilateur. Il en
est ainsi, que l'affaire soit suivie par voie d'accusation ou d'inquisition, et quelle que soit la
peine qui doive être prononcée contre le coupable.

La preuve par témoins est la preuve de droit 224
commun. Nous ne trouvons aucune règle spéciale sur les enquêtes criminelles, si ce n'est que
le père et le fils ne peuvent être admis à porter
témoignage l'un contre l'autre.

Il semble résulter d'une disposition du § 644
que pour qu'une condamnation soit valable, elle
doit s'appuyer à la fois sur l'aveu de l'inculpé
et sur les déclarations des témoins. Cette décision bien absolue est contredite par d'autres
paragraphes qui disent, au contraire, que l'aveu
suffit pour entraîner condamnation à mort, « on

579 doit dire que par les faits confessés il a mérité la mort. » Quant à la preuve par témoins,
c'est vrai quand la procédure a lieu par inquisition, car la condamnation la plus grave, et qui
paraît avoir plutôt le caractère d'une mesure de
sûreté, est le bannissement; mais quand il y a
accusation, une condamnation à mort peut n'avoir
d'autre base que la preuve testimoniale.

986 La question paraît aussi avoir été admise; mais
je ne la trouve mentionnée que dans un cas,
celui où un sergent a laissé s'enfuir des prisonniers dont la garde lui était confiée.

La preuve peut encore résulter de certaines
351 présomptions. Nous en avons vu un exemple
331
519 dans le cas d'asseurement qui a été refusé. L'accusé qui fait défaut est, après que les délais
d'ajournement sont passés, *atteint du cas*, et on
333
353 doit prononcer sa condamnation. Celui qui est
détenu sous une inculpation dont justice lui a
donné connaissance et qui se sauve, ou qui, sans
être en prison, ne doit pas dépasser certaines
bornes et est arrêté en dehors de ces bornes, est
par cela seul convaincu du fait et puni comme
coupable, encore qu'il n'en soit pas l'auteur.
Mais, dans le cas de bornes dépassées, il faut
qu'il soit arrêté en dehors desdites bornes, sans
quoi il n'est pas tenu de répondre. La preuve
de cet incident peut être faite par bataille.

339 Enfin nous trouvons la preuve par bataille

pour tous les délits. Elle doit avoir lieu person- 345
nellement entre l'accusateur et l'accusé, à moins 357
que l'un des deux n'ait plus de 60 ans ou ne soit
infirme. Deux frères même doivent combattre 356
en personne quand ils s'accusent de meurtre ou
de trahison; dans tous les autres cas, ils peuvent
se servir de champions. La bataille par cham- 109
pions a lieu également quand on poursuit quelqu'un comme détenteur d'une chose soustraite
sans l'accuser de larcin; dans ce cas, celui qui
est battu ne peut être condamné qu'à des peines
civiles.

L'accusé absous par jugement ne peut plus 225
être accusé de nouveau pour le même fait. 359

Quand vingt ans se sont passés sans poursuites 822
depuis le crime, quand même il entraînerait la
peine de mort, la prescription est acquise au
coupable et on ne pourrait pas le mettre en jugement. Mais on se demandait si cette prescription courait contre justice ou contre la partie
adverse; cette question reste sans réponse dans
notre compilateur; elle a été plus tard résolue
en ce sens que la prescription empêche toutes
poursuites.

Appel.

On ne peut demander amendement de juge- 341
ment quand bataille est jugée pour un cas tel 762

que le vaincu doive être condamné à mort. L'appel suppose nécessairement une sentence émanant d'un juge, laquelle est soumise à un juge d'un degré supérieur : aussi quand un individu est mis à mort sans jugement, ce n'est pas par voie d'appel qu'on peut se pourvoir contre cet acte.

Le condamné à mort ne peut appeler si la condamnation a été prononcée pour vol de grand chemin, enlèvement de pucelle, crime de trahison contre le Roi ou son seigneur.

585
644
1004

Le droit d'appeler appartient sans nul doute à tout individu condamné, sauf ceux qui en sont spécialement exceptés ; si notre compilateur ne parle que de l'appel des condamnés à mort, cela tient sans doute à deux causes : l'une que ce devait être le cas le plus ordinaire, la peine de mort étant à peu près la seule peine pour tous les méfaits d'une certaine gravité : l'autre que l'appel en cas de condamnation à mort pouvait être fait non-seulement par le condamné, mais encore par toute autre personne quand même elle ne serait pas son parent, car, dit-il, nous sommes tous frères, et chacun doit différer la mort de son frère.

L'appel doit être déclaré au juge qui a rendu le jugement; ce juge doit être ajourné devant la cour du souverain pour qu'il soit statué contradictoirement avec lui.

Pendant l'appel, le condamné, suivant la coutume, ne doit pas rester dans les prisons du juge
qui prononça la condamnation frappée d'appel,
car ce juge serait suspect de le vouloir maltraiter
à cause de l'appel. Il serait exempt de sa juridiction en matière civile, à plus forte raison en matière criminelle. Le juge souverain peut le prendre et le garder dans ses prisons, comme aussi il
peut, suivant les circonstances, le maintenir dans
celles du juge dont il a appelé, surtout s'il ne l'a
fait que pour retarder sa mort. Mais, suivant le
droit, il ne doit pas en être ainsi, parce qu'il est
à présumer que le premier juge a bien et loyalement jugé, que les choses doivent rester en l'état
où elles étaient au moment de la condamnation,
et que ce serait préjuger le résultat de l'appel
que de le dépouiller même provisoirement de la
possession du condamné; il doit seulement le
tenir sous bonne garde.

Si le jugement a été bien rendu, il sera confirmé et le condamné sera mis à mort. S'il l'a mal
été et s'il est jugé qu'il a été bien appelé, le juge
doit, à la rigueur, perdre sa justice, si c'est un
juge séculier; cependant, quelques-uns veulent
seulement que le condamné et ses héritiers soient
perpétuellement exempts de sa juridiction, et
que le juge lui paye ses dommages et fasse amende
arbitraire à la justice souveraine. Si c'est un juge

d'église, il ne la perdra que sa vie durant et fera amende.

On doit, avant de mettre une condamnation à exécution, attendre le résultat de l'appel quand même il aurait été formé par un autre que par le condamné.

Si le condamné a été receveur ou administrateur on peut surseoir à l'exécution de la peine jusqu'à ce qu'il ait rendu compte de sa recette ou de son administration.

LE

LIVRE DES DROIZ

ET DES COMMANDEMENS

D'OFFICE DE JUSTICE.

DES DROIZ ET DES COMMANDEMENS

D'OFFICE DE JUSTICE.

Office de justice est une voulenté estable qui donne
à chacun son droit. Et les commandemens de droit
sont ceulx : c'est assavoir, honnestement vivre, et ne
doit l'en nul despire; ains doit l'en à chacun laissier
son droit.

1. Quelz exepcions sont préalables.

Les exceptions préalables sont, de jour, de juge, de
lieu et de partie, etc.....

2. De deffaulx simples et de jugiez, combien en fault pour gaingner sa demande.

Cellui qui a demande envers autrui et le fait adjourner, et cellui ne veult obéir, il doit empectrer
deux deffaulx simples et III jugiez en demande non
commancie en jugement partie présente, pour avoir
saisine de sa demande : c'est assavoir le tiers deffault
en jugement; le quart, de la demande tenir en main
de court o jugement; le quint, à voir bailler saisine

de ce qui est en main de court, ou dire encontre; le
vi⁰ d'office, d'abundance de juge, o intimacion et o
jugement. Et ce est usaige en Poitu.

3. De demande meublau ouverte en court.

Demande ouverte en court et emprès ce si l'en se
deffaut, le deffaillant doit estre semons; c'est assavoir
le demandeur pour poursuivre sa demande ou dé-
lessier.

4. Qu'il pert qui se defiaut en cause de héritaige après monstrée.

Ceulx qui se deffaillent en cause de héritaige après
monstrée ouverte en court et monstrée faicte, il pert
ou soit demandeur ou deffendeur le deffault aprouvé;
c'est assavoir le deffendeur pert saisine, et le demandeur pert poursuite en querelle ou anullement de
procès : mais la raison de la propriété demeure sauve.

5. Qu'il pert qui se met en jugement sans faire protestacion des deffaulx.

Cellui qui a deffautes et sans faire mencion de ses
deffaux se met en jugement, ilz sont forclus par
droit.

6. Coment l'en se doit sauver de deffaulx simples.

Cellui qui est enchaucé de deffaulx simples et il
nye les jours, et l'en esgarde le sergent à oïr, si tout
le sergent le recorde, si s'en passera par serement en
faisant esgart de l'adjournement, par quoy il en eust

fait protestacion, si donques la partie ne maintenoit
response, etc....

7. Comment l'en doit proposer deffaulx après monstrée de héritaige.

De appeller homme après monstrée de héritaige,
c'est assavoir qui doit raconter sa demande et ses
erremens, et puis descendre à ses deffaulx, et en puet
demander ses dommaiges ou saisine de la chose.

8. De resconsse faicte à aucun sergent.

Si aucun est enchaucé de rescousse faicte à aucun
sergent, l'en pourroit arguer que en jurant qui ne la
fist s'en passeroit, ou cas que l'en ne se voulsist char-
gier de preuve qu'il eust faicte ladicte rescousse.

9. De compromis fait entre parties sans faire mencion de deffaulx.

Des deffaulx empectrez et puis compromis est fait
entre les parties sans faire mencion des deffaulx, s'ilz
sont forclus ou non, droit dit que non; car les deffaulx sont accessoires du principal.

10. De jour jugié et nié, et des deffaulx simples par avant.

Ce cellui qui a jour o jugement et est enchaucé des
deffaulx, et il nye le jour jugié sans respondre aux deffaulx, et l'en esgarde le sergent et les garans à oïr, et
depuis il congnoist le jour jugié par avant le recort
du sergent || [1] et des garans, encores vient à temps
de respondre aux deffaulx.

1. F° I, v°.

11. De jour o jugement le sien tenu.

De prendre les biens de cellui qui est commandé estre adjourné en jugement le sien tenu, c'est assavoir tant comme la querelle porte, et doit lors le demandeur mectre sa demande après et déclerer.

12. De deffaulx simples avant.

De deffaulx simples avant demande ouverte en court en Poitou, deux deffaulx avant le jour jugié; et après la demande ouverte en court, ou quant il y a chose en main de court, 1 deffaut simple, et puis le jour jugié.

13. De soy passer d'ajournement fait hors jugement.

De estre adjourné hors jugement l'en s'en passera, si ce est simplement, sans procès, ou jurer qu'il n'oït ne entendit le jour : maiz non pas par la coustume de jour qui sera mis en Poitou en jugement; ains en sera creu le juge et d'autres qui oïrent et virent le jour mectre.

14. De respondre la querelle tenant.

De procureur qui a eu la délivrance des choses estans en main de court par deffaulx, et puis à l'autre assise à laquelle il a jour selon procès il se exoine, le exonieur sera cemons par soy ou par souffisant procureur à jour, la chose tenue en main de court, si come estoit par avant.

15. De adjourneur non estre oy.

De cellui qui est adjourné o jugement et il nye les jours simples, si le sergent sera oy des adjournemens, la coustume dit que non : ains fera le serement qu'il n'oït ne entendit, etc.... ou amendera, si donc la partie ne veult prouver qu'il donna response à l'ajournement.

16. De adjournement fait à autre que à la personne mesmement.

De adjournement qui est fait à la femme à aucun home, ou à son certain aloe, si l'homme est en sa deffense de l'ajournement, savoir s'il jurera ou la femme sera oye ou l'aloue; droit dit que non : ains vendra la femme ou l'aloe, et sera oye, et selon ce qu'elle dira ou l'aloue, droit en oultre; et si serement en convient faire, il sera à celui à qui l'adjournement fut mis.

17. A quelz personnes adjournement puet estre fait par la coustume.

C'est assavoir à la femme, ou au filz ainsné, ou au séneschal, ou au clavier, ou au receveur, ou au procureur en la personne du seigneur : ou autrement l'adjournement ne vault pas.

18. De adjournement fait en la court souveraine.

De cellui qui est adjourné en la court meneur, et puis l'une des parties fait l'autre semondre en la court souveraine, le plait doit cesser en la court menour, et explectera l'en court souveraine.

19. De meffait dedens termes.

L'en ne doit pas respondre à meffait dedens termes sans espécial adjournement en Poitou.

20. De aporter son enqueste.

De cellui qui a jour de soy enquerre et il aporte son enqueste au jour, il n'est plus tenu d'aler avant celle journée s'il ne veult ; ains tourra au jour qui lui sera mis pour procéder, etc....

21. De cellui qui trait garieur et est présent.

Cellui qui trait garieur et est présent il ne doit autre jour avoir à avoir icellui garieur.

22. De soy mectre en jugement sans respondre aux deffaulx ‖ [1].

Cellui qui est enchaucé de deffaux, et sans faire protestacion, ou expresse retenue, ou sauvacion se met en jugement, ilz sont à prouver par coustume.

23. De déclerer sa demande âu jour jugié.

Quant aucun requiert son adversaire estre adjourné en jugement, il doit déclairer sa demande si autreffois n'a esté déclairée.

24. De cellui qui a jour o intimacion.

Cellui qui se deffault quant il est deffendeur en

1. F° II, r°.

action personnelle ouverte en court, il doit estre semons en oultre ou jugement : et puis le tiers la demande tenir en main de court : et puis le quart jour à veoir bailler saisine ou dire encontre : et puis le quint jour o intimacion. Et s'il vient au jour o intimacion, et voulist débatre que le demandeur n'eust la saisine, il n'en seroit en riens oy comme partie, par quoy il fust deffailli comme dessus est dit : car pour les deffaux il n'est mais partie; mais la justice doit bien garder que les procès et deffaux soient bien ordonnez en manière qu'il en doye bailler saisine.

25. De avoir ce qui est en main de court par deffaulx.

De avoir délivrance des biens qui sont en main de court par deffaulx, c'est assavoir pour respondre premièrement aux deffaulx ce que raison donra, par quoy il viengne au jour o jugement le sien tenu, et avant que l'en preigne jugement sur la querelle, l'en doit bien requerre avoir délivrance de ses biens; car qui ne le feroit et jugement corust avant, cellui à qui la chose seroit covendroit qu'il pladoïast en avant dessaisiz tant come la querelle dureroit. Et quant justice commande mectre le jour o jugement le sien tenu, c'est assavoir tant comme la querelle monte : et doit lors le demandeur sa demande mectre après si autreffoiz n'a esté ouverte et déclerée en court.

26. De jour de xvne sur héritaige.

Celui qui est appellé sur héritaige doit bien avoir jour de quinzenne, ou soit après monstrée ou avant.

Et en aucuns lieux souffist de vii jours après monstrée.

27. Que pert qui toust jour à autre après monstrée.

Cellui qui toulst jour à autre après monstrée en
cause de héritaige il doit perdre la demande ou saisine,
s'il ne puet monstrer par bonnes raisons par quoy il
deust faire.

28. De semondre qui se deffault sur choses mises en main de court.

Quant la chose à aucun est prinse en main de
court à la querelle d'autre, et jour est mis, cellui par
qui la chose est prinse et il se deffaut, il doit encores
estre semons ou jugement, et il se deffaut à cellui jour,
l'en doit bailler la saisine à cellui sur qui la chose fut
prinse en mectant plége.

29. De combien de temps doit estre terme en jugement.

Tout terme en jugement doit estre de quinzenne;
et s'il est de moins il ne vault pas par la coustume.

30. De faire adjourner son seigneur sur meffait en sa demande.

Si aucun sire fait adjourner son subgiet en sa court,
et pendant l'ajournement il lui fait aucun meffait, le
subgiet puet et doit par espécial adjournement faire
adjourner son seigneur || 'devant son souverain à lui
respondre sur meffait pendant l'adjournement de sa
court comme de meffait dedans termes : car autrement il pourroit estre son juge.

1. Fᵒ II, vᵒ.

31. De jour nié.

Le demandeur doit estre adjourné en jugement quant il se deffault en sa demande, pour la poursuivre ou délaisser. Et s'il se deffault du jour o jugement, le deffendeur doit estre absoubz de la demande en jugement si elle a esté certenée, et elle est royal, ou mixte, ou personnelle; et aucuns tiennent que le demandeur sera encores adjourné en jugement et sur deffaulx, le droit du deffendeur tenu en main de court, en oultre tant comme la coustume donne avant que le deffendeur soit absoulst de la demande : mais est entendu là où les demandes certenées en court.

32. De aler avant ou principal et ès deffaulx.

Cellui qui en court nie son jour et puis le congnoist n'en doit point d'amende.

L'en doit premièrement touchier le chief de la querelle et puis les deffaux, et sur ceulx aler avant; et si dit de court sourvient, de cellui ira avant.

Cellui qui est enchaucé de deffaulx et sil se veult deffendre par exoines, il doit mectre ses exoines en voir telz come son exonieur les aporta : et en aucuns lieux mennent leur exonieur.

33. De soy passer de deffaulx exoniez.

Cellui qui est atermé devant le meneur juge et le souverain le fait adjourner devant soy, il doit obéir devant le souverain et soy exonier devant le meneur.

Parties ne doivent plus aler avant cellui jour que

leur jugement est advéé sur lequel ilz estoient autreffoiz demourez, et journée passée tourront à jour.
C'est tenu en Poitou.

34. De obéir en la meneur court ou en la souveraine.

Celui qui se plaint d'autre de héritage la justice le
doit atermer, et s'il ne vient au jour, et l'autre partie
requiert deffault, la justice doit oïr le sergent qui le
jour li mist : et si le sergent le recorde, la justice doit
donner deffaut ; et le jour passé doit estre adjourné
sur deffaut et sur principal à certain jour ; et s'il ne
vient à cellui, si doit estre mis en deffaut si come
dessus est dit. Et le jour passé sera adjourné par droit
o jugement sur deffaux et sur principal. Et s'il vient
à cellui jour et partie le suye de sa demande et des
deffaulx, si l'autre deffent qu'il n'oït les jours, si
jurera aux sains qu'il n'oït ne entendit les jours des
deffaux. Et en tant sera quictes, et ne vaudra le jour
jugié que 1 simple. Et s'il ne vouloit faire le serement, si amendera à partie ses domages et fera
l'amende à la justice de chacun deffault gaige de loy,
par quoy les deffaulx ne fussent faiz après monstrée :
car qui se deffault après monstrée il pert la saisine,
par quoy il soit aprouvé de deffault et la partie le
requiert.

35. De deffaut aprouvé après monstrée.

Cellui qui se deffaut en cause de héritage après
monstrée il pert la saisine le deffaut aprouvé ; et la
baille l'en au demandeur en plége ‖ ¹ mettant s'il la

1. Fº III, rº.

requiert. Mais cellui qui est enchaucé de deffaux avant qu'il responde il doit esclardir à l'autre partie quel prouffit il en demande à avoir ; et s'il en requiert domages sil les aura à son serement. Et s'il en requiert la saisine et l'autre ne s'en puisse sauver des deffaux, si en portera joyment ; ce asavoir se le demandeur perdra persécucion de cause. Et s'il avoit la saisine, pour ce ne perdra pas le deffendeur son droit sur propriecté, s'il puet monstrer que il l'aît.

36. De cellui que l'en ensuit de deffaulx.

Si aucun est enchaucé en la court du baron et il y ait deffaux, et die qu'il ne doye riens amander, « car je avoye court en la court le Roy, et m'ajourna tel sergent, » l'en doit oïr le recort du sergent, et si ira l'en à lui ; car les gens le Roy ne se vendront pas recorder en la court du baron, ne les dessus en la court de par dessoubz. Et si le sergent recorde que il le adjourna, il est quictes du deffaut.

37. De adjournement et de deffance.

Cellui qui est en deffence qu'il n'oït ne entendit l'adjournement dont il est enchaucié, et requiert le sergent à oïr, et offre à faire esgart de court, si le sergent recorde contre lui, et la partie dye que l'ajournement fut fait à veue et à sceue de lui, le sergent ne sera point oy ; ains fera la partie dessus dicte son esgart, ou yra avant tant comme raison donrra.

38. De posicion.

Cellui qui est par son serement doubteux d'aucune posicion passée contre li personnellement et jour à respondre sur ce, et au jour il ne respont pas et die encores qu'il en doubte, il se deffault, et aura jour en oultre à respondre sur la possession.

39. Si commance d'office d'advocat.

Avocat doit proposer les raisons de sa partie celles qu'il cuide qui soient proufitables, proffitablement et courtoisement sans vilanie de bouche; car ce que li advocat dit est aussi estable come si les parties le deissent, quant elles l'entendent et ne le contredient en présent. Et des raisons qu'il aura proposées doit requerre jugement; car l'en puet mectre en oultre sa demande jusques au jugement.

40. De ceulx qui ne doivent pas estre advocaz.

Nul moyne ne chanoyne ne doit estre oy en cause comme advocat en court laye, si ce n'est en sa propre cause, ou pour personnes pitéables, comme pupilles ou femmes vefves, ou gens qui leur appartenissent de char : et en court laye plusieurs tiennent que n'y soient point receuz.

Item, Prestre ne puet estre advocat en nulle court.

Item, Clers qui sont ordonnez soubzdiacre, ou plus hault ou plus bas, par quoy ilz soient soustenus des biens de saincte église, ne doivent pas estre advocaz ès besongnes séculières, si ce n'est en leur propre cause ou en celles de leur églises, si ce n'est pour personnes qui ne sceussent administrer leur propre cause, ou pour personnes qui leur appartiennent de char, ou pour povres personnes.

|| [1]   41. De dire contre libelle.

Si le libelle est obscur il ne doit pas estre receu, si la personne du juge devant qui l'en donne le libelle n'est contenu en libelle.

Item, Si l'en demande chouse qui appartiengne à l'église.

Item, Si aucun a previlége que li et ses biens soient en la protection du Pape, il est hors de la juridicion et du povoir de son prélat.

Si aucun renunce à son droit ou en donne ou promecte aucune chose pour paour de mort, ou aucune femme pour paour de adultère ou de villennie de son corps, ou aucun pour paour de abessement de son estat, ce qu'il auroit promis ne vault riens ; ains pourroient demander ce qu'ilz auroient donné, ou le droit à qui ilz auroient renuncé pour les choses dessus dictes. Et s'il avoit fait serement sur ce, le serement ne vaudroit pas, ne jà par tant ne sera parjures si la demande.

42. De non paier usures.

Si aucun promet à païer usures, cellui à qui il lès aura promisses n'en puet faire demande. Et s'il les a promises à rendre par son serement, il puet requerre

1. F° III, v°.

que l'en li relache sa foy, affin que il ne soit pas tenu
à les rendre, ou l'église les pourroit demander.

43. De église qui est déblécée.

Si église est déblécée par faulte de gouverneur ou
en manière quelle quel soit, le gouverneur de l'église
puet demander qu'elle soit arrière tournée en son point,
ne li nuira point le contrat de l'autre gouverneur.

Ainsi est que si aucun qui n'ait pas xxv ans est déceuz dedens l'eage de xxv ans, c'est assavoir en aucun
contrait ou en autre manière quelle quel soit, il sera
restitué, et pourra demander délibératoires en aucunes causes selon droit : et contestacion faicte il n'en
n'aura nulles puis la contestacion. Mais en court laye
de coustume puis que un enffant a xiiii ans passez il
puet faire contrait.

44. De estre hors du païs.

Si aucun est hors de sa deocise pour aucune juste
cause, et l'en face en la deocèse aucune dénunciacion
contre lui, elle ne lui nuist pas aussi come s'il fust
présent.

Qui respond à la demande que l'en lui fait, il ne
puet plus excepter de juge ordinaire, car il l'aprouve
en tant comme il a donné response.

Si demande est faicte à aucun ou libelle donné, il
ne puet maiz aliéner celle chouse de quoy l'en li fait
demande, que il ne soit tenu de celle chose comme de
chose litigieuse. Et aussi le demandeur ne doit cesser
ne allienner le droit de sa demande qu'il ne perde le

droit de sa demande, ne l'aliénacion ne vaudroit pas, ne ne acquiert point de droit à celui qui la recepte. Et sont entendues en cest cas les actions litigieuses, c'est assavoir les actions royaulx quant la demande est faicte ou le libelle est donné : et l'action personnelle || ¹quant la contestacion est faicte.

Si aucun fait demande à aucun devant juge qui puisse estre juge au deffendeur et non au demandeur, le deffendeur ne puet faire convenir le demandeur devant ycellui juge : aussi comme ɪ clerc puet bien traire ɪ loys devant juge séculier, mais il ne puet estre traitié.

45. De demander saisine.

Nul ne puet demander saisine s'il n'a esté en saisine ou cellui dont il a la cause ; et quant elle vient d'aucune eschoete, il doit dire que cellui en morut vestu et saisi bien et à droit, en serement de seigneur, et que la chose soit regardée du branchage dont il appartient, et la chose nomée, et offrir à monstrer : et ce doit il dire.

Li hoir doit estre en saisine ; car le mort saisist le vif selon la coustume, si autre ne se trait avant qui ait droit en la chose.

46. De jugement qui est contendu.

Jugement qui est contendu la première journée et la seconde, li sires le doit donner à la tierce journée. Et s'il en estoit en deffaulte, la court en vendroit au souverain, et en perdroit l'obéissance. Et ceste cous-

1. Fᵒ IV, rᵒ.

tume est entendue là où les moz du pladoyé sont
gardez ; maiz ilz ne sont pas gardez en Poitou en
jugement contendu.

47. De avoir saisine avant response.

De demander saisine sans pledoïer dessaisi, c'est
assavoir que qui est dessaisi ne doit pas respondre
devant qu'il soit ressaisiz.

48. De veoir son droit débatre.

De voir son droit débatre en jugement ou hors
jugement, ce c'est en jugement, il ne le doit pas laissier passer, car il li pourroit bien tenir dommage :
ains en doit faire expresse protestacion. Si c'est hors
jugement, il n'est nul mestier qu'il s'en débate; car
il n'auroit qui droit lui en fist.

49. De la condicion des meneurs et pupilles.

Des meneurs et des pupilles la condicion ne le la
puet faire meilleur et non peour, sauve en certains
cas de droiz establiz.

50. De recort prins et puis le juge est changié.

De recort prins et puis le jugie est mort, il doit
estre prouvé par garans jurez ; et aussi se le juge estoit remué, tout ne feust pas mort.

51. De tenement contre action réelle et personnelle.

De combien de temps tenue deffent homme en

action royal, c'est assavoir d'an et jour par la coustume entre présens, par quoy ilz ne soient cousins germains ou plus près; et selon droit de dix ans : toutesvoies en vray tiltre. Et en choses meublaux achatées, de III ans selon droit, et d'an et jour par la coustume, si elles ne sont demandées comme emblées ou tolues : car en cest cas l'action durroit jusques à xxx ans.

52. De cellui qui doit respondre à sa doubte envoie procureur.

Cellui qui a doubte par son serement, et à jour qu'il en doit respondre il envoye procureur, le procureur ne sera pas receu, se n'est en cognoissant la doubte.

53. De demander actente contre exécucion de jugé.

Cellui contre qui on requiert jugié à estre mis à exécucion, et sil demande actente de conseil, il n'en doit point avoir s'il ne puet monstrer qu'il soit partie encontre.

54. De prendre gariment sans veoir les lieux.

|| [1] Quant garieur est trait et il prent le gariment, mesmement ès choses où il appartient monstrée, sans demander à voir la chose dont il print le gariment, il déchiet de son gariment.

1. Fo IV, vo.

55. De soy passer de dit de court.

Coment l'en se doit passer de dit de court qui est enchaucé, c'est assavoir par son serement, par quoy jugement ne soit coru dessus.

56. De brait d'enfant.

La coustume de la ville de Poitiers si est telle, quant homme prent femme pucelle et elle meurt avant son seigneur, et elle ait eu enffant qui ait gité brait, tous les héritaiges de la femme demorent ceulx qui lui furent donnez en la procuracion de leur mariage, et ceulx tendra son viage.

57. De serement qui vient par choisies.

De cellui qui demande à autre debte, et choisie de serement est baillée de l'un à l'autre, si au demandeur et il face le serement, il doit estre païé sans délay : si au deffendeur et il face le serement, il doit estre absoubz de la demande. Et en Poitou doivent estre rendues dommages puis que la cause est jurée.

58. De coustume non aiant response en jugement.

Coustume qui est proposée avant jugement et elle n'est deffendue, elle demeure congneue quant les parties se mectent en jugement sans respondre à la coustume.

59. De proposer déclinatoires ou péremptoires.

Ceulx qui ont plusieurs raisons déclinatoires ou péremptoires, il les doyvent proposer que nulles ne leur en soient forcluses, ou en faire protestacion, et sa protestacion sauvée avant qu'il se mecte en jugement ou mecte en fait, ou autrement elles seroient forcluses.

60. De avoir procuré à arrester la chose à son adverssaire.

Cellui qui a procuré à arrester la chose de son adversaire ou empescher le plait durant, il en doit respondre comme de meffait dedens termes.

61. De débat de monstrée non faicte.

Débat de monstrée non faicte, quant chacun est présent le jour de la monstrée et dit qu'il est prest de obéir, et présent le sergent sur ce, sera oy le sergent : et cellui contre qui il recordera s'en passera o jurer qu'il fist tout le jour ce qu'il dit : et s'il ne veult jurer, si amendera. Et bien pourroit l'en arguer au contraire qu'il n'en seroit pas creu, maiz le sergent.

62. De l'action des meneurs.

Du temps que le meneur a de restitucion puis qu'il est venu en son droit eage, c'est assavoir de iiii aus selon droit, et d'an et de jour par la coustume.

63. De moz non gardez en jugement contendu.

La coustume de Poitou des jugemens contenduz si est telle que les moz ne sont pas gardez; ains reviennent arrière les parties pour pladoïer de nouvel ou point et en l'estat qu'elles estoient au temps du pladoyé du jugement contendu.

64. De cellui qui a plusieurs demandes.

‖ [1]De faire sagement ses demandes qui en a plusieurs que elles ne soient forcluses, c'est assavoir faire protestacion de faire autres demandes avant qu'il prenge jugement sur la première.

65. De non aler oultre le [2] gariment prins.

Garieur quant il a son gariment prins il n'ira plus celle journée en oultre s'il ne lui plaist ; ains tourra à jour certain.

66. De choses pladoïées par avant jugement.

Quant parties sont soubz jugement et aucunes choses du plaidoïement sont niées, et la preuve doit venir puis que le jugement n'est pas fait par les seaux de la court jurez, et non pas par recort.

67. De celui qui est en jugement et ne veult actendre.

Des parties qui sont soubz jugement et de leur moz

1. Fᵒ V, rᵒ. — 2. La, ms.

pladoïez, et l'une des parties s'en vait et ne veult
actendre le jugement, la justice le doit faire en la partie présente et les séans de la court, et non contretant l'asence de cellui pour sa constumace. Et ce
enquis et trouvé à Poitiers en l'assise, pour l'abbé de
Mille, contre Jehan Nayse, escuïer.

68. De cellui qui met autre en plége.

Cellui qui met autre en plége il l'en doit garir, et
amender les dommages qu'il aura souffert par faute
de gariment.

69. De porter faulses denrrées.

Cellui qui porte faulse marchandise ou faulses denr-
rées elles doivent estre arses ; et paiera cellui qui les
portera à justice LX s.

70. De choses motées et ne sont deffendues.

Des choses qui sont motées et demandées en court
et ne sont deffendues elles demeures congneues, si
elles ne sont deffendues ou souffisans responses avant
jugement.

71. De contans de madières et goutières.

En contans de masures et de goutières communaus
ne convient point de plait ; mais ce que les preusdes-
hommes de la ville en accorderont en doit estre fait
et tenu.

72. De non respondre à homme excommenié.

A homme excommenié ne ly doit point respondre,
et en Poitou n'en pert point response jusques au serement : et aussi le tesmoignage des autres tesmoings
qui sont excommeniez au temps du tesmoignage ne
vaudroit riens par droit.

73. De cas dont domages sont renduz.

De cas dont domages sont renduz en court laye,
c'est assavoir en bataille vaincue, en deffaulx approuvez, en causes d'applégement : et en oultre en Poitou en toutes causes puis qu'elles sont jurées.

74. De non respondie à autre qui est dessaisi.

Cellui qui est dessaisi et requiert estre saisi avant
qu'il soit tenu de respondre, il la doit avoir quicte ou
par pléges, par quoy la saisine ait estre prinse sur lui;
et lui ressaisi respondra ce que raison donrra.

75. De demander héritaige de par sa femme.

Cellui qui demande héritaige de par sa femme il
ne puet sans elle, si elle n'a enffans de lui; ains convendra que viengne avant pour mectre affin sur lui.
Et en Poitou convendra que vienge, tout ait enffant
ou non.

76. De femme demander son douaire.

|| ¹Femme ne puet sans son seigneur demander ne pladoïer du douaire de son premier seigneur.

77. De casser tenement.

De casser tenement, et que possession ne vault ne ne fait préjudice à cellui qui a droit en la chose, c'est assavoir par interrupcion convenable ou par non estre en eage convenable, ou par non estre présent en la diocèse ou en la conté. Et si par ceste cause l'en doit regarder si l'absence estoit neccessaire ou voulentaire.

78 De l'amende qui chiet de sa demande.

Cellui qui chiet de sa demande doit amende en Poitou; et en assez d'autres lieux n'en doit point; car il pert assez qui chiet de sa demande.

79. De traire garens et explecteurs.

Cellui qui trait garans et explecteurs il les doit bien avoir, et doivent voir les choses si les requièrent, et monstrée si appartient.

80. De celui qui demande et a autre lignage.

Cellui qui a lignage et il demande à autre lignage qui aussi bien puet demander, il n'en puet demander que sa partie.

¹. Fᵒ V, vᵒ.

81. De eschanges de fiez estranges.

Des eschanges faiz en fiez estranges il y a ventes, et des eschanges de lignages elles n'y sont pas; voire selon le lieu et le temps où ilz furent faiz, en quoy il est à regarder.

82. De ventes de moulin séant en eaue courant.

De moulin quant il siet en eaue courant et il est vendu, ventes en doivent estre rendues; c'est assavoir v s. par la coustume.

83. De frères qui demandent freresches.

Frères qui demandent freresches l'un à l'autre il la doivent avoir. Et autre lignage ne vient mie en freresche.

84. De home prins, s'il doit respondre.

Home prins il ne doit pas respondre, s'il est prins pour cas dont il doye avoir sa délivrance o plége, et puis il respondra.

85. De serement.

Serement qui vient par choisies, il puet estre fait de jour en jour et de personne en personne : maiz quant jurez y sont traiz, ilz doivent avoir jour quant ilz ne sont pas présens.

86. De deux possessions.

Duplex est possessio, naturalis et civilis. Naturalis,
est si comme la succession d'aucun vient à autre et
il l'accepte la possession comme son hoir de ses
choses, et les unes il explecte royalment et les autres
non; non pourtant il retient en son courage, *animo*
dit le droit, la possession : *ista est possessio naturalis.*
Civilis, est quant de fait[1] l'en explecte la chose. *Ces-*
sante causa finiali cessat effectus : cessante causa in-
possera, id est inpossibilis, non cessat effectus.

87. De preuve.

De prouver le comandement d'aucun preudome qui
est mort ou hors du païs par garens jurez.

88. De non respondre dessaisi.

Nul ne doit respondre désaisiné, par quoy cellui
l'ait fait ou procuré dessaisir o qui il est adjourné.

89. De rendre court en cause previlégiée.

De cause de mariage, d'aumosne et de douaire, nul
n'en porte court ||[2] d'autre, et en puet l'en pladoïer
en court laye et en court d'église.

90. De cellui qui amende à autrui héritaige.

Cellui qui amende autrui héritage et puis il eschiet

1. Delfait, ms. — 2. F° VI, r°.

à autre, il pert ses amendemens, se il ne le fait du commandement à cellui à quel la chose descent.

91. De testament contre droit.

Nul ne puet faire testament contre droit et coustume, si ce n'est par l'assent de ceulx à qui ilz doivent retourner.

92. De bastars.

Bastart qui muert sans hoir de sa char qui nest de loïal mariage, riens que il ait ne vient à son lignage. Et en Anjou et en Poitou est leur ce que ce regarde de par la mère. Mais il y a destinter en ceulx biens ou sont héritaiges de la mère ou acquestz : et se les conquestes furent faictes elle estant en son povoir ou non. Et ce est à destinter là où la mère du bastart a autres enfans nez en mariage.

Item, Des choses dessus dictes du bastart sont aux seigneurs chacun seigneur en son fié : mais il puet bien prendre ses meubles à s'aumosne[1] et sa femme si aura son douaire : et après sa mort vendra aux seigneurs dessus diz. Maiz en Anjou et en Poitou les choses que les bastars auroient par devers leur mère vendroient au lignage de par la mère : car les bastars sont hoirs ès biens de leur mère en Anjou et en Poitou.

Se bastart vent de son héritage, son lignage n'y a point de retrait; ne le bastart aussi n'auroit point de retrait sur le héritaige que son lignage vendroit.

---

1. Assaumosne, ms.

93. De mectre ses biens en autruiz enfans.

Cellui qui met ses biens et son mariage en autrui enffans, et sont ensemble leurs biens communs par an et par jour à ɪ feu et à ɪ bien[1], c'est compaignie, et prendront autant les enffans comme li. Et si la mère est morte, ilz prendront la moitié et feront l'aumosne à la femme.

94. De bailler à garder sa chose privéement.

Cellui qui baille sa chose à garder privéement et les choses sont niées, il n'y a point de bataille, ne maiz serement ou enqueste.

95. De demande en divers fiez.

Si aucun demande à autre freresche ou autre debteur des choses qui sont en divers fiez, et il vueille pladoïer devant chacun des seigneurs dont les choses meuvent, il ne les doit pas faire par quoy l'autre qu'ilz soient à vue des cours. Et en celle manière comme ilz fineront en celle court ilz feront aussi ès autres sans aler devant les autres seigneurs des choses qui meuvent d'eulx.

96. De estre trouvé en neance et congnoissance.

Cellui qui est trouvé en querelle d'une chose en néance et en congnoissance il doit amande. Et s'il

---

1. Sɪc, ms. Il faut lire lieu.

deffendoit ce dont il est enchaucé, et il est prouvé,
il doit une autre amende.

97. De l'amende qui chiet de sa demande.

Home qui demande sa debte et chiet de sa demande
il ne doit point d'amende en Anjou; et en Poitou la
doit.

98. De prendre bestes.

Cellui qui a prins autruiz bestes en sa chose deffen-
sable et il lui soit deffendu, il en sera creu par son
serement, et o tant aura l'amende selon la coustume
du païs.

|| [1]99. De neier response qui se dit estre dessaisi.

Nul ne doit estre oy à avoir response à son adverssaire pour ce qu'il die estre dessaisi, s'il ne doit[2] que
son adverssaire l'ait fait où procuré.

100. De cellui qui laisse sa plainte.

Cellui qui laisse sa plainte que il a envers autruy,
la justice lui fera droit se il veult de celle demande :
mais seulement la demande que justice y aura se il
délaisse sa plainte.

101. De paroles de desloy.

Cellui qui appelle autre *filz à putain, ribaut*

1. F° VI, v°.
2. *Sic*, ms. Il faut lire *dit*.

prouvé, ce n'est pas parolle de deslay, mais faulseté et mauvaistié. *Traïson, larron prouvé*, ce seroit parolle de deslay.

102. De alléguer son tiltre et son tenement.

Cellui à qui on demande héritaige et il se veult deffendre par tenement d'an et de jour ou de plus, il doit alléguer son tiltre, et prouver par son serement si li est nyé et son tenement par garens, si son averssaire le deffent.

103. De appeller autres sur dommages.

Cellui qui appelle autre sur dommage il ne doit pas estre oy, s'il ne dit en quoy il a fait le dommage.

104. De cas dont femme puet pladoïer sans son seigneur.

Femme ne doit estre oye à pladoïer sans son seigneur s'il n'a mis fin portant sur lui, mais en certains cas qui li appartiennent.

105. De choses frereschaux entre frères.

Toutes choses qui adviennent entre frères de par bourse marchande sont frereschaux.

Item, Jugement qui est contendu [devant] le seigneur il ne puet estre avoe devant son aloe.

Item, Jugement qui est contendu en la cité il ne puet estre ailleurs remué.

106. De non respondre dessaisi.

Nul dessaisi ne doit respondre au chief de la querelle; ains doit avoir saisine en plége mectant.

107. D'enffant qui vait hors du païs.

D'enffant qui vait hors de son païs et il a père et
mère, et il demeure xv ans ou plus, et il revient, et
treuve gens en son héritaige, il en doit faire demande dedans l'an et le jour qu'il sera venu, et maintenir ce qu'il aura esté hors du païs avant que jugement ce face.

108. De rentes qui sont deues de plusieurs années.

Rentes qui sont deues annuellement, et cellui à qui
elle sont deues les demande de plusieurs termes, si
l'autre puet monstrer paiement de la derrenière année,
il n'est tenu à rendre rien des autres années, si cellui
qui demande ne puet monstrer que cellui qui deffent
en fust demouré ovec li en son respit, ou venu affin
compte, et ne puet avoir que son serement des années
passées.

Nul ne puet demander à autre freresche, s'il n'est
cousin germain ou plus près.

109. De cellui qui suit la chose come emblée.

Cellui qui suit la chose comme emblée il la doit
avoir; c'est assavoir o jurer que la chose soit soue, par
quoy il soit homme de bonne renommée. Et si cellui

sur qui la chose sera trouvée die qu'il l'achata bien
et loyaulment, néantmoins il perdra la chose et l'argent que lui aura cousté, par quoy il soit homme de
bonne renommée, ou cas qu'il ne seroit ||¹ marchant
coustumier d'achapter telle chose, et il l'eust achaptée
en plaine foire ou marchié : car en cest cas plusieurs
oppinions sont qu'il ne perdroit point son chatel ; et
jurra qu'il ne scet de qui il achata la chose ; et s'il le
trouvoit qui l'amèneroit à la justice, s'il le puet prendre, ou si non li lèveroit le cry après lui, par quoy il
le vueille traire à garieur. Mais s'il traïoit garieur, l'en
lui doit bailler jour : et si au jour son garieur vient,
il doit demander la chose à voir dont il est trait à garieur ; car autrement ne vaudroit pas le gariment
prins. Et puis cellui qui la chose aura achaptée aura
son argent et sera quicte du plait. Et ainsi puet l'en
aler de garieur en garieur jusques à vii. Et si le dernier garieur dit : « ceste chose vous garray je bien
qu'elle fust moye, et diray comment, » si l'autre qui
la chose demande dit : « ce n'est pas voir, ains me
fut emblée, » si doit la justice la chose tenir en sa
main. Et bien puet d'eux ii jugier une bataille par
eulx ou par ii autres sergens, se chacun se vouloit
changer ; et si sera le serement à cellui qui est garieur. Et au jour de la bataille quant ilz vendront en
champ, il prendra l'autre par la main et dira : « o tu
homme je te tien par la main, et vous la justice, se
Dieu me aist et les sains, icelle chose qui est en main
de justice est moye. » Et l'autre doit jurer : « se Dieu
m'aist et les sains, tu es parjure, » et ainsi l'en puet

1. F° VII, r°.

l'en mectre en champ. Et cellui qui appelle doit
l'autre requerre. Et cellui qui est vaincu ne perdra ne
vie ne menbre, par ce que ilz ne se appellent de larre-
cin en chief; mais il paiera à l'autre ce que son champion li aura cousté, les coustz du jour de la bataille,
et du jour qu'elle sera jugée, et non plus. Et fera
l'amende à la justice s'il est coustumier de LX s. C'est
coustume en Poitou.

110. De cas où l'en rent dommages.

L'en rent en court laye en IIII cas tous despens :
c'est assavoir, en bataille vaincue; en deffautes avant
monstrées, et après qui les requiert; et ès choses nées
et puis sont prouvées; et en causes d'applégemens.
Et orendroit en Poitou l'en les rent en toutes querelles puis le serement et journée passée.

111. De mectre procureur pour sa feblesse.

Cellui qui est viel et feible ou malade de vielle maladie il doit mectre procureur pour soy deffendre en
ses causes, son filz, ou aucun son prouchain de son
lignage, ou autres, contre ceulx qui se plaindront de
li : et l'en doit la justice pourforcer si la partie l'en
requiert. Et ce qui fait sera ou cellui qui aura esté
establi par jugement vaudra et tendra aussi comme la
personne de cellui.

112. De meffait dedens termes.

En Poitou n'a l'en pas response de meffait dedens
termes sans adjournement. Et fait l'ajournement du

meffait ira avant come l'en devra de la journée, et
après en oultre en segant la querelle. Et est l'amende
de meffait dedens termes de lx s., soit gentilhomme
ou coustumier.

113. De terres parconnières.

|| [1]Ceux qui ont terres parconnières ensemble, si l'un
demande à l'autre que les terres soient parties, cellui
qui demande partaige doit partir les choses et l'autre
choisira. Mais si ainsi estoit que l'un deist : « je ne
vueil pas que nous partons, car j'ay plus grant avantage en la chose que vous n'avez; car je paie la justice, et sont païées les rentes par la main de mon sergent; et bien puet estre que vostre sergent y est s'il
veult; et si les coustumes ne sont rendues au jour que
elles sont deues, je en tiens le plait tout ne vueilliez
vous pas estre, » et si ainsi est, il ne partiroit pas par
droit.

114. De moulin parsonnier.

Si aucuns ont moulin parsonnier, et il y faille mosle
ou autre chose neccessaire, cellui doit venir à qui il
appartient à l'autre et li doit monstrer, et dire par
devant justice : « telle chose fault en nostre moulin,
mettez y vostre part. » Et si cellui respont qu'il ne
puet ou qu'il n'en fera riens, l'autre dès lors en avant
puet bien faire le moulin adouber, et prendra toute
la partie à l'autre sans riens acquicter jusques à tant
qu'il ait rendu des mises sa partie. Et s'il faisoit le
moulin adouber sans requerre l'autre à droit, il per-

1. F° VII, v°.

droit l'adoubement de la partie de son parçonnier, s'il ne le mectoit en voir en jugement.

115. De don fait à home pour son service.

Sy Roys ou baron ou autre avoit donné aucun héritaige à aucun homme, pour son service ou par sa voulenté à lui et aux hoirs qu'il auroit de sa femme espousée, en telles manières de dons sa femme après la mort de li n'y auroit point de douaire, ou le hoir d'elle : et est la raison; car s'il fust mort sans hoir de sa char, la chose tournast à cellui qui la donna entièrement, et n'y eust la femme point de douaire.

116. De don que feme fait à son seigneur.

Feme puet donner le tiers de son héritaige à son seigneur avant qu'il l'ait prinse, ou au lit de la mort : maiz le don que femme fait à son seigneur en avantage en sa santé ne vault riens; car veu est qu'elle ait fait par crainte ou par paour. Et si dit ailleurs selon droit que le donnant si elle ne le rappelle au lit de la mort. Et si elle est gentilfemme n'est que bail de son héritaige puis qu'elle a hoir masle et elle est hoir de terre.

117. De choses meublaux nommées.

Les choses meublaus déclairées et motées en court valent autant comme si elles estoient monstrées.

118. Ce sont raisonnables exoinnes.

C'est assavoir qui est prins, ou qui est malade, ou

quant son père est malade, ou sa mère, ou son frère, ou
sa femme, ou son filz, ou son oncle, ou son neveu,
ou son cousin, par quoy il soit en péril de mort, ou
qui vroit à l'enterrement d'aucuns des siens, ou auroit
eaue à passer et il ne la peust passer, ou qui a terme
en la court de son souverain, et plusieurs autres
‖ 'exoines, etc.... Et convient qu'ilz soient mises en
voir par son serement. Et qui propose l'exoine par
l'enterrement d'aucun, il convient qu'il propose le
degré ; et s'il n'est du lignage il ne sera pas receu.
Gendre, et bruz ou serroige n'y sont pas comprins en
telz exoines, *quia non sunt de genere;* et dit la loy,
non est nisi quedam afinitas.

119. De beste qui mort ou fiert.

Si aucun menoit sa beste en marchié et elle férist
ou mordist aucun, cellui à qui la beste sera est tenu
de amender les dommages au blecié; et si ne fera
amende à justice par quoy il ose jurer qu'il ne sceust
la teiche de la beste ; et s'il ne l'ose jurer si perdra la
beste et sera à la justice : et aucuns tiennent que il ne
fera que amende. Et si la beste avoit tué aucun et
cellui qui l'avoit amenée la vousist désavouer, et voulist jurer aux sains que la beste ne fust pas soue ou
qu'il ne la mena pas, en tant demourra la beste à la
justice, et ne puet l'en l'home à plus mener. Et s'il
disoit : « elle est bien moye et je l'ay bien amenée, mais
je ne savoye mie qu'elle eust telle tache, » en tant jurra
qu'il ne sceust la teche de la beste, et paiera c s. qui

1. Fº VIII, rº.

sont appellez le relief d'home, et remaindra la beste
à la justice, et en tant sera quicte. Et s'il estoit si
foulz qu'il congneust la teche de la beste, il en seroit
pendu par rigour.

120. De demander sa debte d'aucun qui est mort.

Si aucun demande sa debte d'aucun qui est mort
qui lui est deue, si elle li est niée, il convendra qu'il
la preuve soy tiers. Et si cellui à qui la debte est demandée se vouloit deffendre par dire : « cellui morut
bien confès et repentant, et ne nous en commanda
riens à rendre, » jà par tant n'en sera quicte.

121. De convenances de mariages.

Si aucuns font convenances de mariages d'enffanz
qui ne sont pas en eage, et baillent certaines convenances et erres l'un à l'autre, en mectant certaine
peine sur celle manière que quant les enffanz vendront
en eage, se l'un ne vouloit accorder au mariage, que
les erres seroient à cellui ou à ses hoirs par qui le
mariage seroit accordé, ou la paine païée, si empesche-
ment aucun n'y avoit par quoy le mariage ne deust
estre, ne sainte église ne s'i accordoit; et si empeschement raisonnable y avoit par quoy le mariage ne
deust estre, que les erres tourneroient à chacune partie. Et si bien advenoit que le mariage ne fust accordé
de aucunes des parties, tout s'i accordast saincte église,
jà pour ce ne seroient les erres ne la paine perdues
par droit.

122. De cas où femme mariée a response.

Femme mariéé n'a pas response en court laye sans son seigneur, sauve délivrance de son corps, ou en fait ou en parolles vilaines, et des choses qu'elle a baillée de sa marchandise.

123. De faire gariment de héritaige.

Cellui qui a vendu à autre aucun héritaige à certain devoir et gari an et jour, et cellui achateur est depuis enchaucé de cellui héritaige, ou d'aucun autre devoir sur cellui d'aucune personne vers laquelle le teneur se puet deffendre || [1] par tenement d'an et de jour, ledit vendeur ne se pourra ne devra deffendre vers l'achapteur pour cause du gariment vers telle personne qui demande.

124. De retrait de héritaige.

Si aucun achate un grant héritaige de c l. ou environ, et cellui qui achate baille audit vendeur aucuns de ses héritaiges qui ne vaille pas x l., ou plus ou moins, tout vaille l'achat c l., ou plus ou moins, en telle manière n'auroit lignage point de retrait, car c'est eschange. Maiz il y a à regarder se la chose vendue puet estre divisée ou non.

Cellui qui a tenu son achat paisiblement par an et par jour, le lignage n'y a point de retrait, si n'estoit d'aucun qui ne feust pas au païs, ou qui eust esté hors de

1. F° VIII, v .

l'esvesquié. Et si cellui avoit le retrait, il rendroit à l'autre tous les amendemens qu'il auroit faiz en la chose et l'achapt principal à sa preuve. Et sil n'aura nulles des levées de la chose faictes ou avenues par avant l'offre : mais s'il y avoit fruiz pendans sur la chose au temps de l'offre, il les auroit, mais non pas si l'autre les avoit commanciez à explecter.

Lignage vient en temps de retrait dedens l'an et le jour que la vencion aura esté faicte, par quoy ait semons l'achapteur souffisaument.

Nul qui retrait n'a les levées de la chose retraicte, ne mès dès le temps qu'il aura requis le retrait devant justice et ouffre faicte avenant. Cellui qui retrait est tenu de rendre à l'achapteur les amendemens faiz en la chose par l'achapteur par avant la requeste et offre du retrait; et de ceulx de après non.

Nul n'a retrait s'il n'est de lignage et s'il n'est du branchangage dont il appartient au vendeur; si n'est le seigneur du fié.

Si aucun venoit à aucun retrait par droit ou par voulenté de l'achateur et dye : « veez cy x l. que la chose vous cousta, » et l'autre dye : « Je ne les prendray pas ; car elle me cousta xl l., et en feray ce que je devray ; » cellui doit aporter les xl l. devant justice ; et si l'autre n'ose jurer que tant eust cousté la chose, et il deist qu'il n'en prendroit pas x l., cellui qui demande le retrait ne li en paiera riens par droit ; ains aura le retrait sans point d'argent.

Qui demande retrait doit nommer le liguage et dire la chose se regarde du branchage dont il appartient au vendeur, et que la vencion a esté faicte puis an et jour. Mais en Poitou ne regarde l'en pas tant seulement l'an et le jour de la vencion; ains regarde l'en [ceux] de la saisine faicte par le seigneur du fié selon l'advis des anciens.

Cellui à qui le retrait est adjugié doit paier et acomplir la somme de l'argent que la chose cousta à l'achapteur dedens les jours et les nuiz par la coustume establiz, c'est assavoir x jours; ou autrement il pert le retrait. Et doit premièrement l'achateur mectre en voir par son serement que la chose li cousta en loyal achat si l'achateur le requiert, ||[1] sur ce que l'achapteur mecte l'argent en main de justice, ce est usé en Poitou. Et cellui qui nye qu'il n'a riens achaté il pert la chose et l'argent, s'il est prouvé le contraire.

En retrait n'a nulles ventes; et en oultre tiennent plusieurs coustumiers que en retrait de héritaige vendu absolument que consigne le pris ou partie d'icellui, il doit estre baillié à la partie qui se offre au retrait : mais en offre de convenance où a retrait non par cause des usures, etc....

Quant à gaige ou à amende de rente non païée au jour tenu gentiment l'en puet demander amende de chacun terme passé; et si partie à qui est deue la rente ne la demande, il appartient au justicier en qui juridicion[2] est la cause.

125. De retrait entre frères.

Si un frère achate d'autre aucune chose, et le tiers frère après l'an et le jour passé demande à avoir de

---

1. F° IX, r°. — 2. Judicion, ms.

la chose vendue sa partie par retrait, il n'en n'aura
point : mais dedans l'an et le jour il auroit en païent
l'argent. Et celle manière comme frère vers frère,
en celle manière comme cousin vers cousin germain.

Item, Aucun a retrait aucune chose, et un autre
demande à avoir celle chose par retrait par ce qu'il
est plus prouchain, il ne l'aura pas, par quoy l'autre
puisse monstrer qu'il l'eust eue par jugement en que-
rellant devant justice, tout fust il encores dedans l'an
et le jour.

126. De abeilles essamées.

Si aucun a abeilles et elles se essament des bournaz,
et s'en aillent asseoir en un autre lieu et elles soient
cuillies, et cellui à qui elles sont viengne à justice et
die : « Sire cellui a mes abeilles cueillies qui se estoient
essamées et ne les me veult rendre, et je suy prest de
jurer que je les ay seues et que elles sont moyes ; car
je les vy asseoir en la terre de cest homme ; » en faisant le screment et en rendant à cellui qui les a cueillies la value de son bournac, l'en li doit rendre les
abeilles.

127. De douaire à femme.

Si aucun gentilhomme ou coustumier vent de son
héritaige, sa femme après sa mort y aura son douaire,
par quoy elle ne se fust assentie à la vente ; et si elle
avoit juré de sa voulenté sans nulle force que jamais
n'y demanderoit riens pour douaire ou pour autre
cause, ou en eust eschange ; et s'il estoit ainsi que
l'achateur en eust bonnes lectres ou garens, elle n'y
auroit riens ; et si ainsi non, elle y auroit son douaire.

Et elle morte, à cellui achateur vendra la chose et à ses hoirs. Et ce veult droit; mais de la coustume gentilfemme ne prent douaire, mais des choses dont son seigneur a la possession au temps de la mort.

Si deux parties pladoient ensemble devant leur juge, et débat soit entre eux[1] de dit de court, et que l'un enchauce l'autre et dye : « tu doiz respondre à moy, » la coustume est telle que qui premier enchauce premier aura response, et de cellui ira avant.

Il est usage que si aucun [est] enchaucé de fait[2] d'autruy, il doit avoir jour de soy enquerre se il le requiert. Et si l'autre partie dye : « Sire, il ne le doit pas avoir, || [3]car il ne fut à ce présent, » s'il le congnoist il n'en n'aura point, et s'il le nie il l'aura, par quoy l'autre ne vueille prouver. Mais s'il dit, « je le vueil prouver et requier jour, » ilz vendront jurer de vérité. Et après qu'ilz auront juré posé et respondu et preuve adjugée, et cellui qui aura prins à prouver die « je ne vueil pas persévérer en ma preuve, je vueil qu'il ait son enqueste; » et cellui dye : « Je ne le vueil pas, ains vueil qu'il poursuive sa preuve, » si puet l'en regarder que cellui qui délaisse sa preuve la puet bien délessier, et gagera une amende à la justice, et

1. Entreux, ms.
2. Deffait, ms.
3. Fᵒ IX, vᵒ.

l'autre aura jour de son enqueste si come il la re-
querroit. Ce fut jugié à St Messant, entre P. Dubruil
et ses frères.

13o. De choses déposées en herbergeries ou en neez.

De toutes les marchandises et les choses accessoires
qui sont déposées, *id est*, laissées en garde en veis-
seaux ou en maisons de noctonniers et de herbergeries et aux circonstances d'icelles, ou résidens par eulx,
ou par leurs femmes, ou par leur servans, ou par ceulx
qui continuent[1] en leur nessance, ou en leurs maisons
habitent, et si elles sont emblées, perdues ou empi-
rées par aucuns cas ou par les personnes dessus dictes,
li sires est tenu à les amender : excepté cas de aventure. Et en cest cas puet avoir cellui à qui la chose
est ou estoit ii manières d'actions, une *racione de-
licty;* autre par raison de forfait vers le seigneur, si
par li ou par ses gens comme dessus est dit le forfait
est advenuz. Si par avanture il aura autre action
racione depositi par raison de la chose commandée
vers le seigneur.

131. De chose meublau faire action royal.

De demande de chose meublau faire action royal
puet l'en bien en aucun cas, si comme l'en diroit tel
meuble est miens, et si me appartient par l'eschoecte
ou par la succession d'autruy qu'il nommera. Et en

---

1. On peut lire aussi *coutument.*

moult d'autres manières en icelle matière *de Rei ven-
dicacione*.

Ci comancent les commandemens de droit pour
avoir aucune remanbrance quant l'en y advient. Et
premièrement dit en la matière *de pactis* que convenant nulz[1] ne fait pas à tenir; et à ce qu'il soit vestu
convient certaines choses, obligacion ou tradicion du
pris de la chose. Et convenant n'est pas action, mais
seulement exeption.

132. De soy partir de convenant vestu

Si aucunes parties avoient fait aucun marchié, tout
fust le marchié vestu, encores se pourroient les parties quitter de celle chose et faire autres convenances
de leur voulenté : toutesvoyes la chose entière; car si
la chose n'estoit entière, il pourroit estre ou préjudice d'autruy. Et si aucune chose avoit esté païée du
pris de la vencion, encores de leur gré pourroit estre
cellui pris rendu à la partie, et le pris rendu, seroit la
chose entière comme devant; pourroit l'en faire de la
chose autre convenance, en ce qu'il || [2] fust fait en
temps convenable.

Si marchié ou convenances estoient faiz entre parties, la chose entière et en tout niant se puet, la quelle
partie qui voudra, retraire ou dire qu'il ne veult pas
tenir le marché ou la convenance; si depuis l'autre
l'enchaucoit, si auroit cellui bonne excepcion par quoy
il eust esté si come dessus est dit.

1. *Pactum nudum.*
2. Fº X, rº.

133. De décepcion par barat ou par fraude.

Si aucun avoit esté par barat ou par fraude induit à faire aucun marchié ou convenance où il feust déceuz, il puet avoir demande par manière de récepcion ; car droit dit : *de dolo oritur actio.*

134. De demander ce que l'en auroit eu d'aucun à tort.

Si aucun avoit eu aucunes choses d'autre à tort, il puet demander en ce qu'il ne les ait pas eues par sentence ou par jugement ; car [si] ainsi les avoit eues, veu seroit qu'il les eust eues à droit et non à tort.

135. De laisse faicte et puis la chose est vendue.

Si aucun a donné ou fait aucune laisse à aucun, et depuis il ysse de celle chose, si par neccessité il en yst, les hoirs sont tenuz de récompenser la valeur de la chose à cellui à qui elle avoit esté donnée ou laissée. Si de voulenté il vendoit la chose, les hoirs n'y sont pas tenuz ; car seroit veu que par sa voulenté ladicte leisse avoir rappellé. Si par neccessité la vendoit, n'est pas veu qu'il eust entente de la rappeller.

136. De gerez en autres négoces.

Cy comance la matière *de negociis gestis*, et dit que qui en l'absence d'autrui a procuré et administré les besongnes de cellui prouffitablement, que de ce naissent deux actions : à cellui qui les aura gérées de demander ce qu'il aura mis du sien et de son travail, et

l'autre de demander le prouffit de sa chose et amender ce qui malement aura esté gouverné par faulte de
cellui. Ce sont actions obligatoires. Si aucun géroit
les choses d'autrui et de son comandement, de ce
naissent II actions si come dessus est dit, et cestes
actions sont appellées *actiones mandati*. Si aucun de
commandement d'autrui géroit la besongne d'aucun,
cellui qui par tel commandement les aura gérées, les
choses gérées aura double action envers cellui qui les
choses sont *racione gestorum negociorum*, et envers
l'autre *racione mandati*. Et ceulx auront action vers
cellui se il a mallement géré, et de ce qu'il aura levé
des choses. Si aucun géroit la chose d'autre qui fust
son prouchain de lignage, de ce ne naist pas action *racione negociorum gestorum;* car ilz sont naturelle-
ment obligez l'un à l'autre, et de naturelle obligacion
ne naist pas action; mais il en puet bien naistre ré-
compensacion.

137. De norrissement de eole a son neveu.

Si aucune eole a un neveu qui n'ait point de père
et ait aucuns biens, et elle li administre ses norrisse-
mens, et morte l'cole et mort le neveu, les hoirs
du neveu demandent aux hoirs de la eole les biens de
cellui, et les hoirs || [1] de ladicte eole se voussissent ex-
cepter pour raison dudit norrissement, l'excepcion ne
sera pas recevable, s'il ne puet dire et monstrer que
l'eole fust venue à justice et eust les biens du neveu
fait regarder, et que de ses biens li administrast norris-

1. F° X, v°.

sement et du commandement de justice, ou que elle
en eust expresse protestacion; car protestacion a si
grant force selon droit, par quoy l'en ne use pas du
contraire; car autres les excepcions ne seroient pas
recevables; car veu est quant eole administre simplement à son neveu, et mère à son enffant, que ce est fait
en euvre[1] de miséricorde et par naturalité de char. Et ·
ce dit droit des personnes qui sont ainsi conjunctes.

138. De douaire fait à fille qui a biens d'autre père.

Si aucun père avoit une fille et celle fille eust biens
qui fussent par devers sa mère si elle estoit morte,
et d'autre part le sien père la mariast et li promist
ou donnast douaire ou hostel en mariage, et il ne
fust parlé que le douaire fust païé en tout ou en partie
des biens de la fille, le père est tenu ledit douaire
païer tout du sien; car veu est que puis qu'il 'promist
païer le douaire sans faire mencion des biens de la
fille, que li donnoit ledit douaire *ex causa pater-
nitatis*. Mais il ne seroit pas ainsi entre autres personnes.

139. De leisse faicte en testament d'aucune chose.

Si aucun fait leisse en testament d'aucune chose
qui ne soit pas soe, les héritiers de cellui sont tenuz
de récompenser la valeur de la chose à cellui à qui la
leisse fut faicte. Maiz il est dit ailleurs qu'il y a à destinter, ou il croit que la chose fust soe quant il la leissa
ou non.

1. Eue ou evre, ms.

140. De non donner tuteur.

De cellui qui est obligié à pupille ou le pupille à lui il ne puet ne doit estre donné à tuteur, s'il ne li a esté donné du père. Et s'il advenoit qu'il lui fust donné, il s'en doit deschargier hastivement. Et s'il ne le fait, et s'il n'avoit prouffitablement gouverné les choses du pupille, li hors de la tutelle il aura action vers le tuteur par raison de la tutelle.

141. De meneur qui est deceu.

En quelconque manière que meneur soit déceu, il en puet faire demande par manière de entière restitucion, toutesvoiz en congnoissance de cause; et s'il fait demande d'une chose dont il dit qu'il a esté déceu en son meneur eage, il convient qu'il preuve ii choses, l'une qu'il fust en meneur eage, l'autre qu'il fust déceu.

142. De don fait à aucun ou pover de son père.

Si aucunes choses sont données à aucun meneur li estant ou pover de son père, les fruiz des choses sont au père; mais la propriété demourra tousjours au filz.

143. De restitucion de petite chose.

Si aucun demande restitucion de ce qu'il dit qu'il a esté déceu en aucun contrat par barat ou par crainte, il doit estre receu à ce : mais si la somme de la décepcion est de minime quantité, il ne devroit estre oy.

144. De décepcion par tricherie ou par crainte.

Si aucun est déceu en aucun contrait par crainte
ou par tricherie, et si aucun avoit esté despoillié qui
fust meneur, ou autre qui fust hors du païs, il puet
demander restitucion par manière d'action; et en cest
cas puet ouvrer office de justice. Maiz de cellui qui
aura esté absent, doit l'en || ¹regarder la manière de
l'absence, se elle a esté de voulenté ou de neccessité,
vel causa reipublice.

145. De crainte ou de force.

Donnacion qui a esté faicte par crainte ou par force
n'est pas à tenir, et puet estre demandée par manière
de péticion, touteffoiz à ce que la paour ou force ou
crainte puissent estre dommageuses, et par quoy elles
feissent à doubter : car si non come de vaines
paours force ou crainte, ilz n'auroient pas demande.

146. De meneur que l'en li doit païer.

Qui doit à meneur il ne le doit pas païer s'il ne li
scet tuteur, ou si n'est par l'auctorité de justice; car
qui le paieroit autrement, et meneur perdist celle
chose, il pourroit demander à cellui par manière de
récepcion. Et dit droit que en cestes manières de res-
titucions qui appartiennent aux meneurs ne vait l'en
pas par manière d'action, mais par office de juge. Et
s'il advenoit que le meneur eust aucunes choses acha-

1. F° XI, r°.

tées qui lui fussent neccessaires, ou qu'il fust mis en possession d'aucunes eschoetes qui lui venissent de lignage, et depuis cestes choses se perdissent ou amenusissent par aucun cas d'aventure que aussi bien puet avenir à aucun homme bien sage ou bien gardant, en cest cas n'auroit pas le meneur le bénéfice de entière restitucion.

147. De non laissier la tutelle prinse.

Qui a prins la tutelle ou la cure de meneur ne la puet laissier sans certaine cause et cognicion.

148. De ellection de meneur demander.

Si un meneur avoit vendu aucune choses de son héritaige, et cellui qui les auroit achatées les vendist à 1 autre, le meneur auroit ellection de demander auquel qu'il li plairoit.

149. De cellui qui a plége et principal.

Cellui qui a plége si a 11 actions, une vers le plége, et l'autre vers le principal : et si est obligacion de plége obligacion accessoire. Et si aucun requiert debteur à gré et qu'il se establisse principal debteur, l'obligacion qu'il auroit vers son debteur seroit estainte.

150. De prouver aucun larron manifest.

Si aucun avoit prins à prouver contre autre qu'il fust larron manifest, et il prouvast le larroncin, tout ne prouvast la manifestacion, sa preuve vaudroit.

151. De eslire sa demande.

S'il advenoit que cellui à qui la chose est ou estoit comme dessus est dit, et il eust esleu à faire demande desdictes choses vers autres personnes que vers le seigneur, et droit ou sentence face contre lui, il n'en pourroit plus faire demande audit seigneur, et auroit li sires bonne excepcion vers cellui par raison de l'es-lection s'il en faisoit demande.

152. De chose déposée.

Si la chose à aucun estoit baillée, ou déposée, ou receue en aucune nef ou en aucune maison comme dit est, et cellui à qui la chose est amayne o soy un sergent, et li sire de la nef loe o soy cellui sergent de cellui qui le amena, et depuis il advient que par cellui sergent, lesdictes choses fussent ∥ [1] perdues ou empi-rées, néantmoins sera li sire de la nef ou de l'hostel tenu la chose à amender à cellui, non obstant ce qu'il amena le sergent dessus dit, par quoy il ose affermer par son serement que il creoit qu'il fust loyal homme. Mais si au loyage faisant avoit esté accordé que le ser-gent[2] o l'un et o l'autre, lors cherroit la perte sur l'un et sur l'autre par moitié.

153. De protestacion avant la chose receue.

Si aucun veult sa chose déposer en aucune nef ou herbergeries, et li sire de la nef ou de la herbergerie

1. F° XI, v°.
2. Il faut probablement ajouter *seroit*.

fait protestacion par avant que la chose soit déposée,
que si en la chose avient aucun cas qu'il n'en amendera rien, sa protestacion vault. Mais si la chose estoit
déposée avant, la protestacion ne vaudroit pas; car il
est jà obligé au seigneur de la chose, et nul ne se puet
désobligier sans faire satisfacion à cellui à qui il est
obligié, ou sans son assentement.

154. De mandement par second escript.

Si par second escript est mandé à aucun juge que il
ne procède plus en la cause, et que ce qui fait aura
esté par le premier rescript soit tenu pour néant, l'en-
tencion du droit n'est pas, car si sentence diffinitive a
esté donnée droiturière en la cause que elle soit rap-
pellée; mais si elle n'a esté donnée, tout est rappellé par le second escript.

155. De cellui qui est despoillé.

Nul ne doit estre despoillé sans cause; et qui est despoillié doit estre restitué avant tout euvre et avoir saisine entièrement, ensembléement o les fruiz et o les
yssues, en telle valleur comme cellui à qui est la chose
la peust faire valoir se la chose eust esté en sa main si
la faulte ou la négligence au despoilleur y estoit trouvée en troïant les choses à droit fruit.

156. De parolle de présent et de futur.

Parolle de présent a plus grant force que celle de
futur; car si un homme avoit promis à prendre une
femme par parolle de futur, néantmoins pourroit il

prendre une autre par parolle de présent ou entrer en religion. Et s'il l'avoit promis à prendre par parolle de
présent, il ne le pourroit sans l'assentement de la femme.

157. De clerc non donner juridicion sur soy.

Clerc ne puet donner juridicion sur soy à justice
séculière par accort qu'il face.

158. De temps de l'action [1] de tricherie.

Cellui qui a action par ce qu'il aura esté déceu par
tricherie ou par barat puet demander jusques à 11 ans ;
car les actions sont appellées *actiones doli*.

159. De soy mectre en possession par violance.

Cellui qui aura eu ou sera mis en possession d'aucune chose par violence, et cellui à qui est la chose ou
en estoit en bonne possession l'en l'ait osté en li rap-
pellant, par quoy il ait fait continuellement et en temps
convenable sans intervalle, se il demande restitucion
il ne la doit pas avoir : et droit dit, *quia vim vy repel-
lere licet.*

160. De previlége.

Si aucun est previlégié qu'il ne doit respondre en
aucune ville devant aucun juge, s'il pladoye 1 autre,
et l'autre li face illecques demande, il sera ‖ [2] tenu
de respondre non obstant son previlége.

1. Délection, ms.
2. F° XII, r°.

161. De estre allé à Rome pour certaine cause.

Si aucun estoit allé à Romme pour certaine cause
expresse, et aucun li voulsist lors faire aucune demande, il n'y seroit pas lors tenu de respondre.

162. De deux adjournemens aler avant.

Se deux parties se font atermer l'un l'autre devant
leur juge, du premier adjournement ira l'en avant en
la querelle tant comme l'en pourra et devra de la
journée, et après yncontinent[1] de l'autre querelle.

163. De feme grosse.

Se il advient que femme soit grosse, et elle ait autre
enfant vif, et le père soit mort, et l'enfant vif demande
que les biens du père soient départiz et qu'il ait sa
partie, droit donne que soient partiz en telle manière :
c'est assavoir qu'il aura la quarte partie, et la mère
par raison de sa porteure aura les iii pars, c'est assavoir par raison de ce que il est possible que une femme
puet avoir jusques à vii ans[2], et de vii jusques à un.
Et pour ce doit l'en prendre la chose mesléement. Et
puis après ce que la femme aura eu enfant, seront les
choses parties selon qu'elle aura des enffans.

Pupille ne puet faire testament jusques à xiiii ans.

1. Le manuscrit semble avoir écrit d'abord : *en continent;* puis
l'*e* de *en* a été corrigé de manière à faire un y.

2. *Sic*, ms. Il faut lire *enfans*.

164. De père qui establist, etc.

Si le père establist et fait son hoir en son testament
aucun estrange que son enffant, et fait aucune leisse
à son enffant en son testament, et depuis cellui enffant
appellast l'autre en jugement, et voulist impuner le
testament, et voulsist monstrer qu'il ne fust de nulle
valleur et qu'il eust esté fait contre droit, s'il atant
tant que sentence face contre lui, et puis demande à
avoir la leisse que son père lui avoit faicte en son testament, il n'y sera pas receu par droit ; mais s'il n'a-
voit actendu sentence, il pourroit bien demander la
leisse.

165. De faire trop de leisse en son testament.

Si aucun fait tant de leisses à une part et à autre en
son testament des choses à son hoir que au mains [ne]
en demeurgent les deux parties, il en sera tant destruit
qu'il en demourra à son hoir les ii pars : et au seurplus
tendra la leisse par coustume. Et aussi selon droit en
doit demourer à l'hoir les ii parties, et la tierce sera
aux dons.

166. De allienner son héritaige en fraude.

Nul ne puet aliéner son héritaige en fraude de patron : et si aucun aliène tout son héritaige par don ou
par leisse ou par autre cause non lucrative, il est une
aperte fraude, l'en le doit tenir à nient. Et s'il y a
aucune chose lucrative, l'en la doit regarder que elle
soit telle que au patron demeure la tierce partie ou l'é-
quipolant ; car il ne puet aliéner son héritaige en ma-

nière que à cellui qui a son droit ne remaige sa raison sauve que droit que l'aliénacion de partie de son héritaige puet mieulx tenir que du tout. En moult de manières lay ou droit donne action, pour aussi grant raison donne il excepcion.

167. De non faire aumosne de choses venues de usure.

‖ [1] Si aucun a eu d'aucun aucunes choses par usure à tort ou par aucun mauvès contrait, de celle chose ne pourroit l'en faire aucune aumosne ; car droit dit que elles ne sont pas siennes : et aussi ne pourroit l'en des accessoires d'icelles choses.

168. De différance entre principal et accessoire.

Il a différance entre principal et accessoire en trop de manières, et mesmement en ceste : si un larron avoit emblé un cheval et il le vendist, il n'auroit pas pour ce emblé l'argent qu'il en auroit eu qui seroit accessoire du cheval.

169. De temps de cure et de tutelle.

Tuterie dure jusques à xxi an en Anjou. Et en Poitou des masles entre les nobles et des filles, xiiii ans. Mais en Angomoiz et en Xantonge est autrement, que des malles dure xiiii ans et des filles xii. Et entre les rosturiers autant. Et en Anjou et en Poitou entre les roturiers autant, si comme plusieurs tiennent.

1. F° XII, v°.

170. De avoir promis rendre à aucun aucune chose.

Si aucun avoit juré à rendre à aucun aucune chose et à certain jour, et cellui à qui il les auroit promis rendre fust excommenié, il ne li est pas tenu de rendre, ne pour ce ne sera pas parjure ; car l'obéissance qu'il fait à Dieu l'en garde ; car nul ne doit participer ou excomenié, excepté ceulx qui sont en sa subjection, c'est assavoir sa femme et ses enffans et ses serviteurs. Et si le debteur dessus dit se vouloit garder de ceste debte, il pourroit bailler celle debte en main de justice ; et le créditeur absolt, li sera rendue la debte.

171. De respondre d'estre hoir.

Ceulx qui sont atermez devant leur juge ordinaire pour savoir s'il seroit hoir d'aucun, et pour ce que les parties doivent avoir délibéracion sur ce ix mois. Et si devant l'Empereur un an s'il le requiert.

172. De forfait.

Droit dit que le forfait de la personne ne doit pas tourner ou domage d'église.

173. De retourner de son erreur.

Si aucun se veult retourner de son erreur, il ne doit pas estre receu pour mescréant.

174. De peine sans desserte.

Droit dit que nul ne puet pas souffrir peine sans

desserte. Et que establissement ne regarde fors ce qui
est à venir. Et que nul n'est cassé par nulle constitucion devant qu'il le saiche.

175. De deux choses enlassées ensemble.

Droit dit que quant deux choses sont enclavées ensemble, autel est le jugement de l'une comme de l'autre.

176. De establir sur autrui.

Droit dit que nul ne doit establir chose sur autrui
que il ne voudroit en droit soy.

177. De constitucion de lois ès choses d'église.

Droit dit que constitucion qui est faicte par gens
lays ès choses d'église ou ès choses aux clers ne vault
riens, et que nul n'en puet vendre le fié à un estrange
sans la voulenté du seigneur.

178. D'aller contre sa protestacion.

Droit dit que riens ne vault protestacion quant cellui meisme qui la fait vait encontre.

179. De constitucion.

Droit dit que constitucion se puet estendre aux choses trespassées quant elles sont continuées par non.

180. De mandement.

Droit dit que le dernier mandement ne rappelle pas
le premier s'il ne fait mencion du premier.

181. De lectres à l'apostolle estre faulcées.

|| 'Droit dit que les lectres à l'apostolle pueent estre faulcées par faulx latin.

182. De cellui qui est semons.

Droit dit que quant aucun est semons par unes lectres et puis par autres, il n'est pas tenu de respondre par les secondes tant que les premières soient rappellées. Et si'deux paires de lectres sont empectrées soubz une meisme chose, elles ne vallent riens si les unes ne font mencion des autres.

183. De lectres empectrées contre l'abbé.

Droit dit que par les lectres empectrées contre l'abbé puet l'en pladoïer contre le convent, s'il n'est ainsi que les besongnes à l'abbé et celles du convent soient du tout divisées.

184. De biens despendre.

Bonne coustume et raisonnable est plus forte que commun droit.

Nul ne puet vendre ne despendre les biens qu'il a prins ou sa femme sans sa voulenté et assentement ; au moins les biens immeubles.

185. De adultère.

Femme qui fait adultère ne puet riens demander ès biens qui ont esté conquis durant le mariage.

1. Fº XIII, rº.

186. De droit naturel.

Coustume ne se despute point ne surmonte droit naturel, si elle n'est raisonnable et confermé par prescripcion. Et prescripcion si est quant aucune chose a esté tenue xxx ans ou plus.

Le comun prouffit doit plus estre amé que le espécial, et le grant bien que le meneur.

Es choses qui sont appertes à tous ne doivent point administrer tesmoings.

Et qui ne vault rien de le commencement ne puet riens valoir par chose qui après s'ensuive.

Le espécial mandement est plus fort que le général.

187. De laide chose.

Le convenant de laide chouse ou impossible, ou qui tourne à dommage des ames[1], ne amène par droit nul obligement.

188. De force ou de paour.

Les choses qui sont faictes par force ou par paour, de telle paour de quoy homme cuer puisse et doye avoir paour ne doit avoir nulle fermecté ; comme par paour de mort, ou de menbre, ou de paiz ou de sa bonne fame perdre, ou de demourer infames, ou de sa franchise, ou de ses instrumens qui mestier auront à garder les choses dessus dictes de perdre. Et en moult d'autres manières.

---

1. Armes, ms.

189. De abatre establissement et coustume.

L'en doit abatre establissement et toute coustume
qui ne pourroient estre gardez sans péchié mortel.

190. De plusieurs condempnez.

Quant plusieurs sont condempnez en une sentence,
se li uns seul appelle, la victoire aide aux autres ès
choses communes, s'ilz ont celle mesme droicture, et
une mesme cause, et une mesme besongne.

191 De choses pou achatées.

Quant une chose est moins achatée que la moitié du
loyal pris ne vault, il est à la voulenté de l'achateur à
rendre s'il veult le loyal pris ou laissier la vente, quant
la chose est enchaucée par le vendeur et menée par
plait.

192. De grace à femme et douaire.

L'en doit faire aux femmes moult grant grace à re-
cevoir leur doaire. || [1] Et si est obtenu en droit que par
les faiz à l'home la feme ne doit pas perdre son douaire,
ne les biens à l'home qui sont obligiez à la femme par
son douaire ne puet trespasser en autre obligacion, en
nulle manière que la feme n'ait son douaire.

193. De religieux.

Nul religieux ne plévisse ne emprunte sans l'assen-

1. F° XIII, v°.

tement de la greigneur partie du convent, ou en chap-
pitre, et congié de son abbé. Mais la somme qui est
establie pour commune pourvéance li convent li est
tenu et non autrement, s'il n'apert que ce fust en
prouffit de la maison.

194. De cellui pour qui tu es obligié.

Tu puez pladoyer par droit cellui pour qui tu es
obligié par lectres ou par plége qui ce délivre, s'il a
longuement actendu à païer, ou s'il a commancé à gas-
ter ses biens, si tu as esté condempné à païer sur celles
debtes à son actesseur.

195. De paier debtes.

Autressi comme le filz est tenu à païer les debtes
son père, est tenu le prélat à païer celles de son an-
técesseur qui ont esté acreues pour les besongnes de
l'église.

196. De celui qui a païé deniers qu'il ne doit pas.

Si aucun avoit païé deniers qu'il ne deust pas et s'en
deult, il est tenu à prouver qu'il les ait païez à tort. Et
si son adverssaire ne nie pas le paiement et puis en
soit convaincu, lors doit il prouver que ce qu'il a eu il
a eu bien et à droit, etc....

197. De rappeller la franchise.

La personne du donneur puet bien rappeller la franchise donnée par ce que cellui à qui elle fut donnée

n'en sceust gré ; aussi comme s'il mectoit mains en lui
malicieusement, ou s'il faisoit aucun tort grief ou domage de ses choses, ou en péril de sa vie. Et non pour
tant ce ne se estant pas aux hoirs du donneur.

198. De testament fait sans escript.

Droit veult que li testamens soient fermes que les
parroissiens feront en leur dernière voulenté devant
leur prouveire, ou devant ii ou iii personnes convenables ; car il est escript que en la chose de ii ou de iii
tesmoings est toute parolle estable.

199. De femme départir de son seigneur.

Si femme est départie de son seigneur par cause de
fornicacion, par jugement de sainte église ou par sa
propre voulenté, et elle n'est pas réconcilliée depuis à
lui, elle ne puet pas demander son douaire.

200. De don d'home et de feme l'un à l'autre.

Nous devons savoir que ce que la femme donne à
homme est appellé douaire, et ce que homme donne
à femme, don pour noces, selon les establissemens de
loys.

201. De ravissement de femme.

Pour ce que l'en appelle ravissement là où il a en-
tencion de noces, cellui ne doit pas estre appellé ravisseur depuis qu'il ot l'assentement de la femme et
l'espousa, aincois qu'il compaignast o le : jasoit ce que

le père et la mère le contredississent, de qui l'en dit
que elle fut ravie.

202. De beuf qui est bouteur.

Si un beuf qui est à aucun est bouteur de pieca, et
le sire ne le gouverne pas, il rendra beuf pour beuf et
aura le mort tout entier.

203. D'endommager champ ou vigne.

Si aucun endommage champ ou vigne, ou laisse
aler sa beste de blé en blez estans ès champs, cellui
qui laisse aler la beste amendera.

Et aussi qui alume feu, et il s'en vait de blé en blez
ardant, || [1] ou de boys en boys, cellui qui aluma le
feu amandera le dommage.

204. Des entendemens des moz.

Les entendemens des diz doivent estre prins des
causes pour quoy ilz sont diz; car la chose n'est pas
sourmise à l'autre rogatoire, mais pour querre la parolle
de la chose.

205. De usure.

Nul clerc ne prange à faire nulle manière de usure.
Et si aucun a prins ou engaigé la possession à autre pour
deniers de usure que il ait baillé, ce il y a eu des fruiz [2]
son chatel par dessus les coustemens, il doit rendre
au debteur quictement sa possession.

1. F° XIV, r°.
2. Deffruiz, ms.

206. De choses tenues en gaiges.

Pour ce qu'il est périlleuse chose non pas tant seulement aux gens de sainte église mais à tous autres de soy garder à gaingner usures, nous enjongnons que vous contraignez par l'auctorité de sainte *église* ceulx qui de possessions ou des arbres que ilz tiennent engaigez ont receu leur chatel par dessus les coustemens, que ilz leur rendent leurs gaiges sans nulle action de usure *contra fructus perceptos*, etc....

207. De requerre l'aide de la loy.

Cellui qui[1] requiert pour nient l'aide de loy qui meffait contre la loy; nous establissons que si aucun crestien usurier empectres noz lectres que usures leur soient rendues, et que aucuns fruiz qui aient esté receuz de leur possession et que ilz ont engaigez soient comptez ou chatel, se ilz ne rendent aincois les usures qu'ils ont receues des autres, qu'il ne soit pas oïz par l'auctorité de ses lectres.

208. De l'effect de la chose.

Quant la chose cesse, li effect cesse. La chose qui est faicte entre li uns ne doit pas nuire aux autres.

Prescripcion ne court pas contre l'église de Rome jusques à c ans.

Excepcion de pécune non nombréc en son leu en prest, et son temps est dedans ii ans que elle puet estre proposée et receue.

---

1. *Qui* parait devoir être supprimé.

209. De chose deue.

Quant aucune chose est donnée ou octroïée, toutes les choses qui s'ensuivent de celle sont données.

210. De estre enformé par la semonce.

Quant cellui à qui l'en demande est appellé en jugement par loyal semonce ou par lectres qui lui ont esté envoïées, doit estre entroduiz plénièrement de ce de quoy il est semons, l'en ne li puet pas plus donner jour à conseiller; ains doit l'en aller avant et excercer la chose à la mectre à droite fin.

211. De congnoistre de despoillement.

Quant aucun dit qu'il a esté mis hors de sa possession par force, et son[1] adverssaire dit qu'il ne fut pas establi selon droit, l'en doit avant congnoistre du despouillement fait par force que de l'institucion qui ne fut pas par droit faicte selon la teneur des droiz; mais arrières doit estre remis en possession.

212. De non paier usures.

Les debteurs ne doivent pas estre contrains à paier usures en quoy ils soient obligiez. Mais s'ilz ont juré à les païer ilz doivent estre contrainz à les païer, et de rendre à Dieu leur serement. Et quant les usures || [2] seront païées, les créanciers doivent estre contrains par justice de sainte église se mestier est de les rendre.

1. Selon, ms.
2. F⁺ XIV, v°.

213. De convent poiter tesmoignage.

Il est dit en une décrétalle : Nous octroions par cest présent décret que nous et le convent de nostre église abbaïee puissent porter tesmoingnage en vérité de nostre église, quant aucuns tesmoings nous faudront.

214. De vendre choses données à femme.

Droit dit que si li homes qui ont leurs femmes vendoient les choses qui leur ont esté données en ' mariage et assignées en douaire, et elles s'i assentent et affermes par leurs seremens que jamès ne vendront encontre, se les femmes après la mort des hommes s'efforcoient de aler encontre, elles ne pourroient, non contretant ce que le consentement de femme ne les oblige pas, mais les consentemens des lois ; car les femmes doivent garder leur seremens qu'ilz ont fait de leur gré, sans force et sans tricherie, puis qu'il ne tourne en grièvement d'autruy.

215. De cellui qui demande et ne preuve pas.

Il est droit escript que cellui qui demande et ne preuve pas, cellui à qui il demande sera absoult.

216. De chose prestée.

Quant aucun a receu aucune chose qui li a esté prestée par la grace de soy tant seulement, il est tenu de très légière coulpe, jasoit ce que cas d'aventure n'i doye estre mis sur lui se il n'avoit par sa coulpe,

ou s'il ne fut mis en convenant : et si ne fut pour sa
demeure ne li doit l'en pas demander par droit se
qui li fut presté devant qu'il en aura fait ce que
par quoy la chose lui fut prestée; car il ne nous convient pas estre déceuz par bien faire mais aidié.

217. De garieur non huchié.

Si aucun a entrelessié de dénuncier au vendeur
que li garisse, et deffende la chose que li a vendue
après ce que le plait en a esté meu contre li, ou cellui
s'est deffailli par constumace au temps que la sentence
fut donnée, il ne pourra pas puis pladoïer de garentir
li contre les establissemens des lois.

218. De non tenir home franc pour debte.

La loy dit que franc home ne soit pas tenu [pour]
debte, jasoit ce que choses li faillent qui puissent
estre baillées pour debte.

219. De lcisse de femme.

Nous avons oy par le racontement R., que sa femme
quant elle morut commanda que 1 vesseau d'argent
fust vendu et donné à sa mesnée, et que elle laissa à
une abbaye une escuelle d'argent; en quoy nous voulons que sa voulenté soit acomplies en toutes chouses.

220. De dernière voulenté.

Cellui qui met sa dernière voulenté en la disposicion d'autre, il n'appert pas qu'il meure sans testament.

221. De possession donnée à église.

Quant aucune possession est donnée à église par
condicion, le don ne puet pas après ce estre rappellé,
s'il n'a par avanture esté donné par telle condicion
qu'il doye rappelle si la condicion cesse.

222. De force de mariage.

La force de mariage est si grant que les enffans qui
sont nez devant le mariage || [1] sont tenuz pour loyaux
quant le mariage est assemblé, combien que entre la
nessance desdiz enffans et cestui mariage autres mariages se fussent ensuiz entre la mère desdiz enffans
et autres hommes, et entre le père et autre femme,
par tant qu'ilz fussent soluz par mort ou par autre
manière. Mais si li uns homs compaigne la femme à
un autre et li engendre lignée, jasoit ce qu'il la prenge
après la femme sa femme, non pour tant l'enffant sera
bastart et sera mis hors de l'héritaige, mesmement
cellui que qu'il soit qui pourchaca la mort à la première femme.

223. De femme.

Quant feme est départie de son seigneur pour aucune droite cause, nous commandons que tous leurs
droiz leur soient renduz.

224. De père et de filz recevoir en tesmoignage.

L'en list que le père ne soit pas receu en tesmoin-

1. F° XV, r°.

gnage en la cause du filz, *et ex converso,* ès causes criminelles. Mais ilz seront receuz convenablement en assembler ou en partir mariages pour la dignité du mariage, pour ce que c'est chose favorable : car chacun s'enforce de savoir sa généracion.

225. De accusacion.

Accusacion ne puet plus estre recommancée de cas de crime puis le accusé en a esté absoubst une foiz par jugement.

226. De avoir compaignie à pucelle.

Si aucun tient pucelle qui n'est point encore expousée et il compaigne o elle, il la en douera ou la prendra à femme. Mais se les parens de la fille ne la vouloient donner, il donrra deniers selon la manière du douaire que les vierges souloient avoir anciennement.

227. De perdre son previlége.

Cellui dessert par droit à perdre son previlége qui use mauvaisement de la poete que li est donnée en telle décrétalle *de previlegiis* [1].

228. De dommage qui vient par la coulpe d'autrui.

Si domage ou tort est fait par ta coulpe, ou par avanture tu as donné à ceulx aide qui l'ont fait, ou il est advenu par ta folie ou par ta négligence, il t'en convient par droit faire sattisfacion. Et ignorance ne

---

1. *Cap. Dilecti filii* 4, *x., de privilegiis,* 5, 33.

te excuse pas, si tu devoys savoir par vray signe que
tort ou domage peust venir de ton fait. Mais si tu
proposes que bestes aient fait le mal, tu n'i es mais
tenu à faire sattisfacion si tu ne te veulx délivrer par
donner les bestes à ceulx à qui ilz auront fait le dommage; ne que d'eulx ne te souffist pas à ta délivrance
si les bestes firent le meffait folonesses et coustumées
à mal faire, que tu n'y meis pas telle diligence comme
tu deusses à les garder de mal faire, et jasoit ce qu'il
apparesse que cellui qui donna la chose donc domage face le domage.

229. De cellui qui fait le meffait.

Cellui qui fait sans doubte le meffait par qui auctorité et par quel commandement il est fait.

230. De clerc traire devant juge séculier.

Si lays ou clerc traicte clerc sur action personnelle
devant juge qui ne puisse estre son juge, si comme
juge séculier, il pert sa cause par cellui mesme fait ou
par sentence, c'est assavoir appeller cellui devant son
juge à droit, et requerre sentence sur ce.

|| [1] 231. Ci conmance de l'office des juges.

De la matière des cas appartenans à juge et aux justiciers, et de loyaulment juger. Office de juge quant
les parties ont pladoyé et sont en jugement; le juge
doit réciter et selon ce qu'il est pladoyé il doit juger

1. F° XV, v°.

bien et loyaulment. Et ne doit avoir remembrance de amour ne de haine, ne de don, ne de promesse, ne de paour, ne de menace. Et si ne doit pas jugier selon la force, mais rendre loïaulment jugement.

Et se aucune des parties se sent agrevé du jugement, si en doit appeller présentement devant le juge souverain, et le doit nomer ; et doit dire que le jugement soit faulx et mauvaiz, et se mestier est que soit dit à l'appeau appelle au souverain juge. Et s'il avoit appellé au souverain comme s'il avoit appellé au séneschal royal et et non mie au baron qui est entre ii, le baron auroit l'obéissance s'il la requéroit.

232. De non estre juge en sa cause.

Estre juge en sa cause l'en ne puet ; car en jugement convient iii personnes, c'est assavoir juge, demandeur et deffendeur.

233. De péager sa marchandise.

Marchant qui meine marchandise qui doit péage et autre qui n'en doit point, et pour le péage embler il dit et jure que celle marchandise qui doit péage que c'est de celle qui n'en doit point, et fait tant qu'il passe la péagerie, et puis après ce est prins, il pert celle marchandise dont il embla le péage, non contretant qu'elle ne soit pas soue depuis qu'il la mène et conduit. Et fut trouvé cest cas en la ville de Poitiers par les saiges en la grant assise.

234. De femme qui requiert son douaire.

Femme qui requiert à seigneurie que l'en li face assair son douaire, le sire doit commander à son sergent que de tous les biens de quoy la femme le fera certain dont son seigneur mourut saisi, li face faire et asseoir son douaire, s'il n'y a qui se applége encontre. Et s'il y a qui se aplége encontre, si tiengne en main de court, et jour à l'assise, etc....

235. De chose saisie par faute d'homme.

De seigneur qui saisist en son fié par faulte d'homme, cellui à qui la chose est en doit demander délivrance en mectant plége et en traïant son garieur sur l'obéissance le sien délivré, ou protestacion de segre son dommaine s'il n'avoit garieur, et li en doit l'en requerre droit. Et se li sires ne le fait, li homs se doit appeller de li de tort et de grief en tenant le sien sur refus de pléges en la court du souverain : et plus donne de droit se le plégeur est homme lige ou de foy au seigneur : ce est usé en Poitou. L'en se pourroit bien plaindre simplement devant le souverain qui voudroit; mais la première voye seroit la plus saine.

236. De artente de juge.

De recort qui a esté jugié entre parties et en court de baillif qui¹ a accesseur, et audit recort le baillif fust

1. Le copiste du manuscrit s'est servi de l'abréviation du mot latin *quia*, peut-être parce que dans le texte qu'il copiait les mots *qui a* n'étaient pas suffisamment séparés. Il s'agit évidemment ici d'un bailli qui a un assesseur.

nommé et le accesseur et autres parties, et au jour
le baillif n'est mie, et l'en pladoie que du recort l'en
doit aler avant; le baillif doit estre actendu tant
comme la coustume donne, c'est assavoir une foiz si
aucunes des parties le requièrent : et aussi se doit il
faire de l'accesseur par quoy il || [1] eust fait le jugement.

237. De recréance demander.

Cellui qui demande recréance il la doit avoir ou
plége mectant se c'est de cas dont recréance affierge
à faire; les choses en quoy recréance ne siet mie, c'est
assavoir là où il a péril de corps ou de vie; mais là où
il n'a point des dessus diz ne chose jugié sciet bien.
Et si aucun est appellé de cas qui requierge celle
peine comme dessus est dit, pour néant est procureur
establi.

238. De avoir recréance de ses biens.

Cellui qui a eu recréance de ses biens l'en le doit
mener par coustume du païz, c'est assavoir assigner
jour et mener par droit, etc....

239. De jugié entérigner.

L'en doit jugié contenu en lectres et li termes est
passez entériner sans délay, si paiement ou quictance
ou alongement de terme ou faulceté de lectres n'y est
proposée, et à plége de cellui contre qui l'excécucion
est requise. Ce sont les causes principaux par quoy l'en
se pourroit opposer encontre; et bien s'en pourroient

1. F° XVI, r°.

sourdre et naistre autres causes que celles, si comme
plusieurs coustumiers dient.

240. De chose saisie à l'instance de partie.

De ce que justice a mis en sa main simplement à
l'instance de partie comment l'en en doit faire délivrance, c'est assavoir premièrement la partie appeller
pour oïr sa raison, et la raison oye, ou s'il ne vient
dire encontre, droit en oultre, c'est assavoir faire la
délivrance, s'il n'a raison qui l'empesche.

241. De choses prinses par jugié de court entériner.

Cellui qui requiert délivrance de ses biens quant ilz
sont prins par jugiez de court entériner, come il la doit
avoir et comment non : c'est assavoir s'il nye le jugié o
plége, aura la délivrance; et s'il congnoist non, s'il n'a
plégé cause certaine de droit comme dessus est dit.

242. De cellui qui est dessaisi plait pendant.

Cellui qui a terme à l'instance de justice et la justice le dessaisist[1] plait pendant, il doit excepter de la
saisine et doit nomer la chose; et n'est tenu de respondre dessaisi, s'il n'y a cause raisonnable par quoy
il ne doye avoir délivrance.

243. De cellui qui est enchaucé de péagerie.

Cellui qui est enchaucé de péagerie trespassée et de
péage non rendu si come l'en le doit, comment il

1. Dessaist, ms.

s'en doit passer, c'est assavoir en jurant qu'il ne sceust
que péage y eust et en païant les arréraiges, par son
serement. Et si bien savoit que péage y eust, si s'en
passera il en jurant qu'il faist bien aquipter.

244. De prendre les biens meubles aux clers.

Coment justice laye puet prendre les biens meubles
aux clercs, c'est assavoir quant ilz sont en lieu du
temporel sur sa saisine, et autrement non : ce fut dé-
clairé à Poitiers à l'assise, au temps que l'en levoit les
imposicions pour la guerre de Gascoigne.

245. De conteus.

De contans de deux seigneurs qui sont à discort
ensemble sur aucunes choses qui touchent héritaige,
coment la chose se doit prouver et par gens, c'est
assavoir par les jurez du païs; et les sagent dient ‖ ¹
que les explecteurs doivent estre traiz, ou autrement
n'aura que respondre.

246. De décliner.

De justice quant elle tient en sa main elle doit délivrer o plége si cellui à qui est la chose le requiert,
s'il n'y a qui empeschement y mecte raisonnablement
ou autre droite cause.

Item, De seigneur quant il tient la chose de son
homme ou qu'il tient de li saisie, il la doit délivrer o
plége et assigner jour souffisant : et s'il deffault au

1. Fº XVI, vº.

jour, la justice y a s'amende et la partie ses dommages
du deffault à sa preuve, s'il n'a juste cause qui le sauve
du deffault.

247. De chacun qui dit une chose estre soe.

Se deux parties dient chacun que une chose est
soue, la justice doit tenir la chose en sa main jusques
à tant que droit soit fait entre les parties, voyre si
applégement y avoit ou la chose fust vacant, etc....
Mais si partie en avoit possession si lesdictes causes
n'i sourdoient, non, etc....

248. De jugiez faire entériner sur l'obligacion.

Coment l'en doit faire entériner lectres ou choses
jugiez sur les choses aux obligiez, c'est assavoir premièrement sur le meuble pour tant comme il pourra
souffire. Et s'il ne souffist à tout, pour tant comme il
défaudra, la justice doit faire par preudes hommes
jurez priser les biens héritaiges aux obligez jusques à
la quantité desdictes debtes; et puis doit faire crier
cestui fait en marchié ou en église par III foiz, c'est
assavoir dedens VII jours : *Item*, ceulx passez dedens
XV jours, et dedens XL jours, que qui plus vouldra
achater la chose que viengent avant : et cellui qui plus
y voudra donner que la chose li soit baillée. Si cellui
qui la obliga ne la vouloit prendre pour le pris, et si
nul ne venoit avant pour plus y donner, si demourra la chose à cellui pour qui elle fut prisée pour
le pris juré. Et doit la justice donner bonne lectre sur
le fait dessus dit.

249. De délivrer par droit la délivrance faicte.

Seigneur quant il a délivré à son homme ce qu'il li a saisi du sien, il doit mener par droit; car s'il reprenoit pour celle mesme cause la chose, et ne l'eust appellé si come coustume de païs donne, l'home se pourroit appeller de li ou plaindre simplement devant le souverain, si come par devant est dit.

250. De rente et arrérages.

· Rentes et arréraiges entériner d'icelles rentes aprouver et juger obligiez par lectres et assises sur espiciaux, et les arréraiges d'icelles approuvez et jugiez, c'est assavoir que la justice par personnes jurez fera bailler tant des choses de l'espiciauté à cellui à qui la rente est deue à tous jours maiz que il vaillent ladicte rente ; et du remanant fera priser et li fera bailler pour arréraiges les choses premièrement prisées et criées comme dessus est dit.

251. De cas de hault justicier.

Si hault justicier a en sa terre murtre, rap, ocis, et l'écherpeleiz. Murtre, si est qui tue soy mesmes, ou qui est tué sans deffier, ou sans tencier, ou sans meslée. Rap, si est femme forcée. Ocis, si est feme qui est enseinte, et elle murt ou son enffant par aucune colée que l'en li donne. Excherpeleiz || [1] si est quant

1. Fº XVII, rº.

l'en toulst à home le sien en chemin ou en boys oultre sa voulenté, soit jour ou nuit.

Et tous ceulx qui font teulx meffaiz en traïson et en murtre doivent estre penduz et traynez : et fait sur leurs biens le ravage, c'est assavoir les maisons fondre ou ardoir, les prez arer, les vignes tous les arbres tranchier ; et si sont tous leurs meubles au baron.

Et si aucuns de ses malfaiteurs s'en fuient et ne puissent estre trouvez, le baron les doit faire semondre aux lieux où ilz estoient et aux voisins et au monstier de leur parroisse que viengent à droit dedens vii jours et vii nuiz pour congnoistre ou deffendre; et les fera l'en crier en plain marchié. Et s'ilz ne viennent dedens les temps dessus diz, si fera l'en de rechief si comme dessus est dit dedens les xv, et puis dedens les xl. Et s'ilz ne viennent, si doivent estre banniz en plain marchié. Et s'ilz viennent depuis et ilz ne puissent monstrer raisonnable exoine, ou qu'ilz eussent esté en lieu où ilz ne peussent avoir oy le cry, les bans ne les semonces, si seroient les bans anunciez sur eulx et sur leurs biens si comme dessus est dit.

Mais en Poitou n'en fait l'en pas celle manière de ravage si come dessus est dit : mais tant seulement les maisons, si come dient plusieurs sages, et leurs meubles, et la levée de leurs terres, et l'année seront à chacun des seigneurs ce qui en sera en leurs terres qui ont telle manière de justice.

252. De cas de crime.

De ceulx qui de telz meffaiz comme dessus est dit,

ou autres dont l'en puisse prendre mort sont suspe-
connez et fussent alez hors du païs et justice l'ait fait
crier comme dessus est dit, et ilz venissent avant que
les jours dessus diz fussent passez à la justice, et deissent que si tost comme ilz avoient senti qu'ilz estoient
appellez à droit qu'il estoient venuz pour eulx deffendre, et s'ilz juroient aux saintes evvangiles, en tant
auroient leur deffence. Et s'il ne treuvent qui les ap-
peaux, justice les puet tenir vii et xv et xl jours et
nuiz, et faire semondre le lignage du mort jusques à
cousins germains pour savoir se nul le vouldra appeller, et dire au monstier, et crier au marchié. Et si nul
ne vient pour eulx appeller les jours dessus diz passez, la justice le doit délivrer en mectant plége : et
s'ilz n'ont plége, en jurant qu'ilz vendront à jour dedens l'an et le jour qui les voudroit appeller, et que
ilz ne s'en yront ne ne se forpeïseront ne eulx ne
leurs biens durant l'an et le jour dessus dit ; et vendront à toutes les assises dedens l'an et le jour, selon
ce que l'en tient en Poitou.

253. De cellui qui est en ville.

De cellui qui est en ville sans riens gaingner et
riens n'a, et voulentiers despent et vait à la taverne,
la justice le doit prendre et savoir de quoy il vit : et
se l'on sent qu'il mente et qu'il soit de mauvaise vie,
l'en le doit gectier hors de la ville.

254. De prendre clerc ou religieux.

Si aucun justicier séculier prent clerc o coronne ou

religieux tout soit il lay ‖ [1] par aucun meffait, l'en le
doit rendre à sainte église. Et si le clerc est prins et
il ne porte point de tonsure de coronne, la laye seigneurie en puet faire justice s'il ne alégoit son previlége, ou son juge le requérist et prouvast son privilége.

255. De suspecconnez de bougrerie.

Si aucun est souspecconné de bougrerie ou de hérésie, il doit estre prins et mené à l'évesque. Et s'il en
est prouvé, l'en le doit ardoir par la main de la justice laye, et en sont les meubles siens.

256. De saisine brisée.

Cellui qui est enchaucé de saisine brisée, s'il veult
jurer que il ne sceust la saisine, en tant restituera les
choses qu'il aura osté de la saisine ou la value de la
chose s'il n'a la chose, et sera quicte de l'amende. Et
s'il n'ose jurer il perdra ses meubles s'il est gentilhomme en Anjou; et s'il est coustumier il perdra LX s.

257. De cas de crime.

Si aucun appelle autre d'aucun cas criminel dont il
deust perdre vie ou menbre, la justice doit tenir les
deux en esgau prison. Et si justice délivroit le quel
que il soit par plége à venir à droit à certain jour, et
cellui ne venist pas au jour par telle manière de plége,
la justice ne pourroit avoir sur le plége qui applége-
roit que c s. d'amende : ceste amende est appellée le

1. F° XVII, v°.

relief d'un homme. Mais s'il avoit prins plége à certaine peine, la peine pourroit bien estre demandée.

258. De excomeniez.

Si aucun est excommenié XL jours ou plus, et le juge ordinaire mande à la justice laye que le pourforce par prise de ses biens et choses ou prinse de son corps se mestier est, et si ne doit pas prendre son corps si ce est de debte ou de terres, mais il doit tenir ses biens sauve son injure jusques il soit absoubst. Et quant il sera absolst, il doit amender à la justice laye et à l'autre.

Et si aucuns est souspeconné de la foy, la justice laye le doit prendre et envoïer au juge ordinaire; et s'il treuve qu'il soit bougre, il le doit renvoïer à la justice laye, et elle le doit faire ardoir; et seront les meubles siens si come dessus est dit.

259. De marchant prins pour péage non rendu.

Marchant qui vait par eaue et mène challans s'il s'emble du péage, il le doit rendre, et il soit prins ou arresté, il pert la challan et la marchandise qui est dedens.

260. De faulx draps vendre.

Si aucun marchant porte faulx draps vendre, et il soit prouvé par marchant drapier juré, justice doit faire les faux draps ardoir, et néantmoins fera cellui qui les portera LX s. d'amende. Et s'il est prouvé que cellui mesme l'eust fait, il perdroit le poing par droit pour ce qu'il seroit faulx. Et aussi marchans qui

portent faulces marchandises ilz paient ʟx s. d'a-
mende.

261. De ventes cellées.

En ventes célées par vɪɪ jours et vɪɪ nuiz a amende
de gaige de loy. Et se elles sont célées par an et par
jour, il y a ʟx s. d'amende.

‖ ¹ 262. De chaude suite.

Si aucun qui ait justice ou qui par nom de justice
suive malfaicteur en chaude suyte, et il le a consuygié,
et le prange en autre justice, il le doit mener à la justice de cellui lieu, et dire la cause pour quoy il est
prins; et puis celle justice le doit faire mener à la fin
de sa justice, celle part où les autres doivent aller, et
ilec leur doit rendre le malfaicteur. Et s'ilz l'avoient
mené sans faire comme dessus est dit, ilz seroient
tenuz par droit à ressaisir celle justice en qui seigneurie ilz le prindrent, si depuis s'en plaignoit et en vouloit restitucion.

263. De cause contre exécucion requise.

Il est usage que si lectre de braz séculier est requise
à justice estre mise à' exécution sur cellui qui la lectre
aura donnée ou sur les hoirs de cellui² : car se cellui
ou les hoirs de cellui vouloient l'exécucion de ladicte
lectre retarder ou empescher pour aucune cause, il

1. F° XVIII, r°.
2. Il y a dans le ms. un blanc après *cellui :* il manque en effet
quelques mots pour que la phrase ait un sens.

convendra qu'ilz allèguent solucion ou quictance ou
alongement de terme; mais d'autres personnes ne
seroit pas ainsi; et à ce prouver qu'il mecte bon plége
et la cause alléguée et applégeur doit prouver souffisaument.

264. De chose baillée par jugement.

Il est usage que les choses qui sont baillées par justice à partie par jugement ou par jugié entériné, justice doit garder cellui à qui il a baillié saisine, en saisine[1] an et jour paisiblement envers cellui et envers les
siens contre qui le jugement aura esté fait ou l'enté-
rignance du jugé. Mais aussi si vers autres personnes
estranges l'an et le jour passé se deffendroit par
son droit.

265. De prendre sur home plait pendant.

Il est usage que si plait pent simplement en la court
souveraine entre home et son seigneur, et le plait
pendant le seigneur prengne aucune chose sur son
homme, et l'home requierge à avoir délivrance de
ses choses par main souveraine, il convendra que li
sires rende cause par quoy il a prins lesdictes choses.
Et si li homs est deffendant de la cause il aura les
choses délivrées ou recreues par la court souveraine
en plége mectant. Ce fut fait à Poitiers entre messire
Jehan de Beaumont chevalier, et Richart Chamaul,
lequel chevalier disoit que ledit Richart lui avoit
donné et quicté toutes les choses qu'il avoit en son

---

1. Le ms. paraît avoir écrit *saine*.

fié et rcrefié, par quoy disoit ledit Jehan qu'il avoit
prins bien et à droit lesdictes choses, laquelle chose
nya ledit Richart.

266. De conquestes faictes en sa baillie.

Il est droit que si aucun fait conquestes ou achat
de héritaige en sa baillie où il a pover de justicier, il
les perdra, et seront au seigneur par qui il est en service de justicier en la justice et en la seigneurie du
seigneur, s'il n'avoit licence et commandement de
le fayre.

267. De termes remuer.

Justice et arbitres puent leurs termes remuer sans
la voulenté des parties de leur office.

|| ¹268. De chaude suite.

Justice qui fait suivre larron ou malfaicteur qui ait
meffait en sa terre en chaude suyte, s'ilz laissent leur
chaude suyte et s'en retournent, et cellui malfaicteur
est prins en autre justice, et l'autre justice le revient
depuis requerre, il ne l'aura pas par la coustume de
Poitou.

269. De diverses provinces.

Ci commance des enseignemens de droit pour avoir
aucune remenbrance quant le cas y advient. Premièrement *de judiciis*. Et dit que si plait pend entre parties, et le juge et les parties soient chacun de diverses

1. Fº XVIII, vº.

provinces, le plait sera mené et ordonné selon la manière du lieu où le juge et plait sera.'Mais sur la querelle droit sera fait selon la coustume du lieu où li
contrait aura esté fait dont le plait est. Et si plait
estoit d'aucun fons et si puet l'en entendre que droit
devra estre fait sur la querelle selon la coustume du
lieu où sera le fons.

270. De choses mandées soubz distincion.

Quant deux choses sont mandées soubz distincion [1]
dont l'une est faulse et l'autre est vraye, il souffist
que l'une en soit prouvée, ce respont l'Apostolle quant
à ce que cellui pour qui elle est empectrée soit des-
pouillé de son bénéfice.

271. De lectres empectrées.

Lectres qui sont empectrées de l'Apostolle elles ne
vallent riens contre aucuns, si elles ne font mencion
de son ordre et de sa dignité.

272. De entendemens de impotance.

Il est demandé de quelle impotance l'en doit entendre ce qui est mis ès lectres l'Apostolle, que [se] les
ii ou les iii à qui les lectres sont mandées ne puent
estre ensemble à acomplir le mandement, li uns
des ii, ou les ii des iii, ne laissent pas à acomplir
pour ce. Et nous disons en celle manière que telle
impotance puet estre entendue doublement de droit

1 Dinstincion, ms.

ou de fait : de droit, si comme aucuns d'eulx est
sains ou malade renommé, ou empesché d'autre loyal
empeschement qu'il ne puisse estre juge. Et de fait,
si aucun d'eulx estoit malade ou empesché de tel besoing qu'il ne puisse pas laissier par quoy il n'y puisse
estre. Et cellui qui est empeschié si que il n'y puisse
estre doit desmander à ses compaignons ou lessier son
excusement, si que li autre juge ou exécutoir ne laisse
pas à acomplir ce qui leur est enjoint; car sil qui n'y
est pas pour ce tant seulement qu'il n'y veulst pas
estre ne puet pas estre excusé de ceste impotance,
si n'est tout expressément devisées ès lectres si tuit
n'y sont, ou ne puent, ou n'y veulent estre.

273. De lectres espéciaulx ou généraulx.

Si comme l'espécial mandement est plus fort que
le général, la force des lectres généraulx est ostée par
l'espécial quant aux choses qui y sont contenues par
nom, jasoit ce que elles ne facent mencion des premières.

274. De choses establies solempnement.

Quant aucunes choses sont establies solempne-
ment, il ne convient pas faire assavoir à touz par espécial mandement.

‖ ¹ 275. De sentence suspendue.

Si l'en appelle contre aucune sentence dedens les
x jours que elle est donnée, la sentence est suspendue

1. Fᵒ XIX, rᵒ.

tant que l'en saiche si l'appel est bon ou non : et si les x jours passent, l'en ne puet plus appeller.

276. De cause envoiée à III juges.

Si nous envoyons une cause à III juges, et ès lectres soit contenu que si les III n'y puent estre, que les II facent autant, et si uns octroye sa poete à l'un des autres et puis meure, et le tiers soit refusé par droit comme souspeconné, savoir mon si cellui qui remaint puet terminer la cause. Et nous disons s'il commanca à user de la juridicion au vivant de son compaignon que si puet, et si non il ne puet jugier seul.

277. De principal besoing envoié au juge.

Tout aussi comme la juridicion du principal besoing est octroyé au juge, aussi li sont les autres choses oc - troïées sans lesquelles le principal besoing ne puet estre terminé.

278. De sentence qui est donnée contre droit.

Sentence qui est donnée contre les lois ou contre les canons, jasoit ce que elle ne soit pas suspendue par appel, ne puet riens valoir par droit.

279. De exécucion mandée a exécuter.

Quant nous mandons la sentence que nous avons donnée estre exécutée par aucun, si aucun empesche-ment y chiet, il ne lest pas à l'excécuteur de congnois-tre de toute la besongne ; ains convendra les questions

qui y seront eschoetes estre rapportée au siége à l'A-
postolle.

280. De possession.

Quant possession est adjugée à aucun, il ne souffist pas à donner gaigie[1] se il n'a corporelle possession.

281. De non appeller de exécuteur.

L'en ne puet pas selon droit appeller de exécuteur
se il ne passent par avanture mesme[2] en leur exécucion ; car ilz ne donnèrent pas la sentence.

282. De non appeller de juge.

Cellui est excusé honnestement qui ne puet seurement aler en la présance du juge délégat quant il est
semons ; et touteffoiz qu'il avandra que vous serez semons, et par juge délégat à qui vous ne povez aller
sans péril, vous povez appeller franchement, jasoit ce
que le remède d'appel soit deffendu ès lectres de la
commission.

283. De rapporter au souverain.

Touteffoiz que aucun juge promet qu'il rapportera
aucune chose à plus souverain de lui, il est tenu aux
parties de bailler l'exemple de ce qu'il demande conseil selon les establissemens des lois. Et ce est dit
là où la décrétalle dit des juges qui envoient à nous
les procès de la chose soubz leur seel aux hospitaliers,
et sans monstrer les procès de la commission.

---

1. *Sic* ms. Il faut très-probablement lire : *saisine.*
2. Peut-être faut-il lire : *mesure.*

284. De remède d'appel.

Toutes foiz que la cause par quoy le remède d'appel est osté est mise en une des lectres, s'il y a plusieurs besongnes de quoy l'une ne touche de riens à l'autre, elle estant tant seulement aux articles qui sont devant, si la cause n'est par avanture repérée en la fin des lectres.

285. De escriz présentez.

Quant tu verras que aucuns escripz te soient présentez qui devront estre || [1] reprins de faulceté, tu ne les crées pas, ne ne garde pas ce qui sera mandé par telz escriz; ains fay retenir diligentement cellui qui les présentera.

286. De conservateurs.

Nous establissons que les conservateurs lesquelz nous octroïons à plusieurs puissent deffendre des appeaulx et des appertes violences ceulx que nous leur commandons et baillons à deffendre. Et voulons qu'ilz ne puissent estendre leur poete mais aux choses qui le requièrent enqueste judicial.

287. De manières d'injures.

De manières d'injures, c'est assavoir *injuria legis*, et *injuria verbalis*. *Injuria legis* est de fait, comme de mectre main en autre ou en ses biens, comme de batre ou de férir, ou du sien tollir, ou en li déboutant

1. F° XIX, v°.

de son droit, de son demaine et de sa saisine ou possession. *Injuria verbalis*, de parolles qui sont en dif-
fament autres d'autres parolles villaines qui tournent
au blasme ou à diffame, ou préjudice ou en domage
d'autruy.

288. De sentence.

La sentence qui est donnée entre parties ne donne
pas le droit de nouveau, mais elle déclaire le droit
ancien entre les parties.

289. De raisons de fait.

Les raisons de fait cheent en enqueste entre les parties quant enqueste est jugée, et non pas celle de droit
et de coustume : mais elles sont [1] à garder et à sous-
tenir au juge, et lest aux parties à proposer.

290. De coppie de instrument.

Coppie de instrument doit estre baillée en la face
du juge de partie à partie, non pas devant non juge.
Et si puet estre receu instrument en preuve touteffoiz
par avant que sentence soit donnée, tout se soit arresté cellui qui trait à certain nombre de garens :
mais s'il estoit renuncié et conclus en la cause en
court laye, par coustume il ne seroit pas receu.

291. De non pladoïer devant juge suspeconné.

Droit dit que nul ne doit estre contrains par droit
de pladoïer devant juge suspectonné.

1. Font, ms.

Droit dit que puis que l'en a appellé la chose doit remaindre en estat.

292. De lectres empectrées.

Droit dit que si lectres sont empectrées en quoy la vérité soit célée, ou manconge y soit adjoustée, cellui à qui ilz sont envoïées n'est pas tenu à obéir ne à faire ce qu'elles dient; car qui eust dit la vérité cellui qui les donna ne les eust pas données.

Le segond juge a la judicion quant les secondes lectres font mencion des premières.

La sentence qui est donnée après ce que l'en a appellé ne vault rien.

Ce qui est fait par auctorité des secondes lectres ne vault pas se elles ne font mencion des premières.

293. De sentence de non juge.

Sentence qui est donnée par cellui qui n'est pas juge ne tient pas. Et juge ne doit pas tant seulement mectre en possession, || [1] mais l'en deffendre quant il l'i a mis.

Il n'est nul mestier d'accuser là où le meffait est appert à tous.

294. De cause envoïée du souverain.

Dès que certaine cause est envoïée à aucun de son souverain il recoit premièrement poecte de toutes les choses qui appartiennent à la cause.

[1]. F° XX, r°.

De cause qui est envoiée à 11 juges, la sentence de l'un seul ne tient pas.

295. De mandement non faillir.

Le mandement ne meurt pas pour la mort des mandeurs si contestacion est faicte par avant; car [quant] la première citacion est faicte avant la mort du mandeur, la besongne est aussi comme commanciée, et ne meurt pas le mandement.

296. De procès après apel.

Cellui qui après son appel requiert producions ou publicacions, ou fait aucun procès devant cellui juge, il renunce à son appel.

La sentence ne vault rien qui est donnée sur aucun par cellui qui n'est pas son juge : aussi la confession qui est faicte devant lui.

Constestacion doit estre faicte premièrement qu'elle puisse et doye rendre sentence en la principal cause.

297. De tesmoings recevoir.

L'en ne doit pas recevoir tesmoings devant que constacion de cause soit faicte, si par avanture l'en ne se doubtoit de la mort aux tesmoings ou de leur longue demeure, que ilz fussent viez, ou foibles, ou malades, ou par autre cause raisonnable : et ainsi pourroient estre receuz avant contestacion de cause. Ou si la partie estoit semonce, et se deffaillist par constumace, ou si elle estoit en lieu qu'elle ne puisse estre semonce. Mais si cellui qui ce demande ne fait

semondre son adversaire dedens 1 an après ce qu'il
pourra estre semons, ou au moins s'il ne li faisoit assavoir que les tesmoings soient receuz, les atestacions
qui ainsi sont receues ne vallent riens ; car ce pourroit estre pourchacié par avanture par barat, pour ce
que leurs excepcions ne nuisent pour le temps à venir
à avoir lieu encontre les reprouches des tesmoings.
Et si a certains cas espéciaulx en droit ès quielx tesmoings pourroient bien estre receuz sans contestacion
de plait, si comme quant l'en feroit inquisicions d'aucuns meffaiz ou par publiquement d'aucuns tesmoings.

298. De meffait de crime.

Si aucun appelle en une cause, et tant comme li appel dure il meffait aucun crime, ou il l'ait fait devant,
ou qu'il soit porté à l'audience du juge par devant qui il
a appellé, s'il veult il puet refuser comme souspecconné : ou autrement il doit estre à son jugement,
mesmement s'il est son juge ordinaire.

||[1] 299. De cellui qui appelle et ne veult respondre.

Il advient souvent que quant aucun a appellé et ne
veult respondre en autre cause, jasoit ce qu'il n'est
pas pour ce moins tenu à respondre ès autres causes
dont il n'a pas appellé, non pour tant le juge de qui
il a appellé ne le doit pas contraindre à respondre des
autres choses pour ce qu'il li est suspect : si n'est pour
crime si grief et si appert de quoy il doye estre condempné par droit par son fait meismes.

1. F° XX, v°.

De droit en court d'Église n'est exemps de la juridicion mais en la cause où il a appellé : mais la coustume est contraire.

3oo. De souspecon de juge proposée.

Si aucun propose qu'il a le juge pour suspect, il est
tenu à alléguer devant li la cause de la souspeccon,
et cellui juge doit contraindre les parties qu'elles se con-
cordent en aucuns devant qui la cause de souspecon
sera prouvée. Et si la cause de la souspecon n'est
prouvée dedens avenant terme, le juge usera de son
auctorité. Et si elle est prouvée, il ne sera pas son
juge; car raison escripte dit que suspectonné ne an-
nemis ne doivent estre juges.

3oi. De excepter contre le juge.

L'en puet excepter contre juge en maintes manières,
soit ordinaire ou délégat. Et premièrement si le juge
à qui la cause est commise est juge ordinaire, il ne
se puet entremectre de celle cause comme juge ordinaire la commission pendant.

Item, S'il est du lignage à la partie :

Ou a s'il esté advocat en celle cause :

Ou si le juge est séculier juge et la chose litigieuse
appartiengne à l'église, et aussi si le deffendeur est clerc;
et si le juge séculier vouloit jugier des choses appartenant à l'église, ou ordonner ou disposer en aucune
manière, son ordinacion ou disposicion ne vaudroit
rien :

Ou s'il est ennemi ou suspect de la partie en aucune cause droiturière :

Ou si aucun confessoit riens devant juge qui ne soit pas son juge, ou soit condempné en aucune chose, ce ne li porte point de préjudice à celle fin qu'il n'ait toutes ses raisons sauve, si l'en li en faisoit demande devant son juge :

Ou si la chose de quoy l'en faisoit demande n'est pas en la juridicion ne ou terrouer à cellui juge devant qui l'en demande.

Si aucun refuse un juge pour aucune cause juste, cellui juge doit congnoistre la cause de l'assentement à cellui qui la refuse.

Item, Tout juge puet estre refusé quant l'en n'est de sa juridicion de droit commun; c'est assavoir quant le deffendeur ne demeure en sa juridicion, ne pour raison de contrait fait en la juridicion à cellui juge, ne pour raison de forfait, ne pour raison de asseurement, ne par raison de légacion ou de commission, ne par raison de la chose que l'en demande.

Demandeur doit enchaucer le deffendeur devant le juge au deffendeur.

FIN DU TOME PREMIER.

TABLE DES MATIÈRES

CONTENUES DANS LE TOME PREMIER.

FIN DE LA TABLE.

IMPRIMERIE GÉNÉRALE DE CH. LAHURE

Rue de Fleurus, 9, à Paris